教育部人文社会科学研究西部和边疆地区规划基金项目(12XJA740015)
重庆理工大学优秀著作出版基金资助

昆格语
参考语法

蒋光友　时　建◎著

中国社会科学出版社

图书在版编目(CIP)数据

昆格语参考语法/蒋光友,时建著. —北京：中国社会科学出版社，
2016.7

ISBN 978 - 7 - 5161 - 8444 - 8

Ⅰ.①昆… Ⅱ.①蒋…②时… Ⅲ.①布朗语—语法—研究
Ⅳ.①H261.4

中国版本图书馆 CIP 数据核字(2016)第 138249 号

出 版 人	赵剑英	
责任编辑	熊　瑞	
责任校对	季　静	
责任印制	戴　宽	

出　　版	中国社会科学出版社	
社　　址	北京鼓楼西大街甲 158 号	
邮　　编	100720	
网　　址	http://www.csspw.cn	
发 行 部	010 - 84083685	
门 市 部	010 - 84029450	
经　　销	新华书店及其他书店	

印刷装订	北京君升印刷有限公司
版　　次	2016 年 7 月第 1 版
印　　次	2016 年 7 月第 1 次印刷

开　　本	710×1000　1/16
印　　张	14.75
字　　数	229 千字
定　　价	56.00 元

凡购买中国社会科学出版社图书，如有质量问题请与本社营销中心联系调换
电话：010 - 84083683

昆格人传统民居

昆格人现代民居

昆格村委会办公楼

昆格人传统服饰

本书昆格语发音人

笔者在记录昆格语

目　　录

序　言

　　《昆格语参考语法》是 2012 年度教育部人文社会科学研究西部与边疆地区规划基金项目"昆格语参考语法"(12XJA740015)的最终成果，从语音、词汇、语法三方面对昆格语作了比较全面、详细的描写与研究。此外，本书还对昆格人的语言使用现状作了详细调查并对昆格人的来历作了初步探讨。

　　昆格语是自称为"忽"（xuʔ⁵⁵）的昆格人的母语。"昆格"（khuɔn³³kɣt⁵⁵）源于傣族对该族群称呼的汉语音译，以前称为"空格"，2005 年政府正式确定为"昆格"。昆格人居住在云南省西双版纳傣族自治州景洪市勐养镇的昆格山区，是南亚语系孟高棉语族后裔，属布朗族。

　　2012 年 7 月至 8 月，笔者前往昆格山，实地调查了 6 个自然村昆格语的使用现状，记录了昆格语的基础词汇约 3500 条。2013 年 1 月，笔者在昆格山记录昆格语的句子语料，收集了约 500 个昆格语句子。2013 年 7 月至 8 月，笔者在昆格山记录了一篇昆格语长篇故事语料，并对先期采集的语料进行了统一复核。2014 年 7 月至 8 月，为探究昆格人历史上可能的迁徙路线，笔者先后前往云南省大理白族自治州南涧县公郎镇落底河村委会狗街自然村、普洱市墨江哈尼族自治县景星乡太和村委会挖墨自然村、普洱市景谷傣族彝族自治县勐班乡芒磨村委会以及西双版纳傣族自治州景洪市大渡岗乡大荒坝村委会的昆罕新寨，并在挖墨、芒磨、昆罕新寨记录了一些当地布朗语方言的核心词汇。行程结束后，又再次来到昆格山，对所有昆格语语料作了进一步的复核。通过这些调查，笔者认为，昆格语当属布朗语的一种方言或者土语，昆格人极有可能和墨江挖墨的布朗族同宗同源，可能最早在两汉时期，最迟于三国时期由现在的保山、大理一带迁至哀牢山区，并沿哀牢山、无量山之间的狭窄通道迁徙至挖墨，随后进一步迁徙，至清朝雍正时期，已有史料明确记载"空格人"已定居在现今的昆格山区域。

　　面对一种陌生的民族语言，记录和研究的难度是非常大的。记得刚开始接触昆格语记音的时候，完全是一头雾水，反复琢磨百来个词汇，竟用了整整一周！好在有决心和毅力，经过一段时间的磨合之后就慢慢熟练起来了。除此以外，还要克服生活、出行等诸多问题。笔者在昆格山做田野调查的时候，吃住都在曼蚌汤寨的昆格村委会办公室。在办公室里拼起两张办公桌，权以当床，一日三餐就随昆格村卫生室的李医生夫妇，有时也到昆格村委会主任岩香家里"混伙食"。但能够做自己喜欢做的事，能够在远离家乡的昆格山品味不一样的风土人情，也会由衷觉得不虚此行！

　　首先感谢本书的两位发音人。他们都叫岩腊，为了区别，笔者分别把他们称作岩腊一和岩腊二。两位老人把劳作和家务放在一边，不计报酬、任劳任怨，为我们提供了所有昆格语语料。

　　感谢昆格村委会主任岩香。调查伊始，岩香主任便为我们安排了村寨调查，还亲自陪同前往昆格人的 6 个寨子。记得有一次我们一起到纳板一和纳板二了解情况，一路奔袭，徒步回到驻地时竟然已近午夜。

　　感谢昆格村卫生室的李医生夫妇。他们为我们提供了生活上的关照，为我们做饭、烧水……没有他们的细心照顾与无私帮助，此次田野调查必定会举步维艰。

　　感谢勐养镇人民政府的大力支持。我们初次到达勐养镇时，政府的工作人员便予以热情接待，还专门电话告知昆格村委会安排好相关事宜。

　　中国社会科学院民族学与人类学研究所的黄行教授和中央民族大学中国少数民族语言与古籍研究所的罗自群教授拨冗审阅了书稿并提出了宝贵的意见和建议。笔者对两位专家的鼓励与提携深表感谢！

　　感谢导师戴庆厦先生引领我们走向了民族语言研究之路。时至今日，先生当年带着我们在基诺山做基诺语田野调查的过程仍历历在目。先生的培养与教诲终生难忘；先生之恩，山高水长！

　　感谢重庆理工大学科研处和重庆理工大学语言学院的领导和同事给予项目的关心和支持！重庆理工大学为本书出版提供了资金支持，在此一并致谢!

感谢中国社会科学出版社的编辑为本书出版付出的辛勤劳动!

蒋光友　时　建

2015 年 8 月 10 日

第一章　绪论

第一节　昆格人人文概况

在云南省西双版纳傣族自治州景洪市的勐养镇居住着 2515 人（2014 年数据），他们是南亚语系孟高棉语族佤德昂语支的后裔，在历次民族识别中相继划归布朗族。昆格人是其中的一支，分布在勐养镇昆格山的热带雨林山区。勐养镇昆格村委会的曼蚌汤、纳回帕、曼巴约、曼巴老、纳版一、纳版二 6 个自然村是他们的主要聚居地，人口约 1600 人。此外，勐养镇曼纳庄村委会的曼戈龙自然村也有昆格人分布，人口约 170 人。

昆格人原称"空格人"，有时写为"控格人"。昆格人有自己的语言——昆格语（空格话），无文字，属南亚语系孟高棉语族佤德昂语支布朗语的一个方言或土语，但昆格人不能和聚居于西双版纳勐海县人口较多的、使用布朗语的布朗族直接通话。

昆格人的住房为干栏式建筑，多以木材为原料，分为上下两层，上层用来住人，下层用以拴牛、圈鸡、堆放杂物或停放交通工具。

昆格人有自己的传统服饰。男性服装主要为白色的长衣长裤，宽松舒适，简约大方。女性服装分普通装与节日装。普通装主要是短袖上衣配裙子，上衣为套头装，带菱形领口，领口下方前后配有红、黄、蓝三色长方形图案。领口、袖口和衣服底边缝缀一些装饰性的红黄线。节日装用于节日、婚嫁等场合，胸前、肩部以及衣袖镶有华丽的银饰。昆格人男女都戴黑色头巾。男性头巾为全裹式，将头巾全部裹到头上；女性头巾为半裹式，须留下一段披到身后。昆格人喜爱银手镯，男性只戴一只，女性左右手各戴一只。昆格男子平时一般着汉装；女性的传统服饰保持得相对较好，很多女性平时也身着传统服饰。

昆格人不信仰小乘佛教，信仰原始宗教，这和在勐海县聚居的布朗族族群有别。昆格人以前的头人叫"塔色"（tha$ʔ^{31}$θə^{31}），地位很高，主持占卜、祭祀等仪式，现在个别寨子恢复了头人，但无论是地位还是功能都和以前迥然有别。

昆格人传统上实行族内婚，但是，随着与其他民族交往的日益密切，经济方式的改变以及文化教育水平的提高，现在也出现了族际通婚现象。

昆格人历史上有本民族的传统歌舞，但是，随着民族融合与民族交流的不断深化，昆格人的传统歌舞现已难觅其踪，取而代之的是汉族、傣族的现代歌舞。

昆格人的传统节日有"龙恩节"（luŋ^{31}ŋaŋ^{51}），也叫"龙烈节"（luŋ^{31}lek^{55}），后者有傣语成分，汉语意思是"打铁节"。昆格人以前有两种传统仪式，"房撒统"（fuɔn^{31}θa^{31}thuŋ^{51}）和"贵拉夫"（kuit^{55}la$ʔ^{55-31}$fə^{31}）①，前者的汉语意思是"击鼓"（fuɔn^{31}"击"、θa^{31}thuŋ^{51}"鼓"），后者的汉语意思是"烧树叶"（kuit^{55}"烧"、la$ʔ^{55-31}$fə^{31}指一种叫fə^{31}树的树叶）。遗憾的是，这些节日、仪式已经消失，多数昆格人已不知其过程和内容。现在昆格人主要过汉族的春节，昆格语叫khai^{31}nɛn^{31}（khai^{31}"吃"、nɛn^{31}"年"），汉语直译"吃年"。很多寨子每年还要举行"关门节"，这与傣族的习俗相近。现在，西双版纳州已经正式确定"桑康节"为全州布朗族法定的传统节日，时间为每年的4月9日至11日。2014年，昆格人首次以布朗族的身份参加了全州首个"桑康节"的庆祝盛会。

"昆格"、"空格"（khuɔn^{33}kɤt^{55}）是傣族对该族群称呼的汉语音译，意思是"被遗留下来的人"、"被隔绝的人"。以前傣族还称昆格人为"卡空格"（kha^{31}khuɔn^{33}kɤt^{55}）或者"卡格"（kha^{31}kɤt^{55}），"卡"表示"下人"或"奴隶"。传说昆格人以前有一位氏族首领，联合同族三位首领一同与傣族作战，后来兵败出逃，有的人逃往一个叫"曼三岛"

---

① 上标$^{55-31}$表示由55调变读为31调，下同。

（mɔn³³θam⁵⁵tau³¹）的地方，有的则留居勐养，躲进昆格山区，最后成了"被隔绝的人"或"被遗留下来的人"[①]。在昆格山还流传着这样一个传说：相传族群在迁徙过程中，先头族人渡过澜沧江到了缅甸、老挝、泰国，少部分人（或说一对夫妻）在现今的昆格山下的箐沟里煮螃蟹充饥，耽误了赶路，查看前方族人砍芭蕉树留下的记号时，发现被砍的芭蕉树已经长出很长的新芽，于是断定再也无法追上族人，便在此停留并逐渐繁衍后代定居下来，傣族就把这批"落伍"的人称为"被遗留下来的人"。

其实，昆格人自称"忽"（xuʔ⁵⁵），又译"户"或"轷"。后来，"忽"人逐渐习惯了傣族对他们的称呼，对外也称自己为"空格人"。但是在族群内部，每一个昆格人都清楚地知道自己原本是"忽"，而且这种身份认同意识代代相传，没有丢失。在昆格人寨子里，当问及"忽"为何意时，男女老少都知道这是他们族群的自称。在昆格语里，昆格人把昆格山称为"忽囊"（xuʔ⁵⁵⁻³¹naŋ⁵¹）、把腰机编织的被子称为"幄忽"（ŋɔk³¹xuʔ⁵⁵）、把自己编制的口袋叫"毡忽"（tʃan³¹xuʔ⁵⁵）、把"老草烟"叫着"茅忽"（mau³¹xuʔ⁵⁵），把自己的民族歌曲叫着"回忽"（hui⁵¹⁻³¹xuʔ⁵⁵），把自己的语言称为"曼忽"（mɔn³¹xuʔ⁵⁵）。在这些词语中，"囊"（naŋ⁵¹）、"幄"（ŋɔk³¹）、"毡"（tʃan³¹）、"茅"（mau³¹）、"回"（hui⁵¹）、"曼"（mɔn³¹）则分别表示"山"、"被子"、"袋子"、"烟叶"、"歌曲"、"语言"，而"忽"（xuʔ⁵⁵）无疑是对自己族群的称谓。

汉文献里可查到的有关昆格人的文字记录不多，加之昆格人对自己的历史也不清楚，因此很难追溯昆格人的历史源流与迁徙踪迹。但是，雍正《云南通志》卷一百三十六《秩官志》七之六《普洱府》里出现了"空格"二字：

> 思茅厅攸乐土目《案册》管村寨三十二。东至蛮海一百二十里；南至思通六十里；西至蛮撒三十里；北至孙牛四十里。雍正十年裁撤普安营，汛兵公举叭龙横管理附近村寨，传至刀直乃，乾隆四十五年袭。
> 思茅厅攸乐山朴蛮土目《案册》管理蛮费、蛮谦、蛮秀、蛮控、

[①] 王国祥：《布朗族文学简史》，云南民族出版社 1995 年版，第 214—215 页。

蛮鸾、空格六寨。雍正十年喇乍匜充土目死，小头目先阿袭。

根据历史记载，清顺治十七年（1661 年），元江府改土归流，同时在普洱（今云南省普洱市宁洱哈尼族彝族自治县）设通判，归元江府管辖。清雍正七年（1728 年）正式建立普洱府，以今宁洱为府治，同时设置通判分驻思茅，还在攸乐设攸乐同知。"攸乐"即现今的基诺山。为了便于管理，清王朝还册封了"攸乐朴蛮土目"，管辖六寨，包括其中之一的"空格寨"。"朴蛮"即今布朗族，"空格寨"即空格人的寨子，其他五个寨子现今为基诺寨，但当时是朴蛮人还是基诺人已很难考证了。不过，"朴蛮土目"属单独建制，其管辖区域内应该以朴蛮人居多。这一记载说明，昆格人在清雍正年间是和基诺人相邻或者交错而居的。可以看出，最晚在清朝雍正年间，昆格人已经在今基诺山与昆格山一带繁衍定居，已有成规模的寨子了。至于在清雍正之前，昆格人何时从什么地方迁徙而至则无法确认，但可以肯定昆格人迁徙至昆格山并在此定居的时间应早于1728 年。

笔者于 2006 年至 2007 年曾在紧邻昆格山的基诺山调查基诺语，了解到基诺族把昆格人称为"阿颇"（$a^{44}pho^{31}$，基诺语），指"昆格人做任何事情都与基诺人相反"，基诺族还说昆格人擅长"放鬼"。这些说法表明这两个民族曾相邻或交错而居，"放鬼"表明了昆格人的原始宗教内容。基诺语中至今还保留了与昆格人曾经的活动范围有关的一些词语，如基诺山地区还有被称为"阿颇"的地方。基诺语的民间传说故事中还保留了不少关于昆格人的内容。笔者认为，基诺语对昆格人的称呼——"阿颇"，也许来自汉族对包括昆格人在内的布朗族先民的称呼——"濮人"（或"朴人"、"朴蛮"、"蒲子蛮"）的音译。

本书的两位发音人说他们的祖先由祖居寨子"纳廓里"（$na^{31}kho^{33}li^{31}$）迁徙而至。"纳廓里"究竟在什么地方？昆格人都不知道。查阅相关资料发现，在今云南省普洱市宁洱哈尼族彝族自治县同心乡有一个叫"那柯里"的小村。那柯里村是古普洱府茶马古道上的重要驿站，现在还保存有较为完好的茶马古道遗址。笔者认为，昆格人传说中的祖居地"纳廓里"很有可能就是今宁洱哈尼族彝族自治县同心乡的那柯里村。如果这一推断属实，那柯里村一定就是昆格人迁徙途中的一个中转站。

　　还有昆格老人说昆格人是从昆明方向辗转迁徙到昆格山的，但笔者认为，昆格人传说中的昆明与现在的昆明应该不是同一个概念。根据汉文献记载，"昆明"最初是指居住在今天云南西部、四川西南部的一个古代民族的族称。汉武帝时期史学家司马迁在《史记·西南夷列传》中写道："西自同师（今云南保山）以东，北至叶榆（今云南大理），名为嶲、昆明、皆编发，随畜迁徙，毋常处，毋君长，地方可数千里。""昆明人"的族属考证争议很大，有认为是氐羌系的，有认为是百越系的，还有认为是孟高棉系的。但笔者认为"昆明人"应是一个多民族的混合体，其中一定夹杂有孟高棉系的族群。"昆明"首次作为地名出现，则是在唐代。唐代曾在今四川凉山彝族自治州盐源县（古称定笮）境内设置昆明县。"武德二年，于（定笮）镇置昆明县，盖南接昆明之地，因此为名。"唐代为什么把定笮镇命名为"昆明"，记载中已写得很清楚，原来是该地接近昆明人之故。这说明，在唐代初年，云南西部、四川西南部还有大量昆明人居住。直到南诏、大理国时期，乌蛮、白蛮兴起，昆明人居住的地方才被占据，昆明人不得不四处迁徙，一部分东迁到了滇池区域。南诏时期在今滇池地区建拓东城，置拓东节度；大理国取代南诏政权之后，在拓东城的基础上设鄯阐城。公元1276年，元朝在鄯阐城基础上置昆明县，并把行政中心由大理迁到昆明，作为现在云南省省会的昆明命名即始于此。因此，笔者认为，昆格人传说中的昆明应该与现在云南省的大理、保山等地域有关。此外，昆格人把昆明称为"勐歇"（mvŋ³¹ʃe⁵⁵），来自傣语，读音与南诏蒙舍诏的"蒙舍"极为相近，似乎可以理解为昆格人眼里的昆明与南诏蒙舍诏的地域有关，而蒙舍诏也是当时昆明人的活动区域之一。

　　今云南省普洱市墨江哈尼族自治县景星乡太和村委会挖墨自然村的布朗族迁徙传说与昆格人的迁徙传说如出一辙。传说挖墨布朗人的祖居在大理那边，一次被敌人追击，顺澜沧江向南逃跑，进入哀牢山。由于有狗领路，他们才在茫茫林海里没有迷失方向。他们牵着狗，装成猎人，骗过了后面追杀而来的敌人，顺着哀牢山往下走。在迁徙的过程中，有两个兄弟落伍了。他们到达位于现在墨江县与镇沅县交界的一个叫曼别（疑为今墨江县新抚乡京平村委会曼别或者忙别自然村）的地方时，见走在前边的族人砍过的芭蕉树已长出很高的嫩芽，认定追不上前边的族人，便不再追赶，在曼别住了下来。后来四处打听，得知先行族人到了现在的西双版纳一带。在曼别生活了大约两代人后，一个弟兄搬迁到了挖墨居住，成了现今的布朗族挖墨人。由于狗帮助了被围困的布朗人逃出哀牢山，所以墨江县的布朗族至今保留着人在病逝时献领路狗的风俗。①

如果上述传说基本属实，我们可以发现：第一，挖墨布朗族的迁徙传说与昆格人的迁徙传说内容大致一致，且挖墨布朗族的迁徙传说明确说明了他们的先行族人迁徙到了西双版纳，因此，挖墨布朗人与昆格人极有可能是源出一宗。实地调查了解发现，现今昆格人的个别寨子也保留了为离世者献狗的风俗，这与挖墨布朗族的习俗雷同，可为二者同源提供佐证。第二，根据上述线索，笔者判断，昆格人祖先历史上可能是从现今大理附近开始迁徙，在穿越哀牢山林海后到达今墨江县与镇沅县交界的一个地方，稍作停留后又继续赶路，没有等候后面落伍的族人，随后他们到达今宁洱县同心乡的那柯里村居住，经过一段时间后，他们再次迁徙，来到了今西双版纳景洪市勐养镇昆格山定居。后来除一部分人继续迁徙外，另一部分人在昆格山定居下来，直至今天。

那么，大理附近以及现今澜沧江以东的布朗族是否有来源可考？

前文说到，西汉时期在今大理、保山区域活动的"昆明人"里当有布朗族先民的部落或者族群。汉武帝为了开通西南夷道，曾多次举兵征讨"昆明人"。元封二年（公元前 109 年），"发三辅罪人，因巴蜀士数万人，遣两将军郭昌、卫广等往击昆明之遮汉使者，斩首虏数万而去"。元封六年（公元前 105 年），"益州昆明反，赦京师亡命，令从军，遣拔胡将军郭昌将以击之"。东汉建武十八年（公元 42 年），昆明人诸种参加了对抗东汉王朝的反叛。建武十九年（公元 43 年），东汉王朝派重兵讨伐，于次年大获全胜，"凡首虏七千余人，得生口五千七百人，马三千匹，牛、羊三万余头，诸夷悉平"。

可见，在两汉时期，由于战乱频发，势必导致居住在今保山、大理一带的包括布朗族先民在内的"诸夷"四处迁徙。根据目前布朗族的分布地

---

① 王国祥：《布朗族文学简史》，云南民族出版社 1995 年版，第 196 页。

域可知，布朗族的先民多数应该是往南迁徙，也有少数往东迁徙，进入现在的大理州南部无量山和哀牢山区域。

三国时期，诸葛亮平定南中后曾经以军事手段迫使布朗族先民濮人迁徙。《华阳国志·南中志》载："丞相亮南征……以凯（吕凯）为云南（郡）太守，伉（王伉）为永昌太守，皆封亭侯，李恢迁濮民数千落于云南（今祥云县及附近各县）、建宁（今滇池地区至滇东一带）郡界，以实二郡。"

大理白族自治州南涧县紧接大理白族自治州祥云县，据南涧县公郎镇落底河村委会 2011 年的统计数据，布朗族有人口306人。2014 年 7 月笔者前往实地调查，发现该地布朗人已经不会布朗语了，仅有少数老人还能说出几个词语。根据这些词语判断，可以肯定他们是孟高棉语族后裔，但当地布朗人不知道自己来自何处，只知道原来族人很多，后来都迁居他处了。笔者认为，现在南涧县的布朗人来源可能与两汉、三国时期由于战争被迫先后迁徙的布朗族先民有关。在迁徙过程中，除少数停留下来成了现在南涧县的布朗人以外，一部分可能融入了当地其他民族，其他的则非常便捷地进入了无量山和哀牢山等天然屏障构成的迁徙通道，先后到达现在的景东县、镇沅县、墨江县、景谷县等地山区，并与哈尼族支系（和泥）杂居，逐渐形成了澜沧江以东零星分散定居的格局。到了唐代，樊绰所撰《蛮书》卷四就清楚地记载了这一片区有"朴子蛮"居住。

到了元代，原分布于开南州（今景东）、威远州（今景谷）一带的布朗族与哈尼族支系杂居之地已相继被金齿白夷（傣族先民）所据。《元史·地理志》载："开南州，其川分十二甸，昔朴、和泥所居也。……后为金齿白夷所陷，……开南遂为生蛮所居。""威远州，在开南州西南，其川有六，昔朴、和泥所居……其后金齿白夷蛮酋阿只步等夺其地。"由于傣族先民的强势迁入，布朗族和哈尼族先民只好迁徙他乡或遁入原地山涧密林之中。

清代对澜沧江以东分散定居的布朗族记载更为清晰。雍正《景东俯志》卷三载："蒲蛮……惟沿江一带有此种。"道光《普洱府志》卷十八载："蒲蛮，又名蒲人，宁洱、思茅（今普洱）、威远（今景谷）有之。"清朝中叶，景东、景谷、镇沅、普洱、墨江等地改土归流，加之汉族、彝族的大量涌入，傣族势力遭到削弱并开始南迁，一部分布朗族先民也随之迁出。1865 年，哀牢山彝族农民李文学领导的农民起义爆发，后遭清朝镇压而失败，布朗族先民由于战争再次向四处迁移。时至今日，澜沧江以东的布朗族呈大分散零星分布态势，且分布地域已经大量减少，主要分布在大理州南涧县（公郎镇）、普洱市墨江县（景星乡与新抚乡）、普洱市景东县（大朝山东镇）、普洱市景谷县（永平镇、勐班乡以及碧安乡）、普洱市思茅区（思茅港镇）、普洱市江城县（勐烈镇）、西双版纳州景洪市（允景洪街道、勐养镇、大渡岗乡）等地。

新中国成立后，关于昆格人的记录最早见于 1950 年。1950 年 12 月底，在当时的普洱专区所在地普洱城（今云南省宁洱县城）召开了"普洱专区第一届兄弟民族代表大会"，当时的僰族、孟获、卡瓦、等各、香堂、倮黑、阿卡、卡堕、麻黑、回族、老伉、朴满、卡柄、切地、空格、布都、倮倮、碧约、西摩洛、汉族、本人、蒙化子、三达、瑶人、布孔、尼梭 26 个民族（族群）的首领、头人、代表及专区党政军领导人齐聚一堂，共商民族团结大事。1951 年元旦，各族代表举行了剽牛仪式，喝了咒水，通过了民族团结誓词。为铭记这次盛会，还特地刻立了"普洱民族团结誓词碑"，碑上用傣文、拉祜文、汉文铭刻了 48 位代表的签名。"普洱民族团结誓词碑"被誉为"新中国民族团结第一碑"。值得注意的是，参加此次盛会的有"空格族"，而且在誓词碑上留下了时任会议主席团成员的"空格族"代表阿街的名字。后来有考证指出，阿街是当时车里县（今景洪市）布朗族的代表。

20 世纪 50 年代，云南省组织民族识别调查。根据有关报告的描述，"空格人，人口 429 人。居住在西双版纳傣族自治州勐养区的半山上。早期在该区的三头山建寨。语言属于南亚语系孟高棉语族的布朗语支。以农业生产为主。有自己的木匠。妇女能织结实美观的细布毯和挂包。空格人信仰自然鬼神，不信佛教。有本族的祭师——塔色——世袭主持卜吉日和过新年仪式"[1]。1982 年，政府再次组织民族识别调查，把昆格人划归布朗族。但在 2005 年以前，昆格人在少见的媒体报道中仍被称为"空格人"，身份证上的民族成分也未统一。2005 年，政府最后正式确定了该族群的民族成分，

---

[1] 刘刚：《云南空格人调查》，《民族研究》2003 年第 2 期。

划归布朗族，统一称为"昆格人"。

还有一个值得进一步研究的情况，很多昆格老人都知道上文提到过的一个叫"曼三岛"（mɔn³³θam⁵⁵tau³¹）的地方，还说那里有昆格人的族人。笔者认为这个地方应该与部分昆格人迁徙后的居住地有关。查阅相关资料，发现在老挝、缅甸与中国的交界处分布有一个操"三岛语"的"三岛族"[①]，疑与昆格人提到的"曼三岛"有关，但此说有待进一步考证。

第二节　昆格人语言使用现状调查[②]

我国是统一的多民族国家，由于语种多、文种多，语言资源丰富，语言生活状况复杂，做好语言战略、语言规划和语言决策研究，处理好语言问题，对维护国家统一、维护国家语言安全、促进民族团结和社会和谐具有重要意义。语言国情调查是为国家制定语言战略、语言规划和语言决策服务的基础性工作。国家语委在《国家语言文字事业中长期改革与发展规划纲要（2010—2020）》中明确指出，国家语委语言文字科学研究的主要目标就是"关注社会语言生活，把握语言国情，主动服务各领域、各地区的语言需求，引导社会语言生活和谐发展"，明确规定"加强语言国情研究"是重点研究方向之一。

语言是一个民族重要的特征之一，是反映一个民族历史、文化、习俗、宗教、价值观等诸多方面的窗口，是一个民族认知世界的重要手段。少数民族语言是我国语言资源的重要组成部分，全面掌握少数民族语言国情，抢救、保护我国的少数民族语言资源对增强民族团结，构建和谐家园，弘扬中华民族优秀文化、促进民族文化大发展大繁荣具有重大意义。

昆格人划归布朗族，但同时是一个在诸多方面与布朗族其他支系族群有很大区别的一个独立群体，有自己的语言、有自己的聚居分布地、有共同的族群文化和生活习俗以及共同的族群认知与认同感。从1949年到2005

----

① 颜其香、周植志：《中国孟高棉语族语言与南亚语系》，社会科学文献出版社2012年版，第13—14页。

② 本节内容在《西华师范大学学报》（哲学社会科学版）2013年第1期发表，略有修改。

年这一相当长的时间里，昆格人的族属一直没有正式确定下来，昆格人在整个社会中的归属感长期以来一直摇摆不定。2005 年正式确定为布朗族后，昆格人的社会生活掀开了崭新的一页。但是，学界对昆格人的语言使用现状以及作为昆格人母语的昆格语的生存现状还没有进行过调查与研究。下文以翔实的田野调查数据为基础，展现昆格人的语言生活图景，揭示昆格人的语言使用现状以及伴随着昆格人走过漫长历史之路的昆格语的生存状况，这在学界尚属首次。

一　调查设计

（一）调查方法

调查方法以田野调查获得的实际客观数据的量化统计为主，兼以访谈、观察为辅。

1. 访谈：采用"随意访谈"和"约谈"两种。前者指不定时间、不定地点的随机交流。笔者曾与许多昆格人交流，了解他们母语、兼用语的使用情况，特别关注他们对母语的态度、母语的代际传承、母语和兼用语的使用域以及功能分配等问题。后者指通过村委会的安排，与各村民小组特定人员的约定访谈。在为期一周的"约谈"中，笔者分别与昆格村委会主任岩香、曼蚌汤村民小组组长岩地、纳回帕村民小组组长岩网和副组长岩妹、曼巴老村民小组组长岩倒和会计岩城以及村民岩温、曼巴约村民小组组长李新民及其父亲和岳父、纳板二村民小组组长岩亚及三位老人（其中一位是退休教师）等访谈，从面上了解昆格人的社会情况以及昆格人的语言使用状况。

2. 观察：对昆格人在不同交际场所、不同交际对象、不同交际内容等情况下对语言的使用进行观察。观察采取两种策略：一是"不参与观察"，即笔者不参与交际，与参与交际的昆格人保持一定距离，以一种自然的"隐蔽"状态观察昆格人的自然交际过程；二是"参与式观察"，即偶尔刻意地打断他们的交流，以观察他们怎么处理语码的转换与衔接等问题。

3. 统计：制作"昆格人语言使用现状调查表"，按户口登记 6 个村寨的所有在籍村民。调查表包括如下内容：户口序号、家庭成员及关系、姓名、族属、年龄、文化程度、第一语言能力、第二语言能力、第三语言能力、备注。然后按照调查表向每个村民小组的组长、会计以及村民等两到三人了解情况，逐条详细登记。登记完毕后，对各村民小组的情况进行量化统计。在此基础上，再对整个村委会的情况做总表量化统计。

（二）调查对象年龄的取舍和语言使用能力等级的划分

本次调查借鉴有关资料[①]，确定统计对象为 6 岁以上（含 6 岁）的所有昆格人。由于 0—5 岁儿童的认知能力还处于发育阶段，还没有正式接受学校教育，其语言能力还很不完整、稳定，所以不进入调查对象。昆格语无文字，所以本次调查只考察听、说两个方面的能力。语言能力分为三个等级：熟练、略懂、不会。三个等级标准如下：

熟练：听、说能力强，能够无障碍地运用语言进行交际。

略懂：听、说能力一般或者较差，语言交际能够进行，但有这样或者那样的障碍。

不会：听说能力极差或者根本不会、完全不懂。

语言能力的分级是一个模糊指标，不能精确反映出一个人的实际情况，但可以反映出一个人语言能力的趋势或者走向，基本符合实际状况。

二 调查统计结果

（一）各村民小组语言使用现状统计

1. 曼蚌汤村民小组（见表 1-1）

表 1-1 曼蚌汤村民小组昆格人语言使用现状调查表　　　单位：人

曼蚌汤	统计人口	民族分布		昆格人语言能力								
		昆格人	基诺族	昆格语			汉语			傣语		
				熟练	略懂	不会	熟练	略懂	不会	熟练	略懂	不会
	565	564	1	562	1	1	487	69	8	34	141	389

（说明：1 名基诺族人熟练使用基诺语，熟练兼用汉语，不会昆格语；1 名昆格人为智力残疾，略懂昆格语；1 名昆格人为聋哑人，不会昆格语。）

----

① 戴庆厦主编：《勐腊县克木语及其使用现状》，商务印书馆 2012 年版，第 4—5 页。

2. 纳回帕村民小组（见表1-2）

表1-2　纳回帕村民小组昆格人语言使用现状调查表　　单位：人

纳回帕	统计人口	民族分布		昆格人语言能力								
		昆格人	汉族	昆格语			汉语			傣语		
				熟练	略懂	不会	熟练	略懂	不会	熟练	略懂	不会
	373	372	1	370	0	2	322	28	22	41	211	120

（说明：1名汉族人熟练使用汉语、略懂昆格语；2名昆格人为聋哑人，不会昆格语。）

3. 曼巴约村民小组（见表1-3）

表1-3　曼巴约村民小组昆格人语言使用现状调查表　　单位：人

曼巴约	统计人口	民族分布		昆格人语言能力								
		昆格人	哈尼族	昆格语			汉语			傣语		
				熟练	略懂	不会	熟练	略懂	不会	熟练	略懂	不会
	183	182	1	182	0	0	151	30	1	12	97	73

（说明：1名哈尼族人熟练使用哈尼语、熟练兼用汉语，不会昆格语。）

4. 曼巴老村民小组（见表1-4）

表1-4　曼巴老村民小组昆格人语言使用现状调查表　　单位：人

曼巴老	统计人口	民族分布		昆格人语言能力								
		昆格人	汉族	昆格语			汉语			傣语		
				熟练	略懂	不会	熟练	略懂	不会	熟练	略懂	不会
	203	202	1	199	2	1	162	18	22	8	11	183

（说明：1名汉族人熟练使用汉语、熟练兼用昆格语；2名人昆格人有发音残疾，略懂昆格语；1名昆格人为昆汉族际婚姻家庭孩子，不会昆格语。）

5. 纳版一村民小组（见表1-5）

表1-5 纳版一村民小组昆格人语言使用现状调查表　　　单位：人

纳版一	统计人口	民族分布			昆格人语言能力								
					昆格语			汉语			傣语		
		昆格人	汉族	傣族	熟练	略懂	不会	熟练	略懂	不会	熟练	略懂	不会
	78	75	1	2	75	0	0	72	0	3	10	0	65

（说明：1名汉族人熟练使用汉语、熟练兼用昆格语；2名傣族人熟练使用傣语、熟练兼用昆格语和汉语。）

6. 纳版二村民小组（见表1-6）

表1-6 纳版二村民小组昆格人语言使用现状调查表　　　单位：人

纳版二	统计人口	民族分布			昆格人语言能力								
					昆格语			汉语			傣语		
		昆格人	汉族	基诺族	熟练	略懂	不会	熟练	略懂	不会	熟练	略懂	不会
	100	88	6	6	86	1	1	88	0	0	13	2	73

（说明：6名汉族人熟练使用汉语，其中2人熟练兼用昆格语；6名基诺族人其实是汉族，熟练使用汉语、其中1人熟练兼用昆格语，无人兼用基诺语；2名昆格人是昆汉族际婚姻家庭孩子，1人略懂昆格语，1人不会昆格语。）

（二）昆格人语言使用现状总体情况统计

统计以上6个村民小组，进入统计的6岁以上（含6岁）的昆格人为1483人。他们的昆格语、兼用语使用现状如表1-7所示：

表1-7 昆格人语言使用现状调查表　　　单位：人

统计人口	昆格人语言能力								
	昆格语			汉语			傣语		
	熟练	略懂	不会	熟练	略懂	不会	熟练	略懂	不会
1483	1474	4	5	1282	145	56	118	462	903
占比	99.4%	0.3%	0.3%	86.4%	9.8%	3.8%	8%	31.1%	60.9%

三 调查结果讨论

（一）昆格人全民稳定使用母语——昆格语

昆格人是一个聚居的少小族群，昆格语是他们世代口耳相传的母语。从以上统计结果可以看出：昆格人普遍稳定地使用着自己的母语；昆格语保存得十分完好，尚未出现衰变或者濒危迹象。在昆格人的日常生活、生产劳动以及社区交流中，昆格语依然保持着顽强的活力，维系着昆格人族群的文化习俗、历史传统以及昆格人作为一个独特族群的民族身份。

实地调查、走访、观察发现，昆格山各个昆格人村寨之间没有方言差异，相互沟通交流没有任何问题。少数由于族际婚姻或者户籍变动而迁入的外族人对昆格语的使用几乎没有产生任何制约和影响。

作为昆格人母语的昆格语至今能够保存完好，笔者认为主要有以下几点原因。其一，昆格人虽然人口总数少，但分布高度聚居。虽然昆格山处在汉族、傣族、基诺族等民族的包围之中，但昆格人的聚居地缘环境一直没有被分割打破，为昆格语提供了一个安全的"语言岛"，这使得昆格语能够稳定地生存、保存下来。其二，相对闭塞的地理环境为昆格语的保存提供了天然的保护屏障。昆格山位于勐养镇附近的热带雨林山区，离勐养坝子较远，历史上长期不通公路，与外界少有沟通，直到 20 世纪 80 年代才打通了由勐养镇到昆格山的沙石路。虽然现在实现了道路的"村村通"，但路况很差，交通仍不方便。可喜的是，由勐养镇到昆格村委会驻地曼蚌汤的沙石路终于在 2014 年铺上了柏油。其三，一致的族群认同感是昆格语能够长期稳定使用的民族底层心理动因。昆格人虽然地处偏僻之地，人口很少，经济落后，传统文化丢失较多，但昆格人都表现出了强烈的族群认同感，母语代际传承没有断裂，一直是昆格人的语言传统。其四，传统的族内婚姻制度无形之中为昆格语的保存提供了客观条件。直到现在，多数昆格人的婚姻关系都建立在同一村寨的不同姓氏之中，就连同族内不同村寨之间的通婚比例也不高，族际婚姻家庭更是少见。最后，国家的民族语言政策为昆格语的完好保存提供了政策和法律后盾。

（二）昆格人语言使用出现全民双语制和部分多语制

从以上统计中还可以看出，昆格人除了全民稳定使用自己的母语以外，绝大部分还兼用汉语。在进入统计的人口中，汉语能力达到"熟练"级别的比例高达 86.4%，达到"略懂"级别的占 9.8%，只有 3.8%的昆格人不会汉语。因此，可以毫不夸张地说，昆格人业已建立起了全民昆-汉双语制。在调查中我们发现，在和汉族人或者其他外族人交流时，绝大部分昆格人都能自如地实现昆格语-汉语之间的语码转换，几乎没有任何难度。另外，昆格人兼用傣语的比例也不少，"熟练"和"略懂"傣语的占比分别为 8%和 31.1%。也就是说，有相当一部分昆格人是兼用汉语和傣语的"三语人"。

我们认为，不同语言群体相邻而居或交错杂居的分布态势必然形成不同民族之间的交际需要，这是造成一个民族习得、兼用他族语言的自然原因。人类是群居社会动物，需要语言交流，由差异而生的好奇心会驱使一个民族了解另一个民族。生活中的相互帮助、相互学习、互通有无也会自然地通向习得、兼用他族语言之路。

主流文化也是影响语言兼用的原因之一。新中国成立前，傣族是西双版纳的主体民族和统治民族，代表着当地的主流文化。昆格人在与傣族的政治、经济以及文化交流过程中，一部分人主动接近主流文化并自然习得、兼用傣语，这一语言习得传统还延续至今。同时，汉语也是从古至今各少数民族与汉族之间交际的通用语。新中国成立后，国家大力发展少数民族各项事业，汉语成为国家法定的全国通用语，代表着全国的主流文化。为了适应形势的变化，尽快地融入到祖国这一大家庭，昆格人自然地把汉语视为自己主要的兼用语。经过几十年的适应与积累，汉语逐渐取代傣语，成了昆格人的第一兼用语。

学校教育是形成现阶段昆格人普遍兼用汉语的重要促进因素。大部分熟练兼用汉语的昆格人都曾在学校接受过正规的汉语学习，既能讲不太规范的普通话，也能讲当地汉语方言。

另外，进入现代化建设阶段，随着通信信息技术的推广与普及，各种媒体手段与工具在昆格人的生活中加速了汉语的推广和应用。现在的昆格人家家有电视，手机已经进入寻常百姓之家，汉语作为第一兼用语的地位得到了全面巩固与提升。

（三）昆格语与其他语言之间的竞争与和谐

据统计，我国各民族使用着至少 130 种语言①。不同的语言处于一个统一的社会之中，相互之间存在着竞争关系。"语言竞争是语言关系的产物，是调整语言协调于社会需要的手段"②，是不以人的意志为转移的社会客观规律。

不可否认，昆格语使用人口少，分布狭窄，属于一般意义上的弱势语言。相比之下，汉语使用人口多，历史文献典籍多，而且由于国家的现代化进程以及全球经济一体化的推进，汉语作为我国的第一强势语的地位得到了进一步的巩固和强化。在西双版纳，傣语有文字，使用人口较多，分布也较广，作为当地的媒体语言之一，也是区域性的强势语言。昆格语与汉语和傣语之间的自然的语言地理分布，加之国家的政治、经济影响，必然导致昆格语与汉语、傣语之间产生语言使用功能上的竞争。昆格人的语言兼用就是这种竞争的结果。

同时，我们也看到，昆格语在与汉语、傣语的相互竞争中实现了相互之间的协调、和谐与共存。昆格语作为昆格人的母语，伴随昆格人在漫长的历史之路上走到了现在，是昆格人作为一个独特族群的民族标示，也是昆格人代代相传的社会基因。作为一个多民族、多文化、多语言的统一的社会大家庭中的一员，昆格语无疑为我国语言文化的多样性做出了贡献。在昆格人的语言传承中，昆格语是第一选择；在昆格人的日常生活中，昆格语是第一选择；在昆格人的社区文化和传统仪式活动中，昆格语也是第一选择。可以这样说，昆格语与汉语、傣语相互竞争、和谐共存、各司其职、各守其位，构成了现阶段昆格人的语言生活面貌。

第三节　昆格语研究回顾

国内对昆格语的研究起步很晚。1980 年，颜其香对昆格语（汉译"轾

---

① 王远新：《加强人口较少民族语言的调查及弱势和濒危语言的保护》，《新疆师范大学学报》（哲学社会科学版）2008 年第 1 期。

② 戴庆厦：《语言竞争与语言和谐》，《语言教学与研究》2006 年第 2 期。

话")进行了调查研究,认为昆格语是布朗语乌方言[①]的一种土语。颜其香、周植志记录了 1000 多个词汇和一些句子类型的材料,认为昆格语("轷话")的语音体系和语法结构跟布朗语相同或十分相近,尤其与沿着澜沧江、小黑江以及怒江居住在双江县、永德县、施甸县等地的布朗族所操的乌方言更为接近。[②] 王敬骝、陈相木(1981)在《我国的孟高棉语及其研究》中把昆格语译为"宽话",取自傣族对昆格人的称呼 khuɔn[33]kɣt[55],认为昆格语与佤语、布朗语同属一类。[③] 昆格语还被译为"户语",取自昆格人的自称 xuʔ[55]。李道勇(1984,1985)认为,"户语"包括"曼米语"(克蔑语),"曼米人"(克蔑人)属于"户人"(昆格人)的支系。[④] 李锦芳(2004)对昆格语("户语")的语音、词汇、语法作了概要性的描写。[⑤]

国外对昆格语的专门研究不仅起步更晚,而且成果也不多。瑞典的 Svantesson 在 1984 年对昆格语做过调查研究,并分别于 1989 年和 1991 年发表了两篇论文。第一篇论文探讨了昆格语(被称为 hu)、乌语(被称为 u,即布朗语乌方言)和老挝克木语北部方言的声调发生学机制,指出昆格语的元音长短合并导致声调的产生。[⑥] 第二篇论文试图揭示昆格语的语音演变规律,再次强调了昆格语的声调发生机制来自元音长短对立的消失[⑦]。

---

① 布朗语方言划分是一个争议较大的问题。周植志、颜其香(1983)、颜其香、周植志(1995,2012)认为布朗语可分为布朗方言和乌方言;李道勇、聂锡珍、邱锷锋(1986,2009)认为布朗语可分为布朗方言与阿尔佤(阿佤)方言。

② 颜其香、周植志:《中国孟高棉语族语言与南亚语系》,社会科学文献出版社 2012 年版,第 151—154 页。

③ 转引自戴庆厦主编《中国少数民族语言研究 60 年》,中央民族大学出版社 2009 年版,第 475 页。

④ 李道勇:《中国的孟—高棉语族概略》,《云南民族学院学报》1984 年第 3 期。李道勇:《我国南亚语系诸语言特征初探》,《中央民族学院学报》1985 年第 4 期。

⑤ 李锦芳:《户语概况》,《民族语文》2004 年第 5 期。

⑥ Svantesson, J. O., *Tonogenetic Mechanism in Northern Mon-Khmer. Phonetica* (46), 1989. pp. 60-79.

⑦ Svantesson, J. O., *Hu——a language with unorthodox tonogenesis* in *Austroasiatic Languages, Essays in honour of H. L. Shorto.* Jeremy H.C.S. Davidson (Eds.), School of Oriental and African Studies, University of London, 1991. pp. 67-80.

　　此外，国外的研究很多都把昆格语归为一种与佤语、德昂语和布朗语并列的独立语言。如《亚太语言学》（*Asia-Pacific Linguistics*）、《东南亚语言学会学报》（*Journal of the Southeast Asian Linguistics Society*）的总编辑，《孟高棉语言研究》（*Mon-Khmer Studies*）的编辑，澳大利亚国立大学的 Sidwell（2009）[①] 以及美国的 Diffloth（2005）[②] 是这种分类的代表人物。由 Sidwell 任主任，受美国教育部资助的"孟高棉语言项目"（Mon-Khmer Languages Project）拟定的"孟高棉语言工作谱系分类"也有类似的分类法。[③]

① Sidwell, P., *The Austroasiatic Central Riverine Hypothesis*. Keynote Address, SEALS, XIX, 2009.

② Diffloth, G., *The Contribution of Linguistic Palaeontology and Austro-Asiatic* in *The Peopling of East Asia: Putting Together Archaeology, Linguistics and Genetics*. Laurent Sagart, Roger Blench and Alicia Sanchez-Mazas (Eds.), London: Routledge Curzon, 2005. pp. 77-80.

③ http://sealang.net/monkhmer/.

第二章　语音①

第一节　声母

昆格语声母分单辅音声母和复辅音声母，一共有 66 个。其中，单辅音声母 24 个（不含借用声母），复辅音声母 42 个。昆格语声母没有清浊对立区别语义的现象，没有零声母开头的音节，韵母单独做音节时，前面须带有喉塞音ʔ做声母。

单辅音声母如下：

p　ph　m　m̥　f　v　θ　t　th　n　n̥　l
ʃ　tʃ　n̥ʑ　j　k　kh　ŋ　ŋ̊　x　ɣ　h　ʔ

复辅音声母如下：

pl	phl	pɣ	phɣ	kl	khl	kv	kɣ
thɣ	θɣ	ʃɣ	tʃɣ	xɣ	hl	np	nph
npl	nphl	npɣ	nphɣ	nm	nm8	nt	nth
nn	nn̥	nl	nk	nkh	nkl	nŋ	nŋ̊
nx	nɣ	nθ	nθɣ	nʃ	nʃɣ	ntʃ	ntʃɣ
nn̥	ʔm						

单辅音声母例词：

p　　pun⁵¹ 天　　　　pʌk⁵⁵ 捆绑　　　　pain³¹ 白色的

---

① 本章部分内容参考了李锦芳《户语概况》，《民族语文》2004 年第 5 期。

ph	phəiŋ⁵¹ 射击		phel³¹ 翅膀		phot³¹ 马鹿
m	mal⁵¹ 山		mɔi³¹ 黄牛		ma³⁵ 蒜
m̥	m̥ʌŋ⁵¹ 半新旧		m̥ai³¹ 丧偶的		
f	fɔi⁵¹ 生火柴		fai³¹fa³¹ 电筒		
v	van³¹ 碗		vait³¹ 刀		vau⁵¹ 宽
θ	θeʔe⁵⁵ 树		θak⁵⁵ 稻子		θuk⁵⁵ 毛
t	taʔ⁵⁵ 阻拦		tɔŋ³¹ 铜		tɑŋ⁵¹ 树枝
th	thuʔ⁵⁵ 菜		thiak³¹ 牛		thiʔ⁵⁵ 手
n	nal⁵¹ 草		nok³¹ 满		nan³¹ 慢
n̥	(xɤk⁵⁵)n̥a⁵¹ 健壮		n̥u⁵⁵(kiau³¹) 兔子		
l	li⁵¹ 出来		lən⁵¹ 河		laŋ⁵¹ 黑色的
ʃ	ʃak⁵⁵ 果核		ʃɔʔ⁵⁵ 狗		ʃɛm⁵¹ 傣族
tʃ	tʃeiŋ³¹ 脚		tʃak⁵⁵ 泥泞		tʃu⁵⁵ 欺骗
ȵ	ȵʌk⁵⁵ 糯		ȵɤʔ⁵⁵ 茶叶		ȵa³³ 裙子
j	jiŋ³⁵ 比		jep⁵⁵ 闭（眼）		jɔŋ³¹ 好
k	kak⁵⁵ 咬		ka³¹ 稻秧		kan⁵¹ 屁股
kh	khuŋ⁵¹ 水田		khuiŋ⁵¹ 丈夫		khap³¹ 下巴
ŋ	ŋal⁵¹ 火		ŋʌt³³ 背		ŋaʔ⁵⁵ 痒
ŋ̥	ŋ̥an⁵¹ 配种的				
x	xuʔ⁵⁵ 昆格人		xai⁵¹ 丢失		xuɔ³¹ 讨
ɤ	ɤɤ³¹ 走		ɤim⁵¹ 寨子		ɤoʔ⁵⁵ 养
h	hɔm⁵¹ 香味		hut³¹ 闻		hiŋ⁵¹ 聪明
ʔ	ʔom³¹ 水		ʔiʔ⁵⁵ 人		ʔiŋ⁵¹ 屎

昆格语还有 7 个用来拼读汉语借词的单辅音声母：

ts	tsɿ³³(jɛn³³) 纸烟	
tsh	tshun⁵⁵ 春	
ç	ça³⁵ 夏	
tɕ	(phi³¹)tɕiu⁵¹ 啤酒	
tɕh	tɕhiu⁵⁵ 秋	(khua³¹)tɕhɛn³¹ 划拳
s	səu³¹(fu³¹) 手扶拖拉机	

w　　　wei³⁵(tɕin³³) 味精

复辅音声母例词：

pl	pluΩ⁵⁵ 盐	pliΩ³³ 蛆虫	plik⁵⁵ 辣椒
phl	phlea³¹ 冰雹	phleΩ⁵⁵ 果实	phlal³¹ 麻烦
pɣ	pɣiΩ⁵⁵ 森林	pɣa³¹ 斑	pɣak⁵⁵ 烤
phɣ	phɣiŋ⁵¹ 油	phɣim⁵¹ 旧	phɣiΩ⁵⁵ 辣
kl	klʏt⁵⁵ 结巴	klau⁵⁵ 搅拌	klil³¹ （象）叫
khl	khlat³¹ 街	khliŋ⁵¹ 舔	khliet³¹ 滑
kv	(ʃa³¹)kviet⁵⁵ 扒（饭）	(θa³¹)kviŋ⁵¹ 跳蚤	kviet³⁵ 包围
kɣ	kɣeΩ⁵⁵ 桌子	kɣap³¹ （一）顿（饭）	kɣan³¹ 懒惰
thɣ	(ʔa³¹)thɣuΩ⁵⁵ 毛毛树		
θɣ	θɣuŋ³¹ 黄	θɣuk⁵⁵ 塌方	θɣaŋ³¹ 刺
ʃɣ	ʃɣʏ³¹ 锄头	ʃɣiŋ⁵¹ 红色的	
tʃɣ	(ʔa³¹)tʃɣiΩ⁵⁵ 青树		
xɣ	xɣek³⁵ 铝	xɣak³¹ 呻吟	xɣaŋ³¹ 修
hl	hlən³¹ 蓝色的	hlum⁵¹ 下陷	hlaŋ⁵¹ 栋
np	npol³¹ 绿斑鸠	npɔm³¹ 荫	npuΩ⁵⁵ 火罐
nph	nphɔ⁵¹ 布	nphal⁵¹ 碓白	nphiel³¹ 晒席
npl	nplet³¹ 吞		
nphl	nphlaŋ⁵¹ 草排		
npɣ	npɣak⁵⁵ 呷（嘴）		
nphɣ	nphɣa⁵¹ 簸箕		
nm	nməiŋ⁵¹ 星星	nmɔn³¹ 女婿	nmoi³¹ 瓢
nm̥	nm̥ai³¹ 靶子	nm̥ul⁵¹ 钱	nm̥ɔ³¹ 念（经）
nt	nteiŋ³¹ 大	ntam³¹ 茎	ntɔŋ³¹ 桥
nth	nthuΩ⁵⁵ 洞	ntham⁵¹ 蛋	nthem³¹ 想
nn	nnam³¹ 血	nnaŋ³¹ 项圈	nnop³¹ 火钳
nn̥	nn̥eΩ⁵⁵ 肉	nn̥at³¹ 梳子	nn̥ʌm⁵¹ 年
nl	nlɔŋ³¹ 窝	nlaΩ⁵⁵ 楔子	
nk	nkiΩ⁵⁵ 松树	nkuΩ⁵⁵ 皮	nkeiŋ³¹ 凳子

nkh	nkhia³¹ 月亮	nkham³¹ 糠	nkhek⁵⁵ 酸蜂
nkl	(pa³¹tai³¹)nklua³¹ 线		
nŋ	nŋi?⁵⁵ 日子	nŋim⁵¹ （饭）生	nŋɤl⁵¹ 树桩
nŋ̊	nŋ̊ai³¹ 啄木鸟	nŋ̊aŋ³¹ 甜	nŋ̊ap³¹ 打哈欠
nx	nxɤŋ³¹ 筛子		
nɣ	nɣa?⁵⁵ 白花树	nɣeiŋ³¹ 鬓角	nɣak⁵⁵ 火炕
nθ	nθait³¹ 沙	nθim⁵¹ 指甲	nθɔ?⁵⁵ 塞子
nθɣ	nθɣut³¹ 吸吮		
nʃ	nʃi?⁵⁵ 头虱	nʃak⁵⁵ 锉子	nʃɤŋ⁵¹ 千
nʃɣ	nʃɣok³¹ 铲子		
ntʃ	ntʃak⁵⁵ 勺子	ntʃun⁵¹ （用指尖）撮	ntʃɛn⁵¹ 重
ntʃɣ	ntʃɣaŋ⁵¹ 柱子		
nȵ	nȵɔm³¹ 孩子	nȵaŋ⁵¹ 小腿	nȵat³¹ 笑
?m	?mal⁵¹ 圆的		

说明：

1. 为简化起见，复辅音声母所带鼻冠音统一标注为n，其实际音值多为与随后音位同部位的鼻音。如：np、nph、npl、nphl、npɣ、nphɣ、nm、nm̥的鼻冠音实际音值是[m]；nt、nth、nn、nȵ、nl的鼻冠音实际音值是[n]；nk、nkh、nkl、nŋ、nŋ̊、nx、nɣ的鼻冠音实际音值是[ŋ]；nθ、nθɣ、nʃ、nʃɣ的鼻冠音实际音值一般是[m]，也可变读为[n]；ntʃ、ntʃɣ、nȵ的鼻冠音实际音值是[ȵ]。

2. ?m这个复辅音声母在所记语料中仅仅出现了一次。之所以把这个声母单独列出来，是因为该声母的喉塞音具有区别意义的作用。如?mal⁵¹ "圆的"和mal⁵¹ "山"。

第二节　韵母

昆格语的韵母共有162个（不含借进韵母）。其中，单元音韵母10个，双元音韵母21个，三元音韵母4个，带辅音韵尾韵母127个。昆格语没有紧元音，因此元音无松紧对立现象；元音长短对立以区别意义的现象已基本消失，仅存于个别词汇中[①]，如：

　　jam⁵¹ 死　　　　　　ja:m⁵¹ 锣

　　但是，很多元音还保留习惯长音，如（→表示实际音值）：

nkhia³¹→ŋkhi:a³¹ 月亮

khat⁵⁵ka³¹viɛm⁵¹→khat⁵⁵ka³¹vi:ɛm⁵¹ 冷

nŋua³¹→ŋŋu:a³¹ 混浊　　　　　Ɂiea³¹→Ɂie:a³¹ 鸡

Ɂa³¹θiam⁵¹→Ɂa³¹θi:am⁵¹ 右　　　phlea³¹→phle:a³¹ 冰雹

θiau³⁵→θi:au³⁵ 劁　　　　　　tʃiau³¹→tʃi:au³¹ 稀疏

ʃaŋ³¹→ʃa:ŋ³¹ 大象　　　　　　phot³¹→pho:t³¹ 马鹿

Ɂa³¹khiʌl⁵¹→Ɂa³¹khi:ʌl⁵¹ 黑头翁　khuɔn³¹joa³¹→khuɔn³¹jo:a³¹ 孤儿

(hot⁵⁵)heu³⁵→(hot⁵⁵)he:u³⁵ 瘫痪　viet³¹→vi:et³¹ 归还

khiel⁵¹→khi:el⁵¹ 嫉妒　　　　　pen³¹→pe:n³¹ 得到

Ɂun⁵¹→Ɂu:n⁵¹ 留（种）　　　　xɤam⁵¹→xɤ:am⁵¹ 抬

　　由于昆格语的元音长短的对立已经基本消失，长元音只是保留的习惯音长，因此本书不予标注，全部记为短元音。

　　单元音韵母包括[②]：

　　i　e　a　ɑ　ə　u　ɔ　o　ɯ　ɤ

　　双元音韵母包括：

　　ie　ia　iu　iɔ　ea　eu　ai　au　ɑi　əi　əa

　　ui　ua　uo　ɔu　oi　oa　ɔi　ʌi　ɤi　ɤa

　　三元音韵母包括：

　　iea　iau　uai　uɔi

　　带辅音尾韵可分为 11 组。

　　第一组以 i 打头：

---

　　① Jan-Olof Svantesson 认为昆格语元音长短对立的消失导致昆格语声调的产生。见 "Hu-a Language With Unorthodox Tonogenesis" in *Austroasiatic Languages, Essays in honour of H. L. Shorto*. Jeremy H.C.S. Davidson (Eds.). School of Oriental and African Studies, University of London, 1991: 67-80.

　　② 昆格语有 a、ɑ、ɒ 一套元音音素，本书把 ɒ 与 ɔ 合并，统一记为 ɔ，如 kuɔŋ³¹ "瓶子" 的实际音值为 kuɒŋ³¹。

ip it ik im in iŋ il iʔ iep iet iek iem ien iel ieʔ
iɐn iap iat iak iam iaŋ iaʔ iuk iuŋ iok ion iɔŋ iʌl iait

第二组以 e 打头：

ep et ek em en eŋ el eʔ ein eiŋ

第三组以 ɛ 打头：

ɛm ɛn

第四组以 a 打头：

ap at ak am an aŋ al aʔ ait aik ain aiŋ

第五组以 ɑ 打头：

ɑp ɑt ɑk ɑm ɑn ɑŋ ɑl

第六组以 ə 打头：

ət ək əm ən əl əiŋ əʌk ək əm te

第七组以 u 打头：

up ut uk um un uŋ ul uʔ tiu uiŋ uiʔ
uat uan ual uok uot uoʔ uɔt uɔm uɔn uɔŋ uɔʔ uɔiŋ

第八组以 ɔ 打头：

ɔp ɔt ɔk ɔm ɔn ɔŋ ɔl ɔʔ ɔit ɔik ɔiŋ ɔiʔ

第九组以 o 打头：

op ot ok om on ol oʔ oit

第十组以 ʌ 打头：

ʌp ʌt ʌk ʌm ʌŋ ʌʔ ʌit

第十一组以 ɤ 头：

ɤp ɤt ɤk ɤn ɤŋ ɤl ɤʔ ɤat ɤiŋ

单元音韵母例词：

| i | li⁵¹ 出来 | ʔi³¹ 回来 | nthi⁵¹ 锤子 |

i   li^{51} 出来   ʔi^{31} 回来   nthi^{51} 锤子

e   ke^{31} 火药   nθe^{31} 螺丝钉   ple^{51} 陪伴

a   ɣa^{55} 锈   ka^{31} 稻秧   la^{31}tha^{31} 火车

ɑ   npɑ^{51}（黄牛）叫   (ʔa^{31}ʃek^{55})nthɑ^{51} 山蛙

ə   (ʃem$^{51\text{-}31}$)nə^{51} 花腰傣   phə^{35}lə^{35}（颜色）淡   (tha^{31})θə^{31} 头人

u　(pa³¹)lu⁵¹ 灰　　　　ɣu⁵¹ 直　　　　　thu³¹ 筷子

ɔ　khɔ⁵¹ 咳嗽　　　　phɔ⁵¹ 打　　　　　ʔɔ⁵¹ 脸庞

o　tho⁵¹ 呼吸　　　　(ʔiʔ⁵⁵⁻³¹)mo⁵¹ 疯子　　(vak³¹)pho⁵¹ 猫头鹰

ɯ　(tho³⁵)pɯ⁵¹ 蚕豆

ɤ　ɣɤ³¹ 走　　　　　ʃɤɣ³¹ 锄头　　　　(ma³¹)khɤ³¹ 茄子

有 1 个从汉语借进的单元音韵母：

ɿ　tsɿ³³(jɛn³³) 纸烟　　(ji³¹)tshɿ³¹ 一尺　　(tiɛn³⁵)sɿ³⁵ 电视

双元音韵母例词：

ie　pie³³ 竹排　　　　mie³¹(ɣein³¹) 秃鹫　　(ma³¹)thie³¹ 一钱

ia　(θa³¹)ʔia³¹ 药　　　khia³¹ 摘　　　　ŋia⁵¹ （象）叫

iu　phiu⁵⁵ 颜色　　　　(ʔic³¹)liu³¹ 水果糖

iɔ　(vait³¹)khiɔ⁵¹ 大砍刀

ea　vea³¹ 绕（道）　　jea³¹ 张开（手臂）　khea⁵¹ 解开

eu　(ma³¹)neu³⁵ 现在　(hot⁵⁵)heu³⁵ 瘫痪

ai　pai⁵⁵ 零　　　　　xai⁵¹ 丢失　　　　vai³¹ŋai³¹ 中午

au　kau⁵¹ 他俩　　　　khau⁵¹ 硬　　　　mau³¹ 晕（车）

ɑi　vɑi⁵¹ 旋转　　　　ŋɑi³¹ （水牛）叫

əi　vəi³¹ 上坡　　　　thəi³¹ 漂浮　　　　(ʔa³¹)nəi³¹ 母亲

əa　pəa⁵¹ 撒（饭）　　θəa⁵¹ 纺　　　　　ntəa³¹ 蛋白

ui　ʔui⁵¹ 臭　　　　　(ʔa³¹)phyui⁵¹ 豪猪　thui³⁵ 假装

ua　nŋua³¹ 混浊　　　　mua⁵¹ 地界　　　　ntua³¹ 楼梯

uo　nthuo⁵¹ 发（芽）

uɔ　(pəl³¹)puɔ³¹ 晚上　xuɔ³¹ 求讨

oi　khoi³¹ 有　　　　　nthoi³¹ 嘴唇　　　nmoi³¹ 瓢

oa　ŋoa³¹ 蜂蜡　　　　(khuɔn³¹)joa³¹ 孤儿　(tʃein³¹)tʃoa³¹ 高跷

ɔi　mɔi³¹ 黄牛　　　　θɔi⁵¹ 切（菜）　　(ka³¹)ʔɔi³¹ 三

ʌi　phʌi⁵¹ （花）开　　ŋʌi⁵¹ 摇（头）

ɣi　ɣɣi⁵¹ 起床　　　　khɣi⁵¹(θai³¹) 麻沙蜂　khɣi³¹ (ʔuai³¹) 回（头）

ɣa　xɣa³¹ 陡　　　　　(pha³¹)khɣa⁵¹ 发抖　kɣa⁵¹ 燃

有 2 个从汉语借进的双元音韵母：

ei   mei³¹(than³⁵) 煤炭   fei³¹(tsau³⁵) 肥皂

əu   təu³⁵(fu⁵¹) 豆腐   (ʃin⁵¹)thəu³⁵ （饭）熟透

三元音韵母例词：

iea   ʔiea³¹ 鸡   liea³¹ 薄   miea³¹ 爬

iau   khiau³¹ 荞   tʃiau³¹ 稀疏   (ʔa³¹)ŋiau³¹ 猫

uai   (ʔa³¹)khuai³¹ 葫芦   (khɣi³¹)ʔuai³¹ 转（身）

uɔi   kuɔi³¹ 喂（鸡）

带辅音韵尾韵母例词：

ip	ʃip⁵⁵ 捡	kip³⁵(ma³¹) 马蹄铁	θip⁵⁵ 十
it	(ʔa³¹)thit⁵⁵ 菌子	kit⁵⁵ 挠（痒）	ɣit⁵⁵ 紧
ik	plik⁵⁵ 辣子	ʃik⁵⁵ 涩口	
im	(ʔa³¹)ʃim⁵¹ 鸟	nɲim⁵¹ （饭）生	nθim⁵¹ 指甲
in	(tho³⁵)nin⁵¹ 花生	(ma³¹) kin³¹ 一斤	ʃin⁵¹ （饭）熟
iŋ	phɣiŋ⁵¹ 油	tiŋ³⁵ 二胡	ʔiŋ⁵¹ 粪便
il	(ʔa³¹)lil³¹ 螺蛳	nthil⁵¹ 七	ɲil⁵¹ 搓
iʔ	pɣiʔ⁵⁵ 森林	(pa³¹)kiʔ⁵⁵ 鬼	thiʔ⁵⁵ 手
iep	(θa³¹)kiep⁵⁵ 垃圾	(ʔa³¹)tiep⁵⁵ 刀豆	khiep⁵⁵ 鞋子
iet	kiet⁵⁵(ʔa³¹plau⁵¹) 鱼鳞	phiet³¹ 挤（牙膏）	ʔiet³¹ 睡
iek	phiek³⁵ 偏离	miek³¹ 望	piek⁵⁵ 吐
iem	niem³¹ 弟弟	phiem⁵¹ 杀（人）	liem³¹ 箱子
ien	(ma³¹)khien⁵⁵ 一手长	kien³¹ 磨（牙）	
iel	nkhiel³¹ 瓜	(ka³¹)tiel³¹ 浅	khiel⁵¹ 闪
ieʔ	pieʔ⁵⁵ 羊	(khɣl³¹)mieʔ⁵⁵ 甘蔗	ʔieʔ⁵⁵ 我们
iɛn	tiɛn³¹ 低	(ʔiʔ⁵⁵⁻³¹)kviɛn³⁵ 朋友	piɛn³¹ 楼板
iap	hliap³⁵(khu⁵⁵) 蜂饼		
iat	phiat³¹ 布块		
iak	thiak³¹ 水牛		
iam	ʔa³¹θiam⁵¹ 右		
iaŋ	ma³¹ʔiaŋ³¹ 怀孕		

iaʔ	(phən³¹)phiaʔ⁵⁵ 姑娘	(thuʔ⁵⁵⁻³¹)θiaʔ⁵⁵ 臭菜	
iuk	(ma³¹) phiuk⁵⁵ 十斤		
iuŋ	(thuŋ³¹) ʔiuŋ³¹ 端		
iok	khiok⁵⁵ 篾子	phiok⁵⁵ 秤	
ion	(ʔiʔ⁵⁵tʃaŋ³³⁻³¹) khion³¹ 篾匠		
iɔŋ	piɔŋ³¹ 龙	ʔiɔŋ³¹ 打扮	
iʌl	(ʔa³¹)khiʌl⁵¹ 黑头翁		
iait	piait³¹ 罚款		
ep	(θa³¹)ɣep³³ 世界	thep³³ 瘪	khep³¹ 喝（汤）
et	ɣet³¹ 根	(ʔa³¹)xet³¹ 熊	ȵet⁵⁵ 密
ek	tek⁵⁵ 小	phek⁵⁵ 尖	(θa³¹)vek⁵⁵ 黑暗
em	nthem³¹ 想	ʔem³¹ 尝	
en	ɣen³¹ 学	pen³¹ 得到	(kuŋ³³)ken⁵¹ 自行车
eŋ	leŋ³¹ 高	(ka³¹)θeŋ³¹ 轻	ʃa³¹veŋ³¹ 踉跄
el	phel³¹ 翅膀	θel³¹ 呕吐	(ʃa³¹)ʔel³¹ 知道
eʔ	phleʔ⁵⁵ 果	kɣeʔ⁵⁵ 桌子	(ka³¹)tʃeʔ³¹ 锁
ein	(nmul̥⁵¹⁻³¹)lein³¹ 半开	(ʃɤŋ³¹) lein³¹ 瞪	
eiŋ	tʃeiŋ³¹ 脚	nkeiŋ³¹ 凳子	kheiŋ⁵¹ 牙齿
ɛm	ʃɛm⁵¹ 傣族		
ɛn	ntʃɛn⁵¹ 重	(ʃup³¹)ʃɛn³⁵ 镲	(ʔa³¹)tʃɛn³¹ 黄鳝
ap	khap³¹ 下巴	ntap³¹ 银牌	khap⁵⁵ 够
at	lat⁵⁵ 来	pɣat³¹ 野猪	khlat³¹ 街
ak	kak⁵⁵ 咬	vak⁵⁵ 钩	pak⁵⁵ 骑（马）
am	ntham⁵¹ 蛋	nnam⁵¹ 美丽	nkham³¹ 糠
an	lan³¹ 长	han³⁵ 鹅	(θa³¹)than⁵¹ 年老
aŋ	ʃaŋ³¹ 大象	ʃaŋ⁵¹ 苦	tʃaŋ³³ 能
al	mal⁵¹ 山	ŋal⁵¹ 火	(ʔa³¹)tal⁵¹ 魔芋
aʔ	taʔ⁵⁵ 阻隔	laʔ⁵⁵ 叶	vaʔ⁵⁵ 赶（马）
ait	nθait³¹ 沙	vait³¹ 刀	ŋait³¹ 剁
aik	laik³¹ （猪油）化		

ain	(ȵet⁵⁵)main³¹(miȵ⁵⁵leʔ⁵⁵) 密密麻麻		
aiŋ	paiŋ³¹ 白	thaiŋ³¹ 编织	(ʃum⁵¹)ɣaiŋ³¹ 饿
ap	hap⁵⁵ 捉（螃蟹）	ɣap⁵⁵ 淋（雨）	kap⁵⁵ 盖
at	(phʌt⁵⁵)jat⁵⁵ 破烂	nmat³³（天）阴	
ak	(kan⁵¹⁻³¹)kak⁵⁵ 内裤	lak⁵⁵pak⁵⁵ 竹铃铛	mak⁵⁵ 嫩
am	ʔam⁵¹ 孵	tam⁵¹ 炖	
an	ʔan⁵¹ 大	(pa³¹)nan⁵¹ 太阳穴	kan⁵¹ 裤子
aŋ	taŋ⁵¹ 枝	nȵaŋ⁵¹ 小腿	phaŋ⁵¹ 多
al	tal⁵¹ 胸口	khal⁵¹（背）驼	(ma³¹)jal³¹ 耳垂
ət	θət⁵⁵ 厚	phai³¹phət⁵⁵ 摇（尾巴）	
ək	tək³¹(kaŋ³¹) 地基		
əm	ləm⁵¹ 下（坡）		
ən	lən⁵¹ 河	phən⁵¹ 妻子	ntən⁵¹ 踩
əl	pəl³¹(ŋiʔ⁵⁵) 白天	phəl³¹θəl⁵¹ 大青树	thəl³¹məl³¹ 裸
əiŋ	nməiŋ⁵¹ 星星	phəiŋ⁵¹ 射击	khləiŋ⁵¹ 胖
əʌk	(lʌk³¹)thəʌk⁵⁵（粥）稠		
up	lup⁵⁵ 进去	ʔup⁵⁵ 饭	tup³⁵ 掂
ut	nmut³¹ 抽（水）	thut⁵⁵ 乳房	phut³¹ 吹
uk	θɣuk⁵⁵ 垮塌	θuk⁵⁵ 毛	puk⁵⁵ 烂
um	hlum⁵¹ 下沉	khum⁵¹ 盖（被子）	num⁵¹ 撒尿
un	ʔun⁵¹ 留（种）	thun⁵¹ 送	ȵun⁵¹ 按
uŋ	puŋ⁵¹ 天	phuŋ³¹ 贪	thuŋ⁵¹ 点（火）
ul	nm8ul⁵¹ 钱	lul⁵¹ 脖子	
uʔ	xuʔ⁵⁵ 昆格人	nthuʔ⁵⁵ 洞	nkuʔ⁵⁵ 皮
uit	muit⁵⁵ 蕾	kuit⁵⁵ 烧	θuit⁵⁵ 叮蛰
uiŋ	khuiŋ⁵¹ 丈夫	(ʔa³¹)ʔuiŋ⁵¹ 父亲	ntuiŋ⁵¹ 嘴巴
uiʔ	(θa³¹)nuiʔ⁵⁵ 蜂刺		
uat	kuat⁵⁵ 挖（耳）	nkhuat³¹ 砍刀	
uan	ʔuan³⁵ 撒（种）	khuan⁵⁵(mɔ³⁵) 斧子	
ual	khual³¹（狗）叫		

uok	xuok⁵⁵ 六	(ʔa³¹ʃek⁵⁵⁻³¹)tuok³¹ 石蚌	
uot	ʃuot³¹ 削		
uoʔ	(ʔaˠ³¹)ʃuoʔ⁵⁵ 芋头		
uɔt	puɔt³¹(ʔɔ⁵¹) 粉刺	khuɔt³¹(ntham⁵¹) 蛋黄	ɣuɔt³⁵ 到
uɔm	puɔm³¹ 开会	xuɔm³¹ 追	
uɔn	khuɔn³¹ 孩子	(man⁵⁵)kuɔn³¹ 地瓜	fuɔn³¹ 击（鼓）
uɔŋ	(tˠŋ³¹)ɣuɔŋ³¹ 路	(ʔom³¹)xuɔŋ³¹ 江	kuɔŋ³¹ 瓶子
uɔʔ	(tˠŋ³¹)thuɔʔ⁵⁵ 正	puɔʔ⁵⁵ 堆（柴）	
uɔiŋ	ɣuɔiŋ³¹ 苦肠		
ɔp	(ʔaˠ³¹)khɔp³¹ 牛蝇	(θa³¹)lɔp³¹ 衣服	khɔp³¹ 窄
ɔt	θɔt³¹ 麂子	ŋɔt³¹ 贵	(lɔk³¹)lɔt³¹ 客房
ɔk	khlɔk³¹ 等	(ka³¹)tɔk⁵⁵ 芭蕉	nɔk³⁵tʃɔk³⁵ 瓦雀
ɔm	nȵɔm³¹ 娃娃	kɔm³¹ 瘦	npɔm³¹ 荫
ɔn	(thiak³¹)tɔn⁵¹ 阉公牛	(ʔup⁵⁵⁻³¹)lɔn³¹ 饭团	nmɔn³¹ 女婿
ɔŋ	lɔŋ³¹ 山谷	tɔŋ³¹ 铜	jɔŋ³¹ 好
ɔl	thɔl³¹ȵɔl³¹ 踮（脚）	ntɔl³¹ 酒	nthɔl³¹ 六
ɔʔ	(la³¹)lɔʔ⁵⁵ 声音	(ka³¹)tʃɔʔ⁵⁵ 笋子	ʃɔʔ⁵⁵ 狗
ɔit	tɔit³¹ 揉捏	θˠŋ³¹khɔit³¹ 疏松	ɣɔit³¹ 漏
ɔik	khɔik³¹ 粒	(θa³¹maʔ⁵⁵ʔa³¹)tʃɔik³¹ 龙卷风	
ɔiŋ	(θa³¹)ʔɔiŋ³¹ 干		
ɔiʔ	(ʔaˠ³¹)tʃɔiʔ³¹ 蚂蚁		
op	nmop³¹ 丝瓜	ʔop³¹ 吹牛	nnop³¹ 火钳
ot	tot³¹ 短	ʔot³¹ 在	lot³³ 车
ok	(la³¹)ʃok³¹ 耳朵	(ʃup⁵⁵)mok³⁵ 帽子	ntok³¹ 臼杵
om	(ma³¹)ŋom³¹ 九	(ʃa³¹)khlom³¹（一）串	ʔom³¹ 水
on	(ʔa³¹)phon³¹ 四	(hɔm⁵⁵)non³⁵ 薄荷	khon³¹ 块
ol	(θok³¹)nol³¹ 地青苔	npol³¹ 绿斑鸠	
oʔ	ɣoʔ⁵⁵ 养	nkhoʔ⁵⁵ 米	θoʔ⁵⁵ 暴风
oit	(ʃa³¹)kloit³¹ 包裹		
ʌp	pʌp³³ 坎	(θa³¹)nʌp⁵⁵ 蕨	lʌp⁵⁵ 锋利

ʌt	phʌt³³ 卖	phʌt⁵⁵ 破烂	pʌt³³ 背（柴）
ʌk	n̥ʌk⁵⁵ 粘/糯	(phak⁵⁵)pʌk³³ 萝卜	tʌk⁵⁵ 穿（裤）
ʌm	nn̥ʌm⁵¹ 年	θʌm⁵¹ 放屁	pʌm⁵¹ 牢固
ʌŋ	m̥ʌŋ⁵¹ 半新旧		
ʌʔ	(khɔ³¹)n̥ʌʔ⁵⁵ 菜板		
ʌit	vʌit⁵⁵(pɔ³¹) 手术	tʌit⁵⁵ 落下	
ɣp	ɣɣp⁵⁵ 撒网		
ɣt	klɣt⁵⁵ 结巴	ɣɣt⁵⁵ 扯	
ɣk	vɣk³¹(ʔɑn⁵¹) 大梁	(ka³¹)ʔɣk⁵⁵ 打嗝	
ɣn	(tʃaŋ³³⁻³¹)ɣɣn³¹ 壁虎	(n̥ɔm³¹)khɣn⁵¹ 女人	
ɣŋ	(ma³¹)khɣŋ³³ 一半	θɣɣŋ⁵¹ 竹子	pɣŋ⁵¹（伞）遮
ɣl	nŋɣl⁵¹ 树桩	kɣl⁵¹ 完	
ɣʔ	khɣʔ⁵⁵ 动	(ka³¹)tɣʔ⁵⁵ 鼻子	ɣɣʔ⁵⁵ 是
ɣat	(nlʌm⁵¹)xɣat³¹ 体垢		
ɣiŋ	pa³¹khɣiŋ³¹（鱼）游		

有 1 个从汉语借进的带辅音韵尾的韵母：

| uən | fuən³⁵ 肥料 | | |

第三节　声调

昆格语有 5 个声调，即 31 调、35 调、33 调、55 调、51 调。

有声韵调相同，但意义不同的现象，如：

kan³¹ 害羞 / kan³¹ 输　　　　tʃat³¹ 很 / tʃat³¹ 穿（针）

thu³¹ 筷子 / thu³¹ 春　　　　taŋ³¹ 过（河）/ taŋ³¹ 从（……到……）

θɣuŋ³¹ 黄 / θɣuŋ³¹ 喉　　　　ka³¹ 稻秧 / ka³¹ 包裹 / ka³¹ 生意

jam⁵¹ 死 / jam⁵¹ 时季　　　　tʃap⁵⁵ 像 / tʃap⁵⁵ 传染 / tʃap⁵⁵ 生（锈）

jet⁵⁵ 应答 / jet⁵⁵ 熄灭　　　　tak³¹ 伤疤 / tak³¹（山）秃

tai³¹ 猜 / tai³¹ 腰部　　　　θut⁵⁵ 蚊帐 / θut⁵⁵ 擦

khiel⁵¹ 闪 / khiel⁵¹ 嫉妒　　　　ɣaŋ³¹ 花 / ɣaŋ³¹ 离婚

khat⁵⁵ 响 / khat⁵⁵ 病

也有声韵相同，声调不同，词汇意义不同的现象，如：

ko^{31} 煮 / ko^{51} （鸡）啄　ʔiŋ^{51} 屎 / ʔiŋ^{35} 比赛
naŋ^{31} 小姐 / naŋ^{51} 山区　ntap^{31} 银牌 / ntap^{55} 盖子
thut^{55} 乳房 / thut^{31} 牛角号　nmai^{51} 橄榄树 / nmai^{31} 记号
lɑŋ^{31} 流 / lɑŋ^{51} 黑　nŋai^{51} 醒 / nŋai^{31} 远
nkuʔ^{55} 皮肤 / nkuʔ^{33} 深　khap^{55} 饱 / khap^{31} 下巴
nŋ̊aŋ^{51} 听见 / nŋ̊aŋ^{31} 甜　ʃaŋ^{31} 大象 / ʃaŋ^{51} 苦
kaŋ^{31} 房子 / kaŋ^{33} 忙　nnam^{31} 血 / nnam^{51} 漂亮
mɔi^{31} 黄牛 / mɔi^{33} 累　lot^{31} 争吵 / lot^{33} 车
juŋ^{31} 搀扶 / juŋ^{51} 凑（钱）　ʧat^{55} 数（数） / ʧat^{31} 很
θɣuŋ^{51} （凿）通 / θɣuŋ^{31} 黄　ɣaŋ^{31} 花 / ɣaŋ^{51} 猪槽
taŋ^{31} 过（河） / taŋ^{33} 代替　jam^{51} 死 / jam^{31} 哭
lam^{31} 晒 / lam^{51} 挑　phiet^{31} 挤（奶） / phiet^{55} 关（灯）
pɣak^{31} 断（奶） / pɣak^{55} 熏　phut^{31} 吹 / phut^{35} 喷
puŋ^{51} 天 / puŋ^{31} 碰见　thu^{31} 筷子 / thu^{55} 碰撞
kuat^{55} 挖（耳屎） / kuat^{31} 刮（痧）　pliŋ^{31} 建造 / pliŋ^{51} （头）秃
ɣɤp^{55} 撒（网） / ɣɤp^{33} 扑（咬）　khɔ^{51} 咳嗽 / khɔ^{55} 收（衣服）
phʌt^{55} 破烂 / phʌt^{35} 褪（色）　kheiŋ^{51} 牙齿 / kheiŋ^{31} 挖
khle^{31} （电筒）照 / khle^{51} 掉落
pie^{51} 溢出 / pie^{31} 胜 / pie^{33} 竹排 / pie^{35} 標子
kan^{51} 屁股 / kan^{55} 事情 / kan^{35} 花色的 / kan^{31} 输

第四节　音变

一　声调屈折

昆格语少数词语通过声调屈折区别语法意义，如：

ʔa³¹mɔʔ³¹ 谁 / ʔa³¹mɔʔ⁵⁵ 无论谁

θa³¹mɔʔ³¹ 什么 / θa³¹mɔʔ⁵⁵ 无论什么

təl³¹mɔʔ³¹ 哪里 / təl³¹mɔʔ⁵⁵ 无论哪里

jam³¹mɔʔ³¹ 什么时候 / jam³¹mɔʔ⁵⁵ 无论何时

pəl³¹mɔʔ³¹ 多少 / pəl³¹mɔʔ⁵⁵ 无论多少

mai⁵¹niem³¹ 近亲 / mai³¹niem³¹ 远亲

二　构词变调

昆格语在构词时有变调现象，常见的有以下几种：

第一种是 55 调后接 31 调时变为 31 调。如：

θa³¹maʔ⁵⁵ 风+kiet³¹ 冷→θa³¹maʔ⁵⁵⁻³¹kiet³¹ 冷风

θuk⁵⁵ 毛+phel³¹ 翅膀→θuk⁵⁵⁻³¹phel³¹ 羽毛

第二种是 55 调后接 51 调时变为 31 调。如：

ʃa³¹leʔ⁵⁵ 雨+ʔɑn⁵¹ 大→ʃa³¹leʔ⁵⁵⁻³¹ʔɑn⁵¹ 大雨

nthuʔ⁵⁵ 洞+mal⁵¹ 山→nthuʔ⁵⁵⁻³¹mal⁵¹ 山洞

第三种是 55 调后接 55 调时变为 31 调。如：

ʃa³¹leʔ⁵⁵ 雨+tek⁵⁵ 小→ʃa³¹leʔ⁵⁵⁻³¹tek⁵⁵ 小雨

θa³¹klɔk⁵⁵ 壳+phleʔ⁵⁵ 果实→θa³¹klɔk⁵⁵⁻³¹phleʔ⁵⁵ 果壳

第四种是 51 调后接 55 调时变为 31 调。如：

ʔui⁵¹ 臭+puk⁵⁵ 腐烂→ʔui⁵¹⁻³¹puk⁵⁵ 烂臭味

tɑŋ⁵¹ 枝+θeʔ⁵⁵ 树→tɑŋ⁵¹⁻³¹θeʔ⁵⁵ 树枝

第五种是 51 调后接 35 调时变为 31 调。如：

ʃεm⁵¹ 傣族+mɔ³⁵（？）→ʃεm⁵¹⁻³¹mɔ³⁵ 旱傣①

---

① 问号表示发音人不能确定汉语意思。

ŋal⁵¹ 火+tien³⁵ 电→ŋal⁵¹⁻³¹tien³⁵ 电灯

第六种是 55 调后接 35 调时变为 31 调。如：

ʔiʔ⁵⁵ 人+thau³⁵ 年少→ʔiʔ⁵⁵⁻³¹thau³⁵ 少年

ʔa³¹hɔʔ⁵⁵ 汉人+lien³⁵ 兵→ʔa³¹cɔ⁵⁵ʔ⁵⁵⁻³¹lien³⁵ 汉族兵[①]

三　语流音变

昆格语还有丰富的语流音变，有变调、连读、减音等现象。
变调更多地受韵律或者情感表达影响，很多时候可以不变。如：

phleʔ⁵⁵ ʃak⁵⁵⁻³¹ ʔe⁵¹ nŋaŋ³¹ mai³¹ ʃak⁵⁵⁻³¹ haʔ⁵⁵. 这个果子比那个甜。
果　　个　　这甜　　比　个　　那

phleʔ⁵⁵⁻³¹ meʔ⁵⁵ phɑŋ⁵¹ mai⁵¹ ʔɔʔ⁵⁵ ʔa³¹phon³¹ nthiʔ⁵⁵.
果　　　你　多　　比　我　四　　　倍
你的水果比我的多四倍。

vek³¹ meʔ⁵⁵⁻³¹ tʃiʔ⁵⁵ van⁵¹⁻⁵⁵ hɔict³¹ tʃiʔ⁵⁵ van⁵¹⁻⁵⁵ jɔŋ³¹!
事　你　　做　　助[②]　好　做　助　　好
你把自己的事情做好！

ʔe⁵¹ θaʔ⁵⁵θa³¹ʔe⁵¹ kam⁵¹ ɣɤʔ⁵⁵⁻³¹ ŋɔt³¹, ʔvn⁵¹ kɔ³¹ θa³¹vai⁵¹⁻³¹ ʔot³¹.
这　东西　　　　虽然　是　　贵　他　也　买　　　　在
这东西虽然贵，他还是买下了。

ɣɤʔ⁵⁵⁻³¹ meʔ⁵⁵ θɔ³⁵, ɣɤʔ⁵⁵⁻³¹ ʔɔʔ⁵⁵ θɔ³⁵. 要么你错，要么我错。
是　　　你　错　是　　　我　错

ʔiʔ⁵⁵ phɔ⁵¹ ʔvn⁵¹⁻³¹. 他挨打。
人　打　他

mak³³ ɣep³³ ʔɔʔ⁵⁵⁻⁵¹, ʔɔʔ⁵⁵ khoi³¹ kan⁵⁵ ʔot³¹. 别打扰我，我有事做。
莫　打扰我　　我　有　　事　在

meʔ⁵⁵ kak⁵⁵ khliŋ⁵¹ ʔem³¹, ɣɤʔ⁵⁵ θa³¹ʔau³¹ ɣɤʔ⁵⁵ nŋaŋ³¹⁻³⁵?

---

① lien³⁵用得少。比较：德昂语的"兵"叫lian，佤语的叫lgn，布朗语的叫luk²noŋ³，克木语的叫gon phaːn。

② "助"指助词，下同。

你　咬　舔　尝试　是　酸　　是　　甜

你尝尝，是酸是甜？

ʔɤn⁵¹ θa³¹mɔʔ⁵⁵ tʃɤʔ⁵⁵ ku⁵⁵ kɤl⁵¹⁻⁵⁵. 他什么都喜欢。

他　无论什么　就　喜欢　完

ka³¹nuŋ⁵¹ li⁵¹⁻³¹ ŋai³¹ ʔɔai³¹. 苞谷出芽了。

苞谷　　出　眼睛　助

plɔi³¹ thiʔ⁵⁵ meʔ⁵⁵⁻³¹! 松开你的手！

放开手　你

nm̥ul⁵¹ ʔɔʔ⁵⁵ va⁵¹⁻³¹ ʔɤn⁵¹ ɣam⁵¹. 我借给他钱。

钱　我　给　他　借

pa³¹ʃiʔ⁵⁵ meʔ⁵⁵ pʌk⁵⁵⁻³¹ van⁵¹ pʌm⁵¹! 你把绳子捆紧！

绳子　你　捆　助　稳

meʔ⁵⁵ pam⁵¹ ʔem³¹ ma³¹ mɔn³¹ ntɔl³¹, jɔŋ³¹ thein⁵¹⁻⁵⁵ pa³¹ jɔŋ³¹ thein⁵¹⁻⁵⁵?

你　含　试　一　口　酒　好　喝　不　好　喝

你尝一口，看酒好不好喝？

fai³¹fa³¹ pa³¹ pat³¹⁻³⁵. 电筒不亮。

电筒　不　亮

昆格语的语流连读比较常见，连读往往伴随后接音节减音，如（⌒表
连读；()表减音）：

ʔiʔ⁵⁵ ɣim⁵¹ ʔeʔ⁵⁵ ɣuɔt³⁵ kɤl⁵¹⁻⁵⁵⌒(ʔ)ɔai³¹, ɣim⁵¹ ʔiʔ⁵⁵ pa³¹ ʔal³¹ tɕuɔt³⁵.

人　寨子　我们　到　完　助　　寨子　人　不　还　到

我们寨子的人到齐了，其他寨子的人还未到。[①]

nn̥ɔm³¹ lɑk⁵⁵⌒(ʔ)ɔai³¹, meʔ⁵⁵ ɣɤ³¹ tʃek⁵⁵ van⁵¹ tʃəa⁵¹!

娃娃　摔倒　助　你　去　牵　助　站

娃娃摔倒了，你去牵他起来！

ɣim⁵¹kaŋ³¹ phiɛn³¹ phol³¹, pa³¹ tʌm³¹ tʃap⁵⁵⁻³¹ phɣim⁵¹⌒(ʔ)ɔai³¹.

寨子　　变化　开去　不　再　像　以前　助

寨子变化了，不再像以前了。

---

① 第二个 ʔiʔ⁵⁵ 指"别人"。

ʔɔʔ⁵⁵ ɣɣ³¹ θa³¹ʔʌm⁵¹ θem³¹‿(ʔ)ɣn³¹. 我去安慰他。^①

我　　去　暖和　　　心　　他

kɑn⁵¹‿(ʔ)ɔʔɔʔ⁵⁵⁻³¹ pa³¹tat⁵⁵ pa³¹tai³¹nklua³¹. 我的裤子裂缝了。

裤子　　　我　　　裂口　　线

ŋai³¹nŋiʔ⁵⁵ li⁵¹, pa³¹ ʔal³¹ ɣɣi⁵¹‿(ʔ)a⁵⁵ʔ 太阳都出来了，还不起床吗？

太阳　　　出　不　还　起床　助

ʔɔʔ⁵⁵ phɔ⁵¹ tʃeiŋ³¹ ʔɣn⁵¹⁻³¹ ma³¹ lak⁵⁵ ka³¹ʃoʔ³³ ka³¹ʃoʔ³³ t(e³¹)‿(ʔ)ɔai³.

我　打　脚　他　一　半　瘸　　瘸　　助　助

我把他的一只脚打得一瘸一瘸的。

phəiŋ⁵¹ pa³¹ tʃap⁵⁵, phiek³⁵‿(v)et⁵⁵‿(ʔ)ɔai³¹. 没打中，打偏了。

射击　不　中　偏离　掉　助

问：vɣŋ³¹haʔ⁵⁵ meʔ⁵⁵ pa³¹ lat⁵⁵ puɔm³¹, tʃiʔ⁵⁵ θa³¹mɔʔ³¹?

　　前天　　你　不　来　开会　做　什么

　　你前天没来开会，做什么了呀？

答：ʃuʔ⁵⁵⁻³¹ khiŋ⁵¹‿(ʔ)ɔʔ⁵⁵⁻³¹. 我头痛。

　　痛　　头　我

---

① θem³¹来自pa³¹θem³¹"心"，后接领有者修饰后省略次要音节pa³¹。

第三章 词汇

第一节 构词法

根据词的结构来分，昆格语的词可分为单纯词和合成词两类。各词类的单纯词都很多，合成词则以名词居多。

一 单纯词

单纯词可分为单音节单纯词和双音节单纯词。

1. 单音节单纯词

puŋ⁵¹ 天	nkhia³¹ 月亮	nməiŋ⁵¹ 星星	phlea³¹ 冰雹
laʔ⁵⁵ 叶	θuk⁵⁵ 毛	θɔt³¹ 麂子	ʔiʔ⁵⁵ 人
ʔɔ⁵¹ 脸庞	ʃɣiŋ⁵¹ 红	nok³¹ 满	phek⁵⁵ 尖
jɔŋ³¹ 好	lɑk⁵⁵ 跌倒	khɣʔ⁵⁵ 动	tʃɔm³¹ 跟随
tʃiʔ⁵⁵ 做	ʔɔʔ⁵⁵ 我	keʔ⁵⁵ 他们	nthɔl³¹ 六

2. 双音节单纯词

ʔɔk³¹le³¹ 萤火虫	phai³¹laʔ⁵⁵ 蝴蝶
tɔŋ³¹maŋ³¹ 蜻蜓	kak⁵⁵ke⁵¹ 鸽子
nɔk³⁵kai⁵¹ 石斛	khuɔn⁵⁵ti³¹ 黄金树
ve³¹la³¹ 时间	to³¹ɣaŋ³¹ 身体
θɣŋ³¹phup⁵⁵ 肺	man³¹kiau⁵¹ 红

ʃup⁵⁵mok³⁵ 帽子　　　　　　　　tʃiŋ³¹ɣuŋ⁵¹ 景洪

khuan⁵⁵mɔ³⁵ 斧子　　　　　　　tau³⁵θau³⁵ 灶

tam⁵⁵ta⁵¹ 耙　　　　　　　　　mak³⁵fit³⁵ 哨子

khɔp³⁵khau⁵⁵ 周围　　　　　　　θɣŋ³¹tʃaŋ⁵¹ 清澈

khɣl³¹məl⁵¹ （石头）滚

二　合成词

1. 派生式（词缀式/附加式）

派生式通过附加音节构词。附加音节没有实际意义，或者原始意义已经虚化，多用作词缀，用来派生词汇。昆格语有以下几种派生词缀：

（1）鼻冠音

在动词前加鼻冠音构成名词。如：

tok³¹ 舂→ntok³¹ 臼杵　　　　　tʃak⁵⁵ 盛（饭）→ntʃak⁵⁵ 勺子

ʃɣok³¹ 铲→nʃɣok³¹ 铲子　　　　θut⁵⁵ 擦→nθut⁵⁵ 橡皮擦

（2）前加次要音节

这些次要音节包括ʔa³¹、pa³¹、pha³¹、ma³¹、na³¹、tha³¹、θa³¹、ʃa³¹、tʃa³¹、la³¹、ka³¹、kha³¹ 12 个。它们附着在词根音节前，本身没有实际意义，或者实际意义已经虚化，相当于构词前缀，且可以轻读为不带声调的ʔə-、pə-、phə-、mə-、nə-、thə-、θə-、ʃə-、tʃə-、lə-、kə-、khə-。如：

ʔa³¹mo³¹→ʔə-mo³¹ 一　　　　　pa³¹tat⁵⁵→pə-tat⁵⁵ 裂缝

pha³¹nʌm⁵¹→phə-nʌm⁵¹ 蚂蚁谷堆　ma³¹kit⁵⁵→mə-kit⁵⁵ 十

na³¹phak³⁵→nə-phak³⁵ 额头　　　tha³¹mieʔ⁵⁵→thə-mieʔ⁵⁵ 新

θa³¹lɔp³¹→θə-lɔp³¹ 衣服　　　　ʃa³¹leʔ⁵⁵→ʃə-leʔ⁵⁵ 雨

tʃa³¹ŋal³¹→tʃə-ŋal³¹ 绿　　　　la³¹ʃok³¹→lə-ʃok³¹ 耳朵

ka³¹theʔ⁵⁵→kə-theʔ⁵⁵ 地　　　　kha³¹piʔ⁵⁵→khə-piʔ⁵⁵ 穿山甲

个别次要音节可附在动词前面构成一个名词，实现动词的名物化过程。次要音节θa³¹就比较活跃，如：

θa³¹+khai³¹→θa³¹khai³¹ 食物（总称，用于动物）

　　吃

θa³¹+nʌm³¹→θa³¹nʌm³¹ 用品（总称）
　　　　用

θa³¹+khai³¹+θa³¹+nʌm³¹→θa³¹khai³¹θa³¹nʌm³¹ 吃的用的（总称，用于人）
　　　吃　　　用

θa³¹+ɣɣʔ⁵⁵→θa³¹ɣɣʔ⁵⁵ 道理
　　　是

（3）前加tɤŋ³¹

前缀tɤŋ³¹来自tɤŋ³¹ɣuɔŋ³¹，本指"道路"，加在词根前表方位、朝向、约数等意义。如：

tɤŋ³¹＋npan³¹→tɤŋ³¹pan³¹ 表面　　　　tɤŋ³¹＋naŋ⁵¹→tɤŋ³¹naŋ⁵¹ 山区
　　　表面　　　　　　　　　　　　　　　山

tɤŋ³¹＋khuŋ⁵¹→tɤŋ³¹khuŋ⁵¹ 坝子　　　tɤŋ³¹＋ʃa³¹ŋai³¹→tɤŋ³¹ŋai³¹ 前
　　　水田　　　　　　　　　　　　　　眼睛

tɤŋ³¹＋kan⁵¹→tɤŋ³¹kan⁵¹ 后　　　　　tɤŋ³¹＋phaŋ⁵¹→tɤŋ³¹phaŋ⁵¹ 多数
　　　屁股　　　　　　　　　　　　　　多

tɤŋ³¹＋kot³¹→tɤŋ³¹kot³¹ 少数　　　　tɤŋ³¹＋ʔa³¹ʔe⁵¹→tɤŋ³¹ʔe⁵¹ 这边/这方
　　　少　　　　　　　　　　　　　　　这

tɤŋ³¹＋na³¹ɣe⁵¹→tɤŋ³¹ɣe⁵¹ 那边/那方　tɤŋ³¹＋ɣum⁵¹→tɤŋ³¹ɣum⁵¹ 下面
　　　那　　　　　　　　　　　　在……下

tɤŋ³¹＋ŋai³¹nŋiʔ⁵⁵li⁵¹→tɤŋ³¹ŋai³¹nŋiʔ⁵⁵li⁵¹ 东方
　　　日出

tɤŋ³¹＋ŋai³¹nŋiʔ⁵⁵lup⁵⁵→tɤŋ³¹ŋai³¹nŋiʔ⁵⁵lup⁵⁵ 西方
　　　日落

tɤŋ³¹＋ʔa³¹veʔ⁵⁵→tɤŋ³¹ʔa³¹veʔ⁵⁵ 左边、左方
　　　左

tɤŋ³¹＋ʔa³¹θiam⁵¹→tɤŋ³¹ʔa³¹θiam⁵¹ 右边、右方
　　　右

tɤŋ³¹＋θa³¹plak³¹→tɤŋ³¹θa³¹plak³¹ 反
　　　翻转

又如：

tɤŋ³¹thuɔʔ⁵⁵ 正　　　　tɤŋ³¹nəi⁵¹ 里　　　　tɤŋ³¹nɔk³³ 外

tɤŋ³¹tʃan³¹ 直立状　　tɤŋ³¹ʔeŋ³¹ 倾斜状　　tɤŋ³¹nu⁵¹ 多数

tɤŋ³¹pʌk⁵⁵ 全部

（4）前加 təl³¹

前缀 təl³¹ 来自 təl³¹ɣuɔŋ³¹ "中间"，加在词根前表处所。如：

təl³¹＋θa³¹mɔʔ³¹→təl³¹mɔʔ³¹ 哪里
　　　　什么

təl³¹＋tʃap⁵⁵＋tʃeiŋ³¹→təl³¹tʃap⁵⁵tʃeiŋ³¹ 马镫子
　　　　接触　脚

təl³¹＋ʔiet³¹＋ʃɔʔ⁵⁵→təl³¹ʔiet³¹ʃɔʔ⁵⁵ 狗窝
　　　　睡　　狗

təl³¹＋ka³¹naŋ³¹＋la³¹ʔɔŋ³¹ʔom³¹→təl³¹ka³¹naŋ³¹la³¹ʔɔŋ³¹ʔom³¹ 码头
　　　　停　　　　船

təl³¹ 还用于意义抽象的词语。如：

təl³¹＋ɣɤʔ⁵⁵→təl³¹ɣɤʔ⁵⁵ 道理（"是处"）[1]　təl³¹＋nʌm⁵¹→təl³¹nʌm⁵¹ 用处
　　　是　　　　　　　　　　　　　　　　　　　　　　用

təl³¹＋jɔŋ³¹→təl³¹jɔŋ³¹ 好处　　　　　　təl³¹＋ɣai³¹→təl³¹ɣai³¹ 害处
　　　好　　　　　　　　　　　　　　　　　　　害

təl³¹＋mɤŋ³¹＋jɔŋ³¹→təl³¹mɤŋ³¹jɔŋ³¹ 不好之处
　　　　不　　好

təl³¹＋pa³¹＋jɔŋ³¹→təl³¹pa³¹jɔŋ³¹ 不好之处
　　　　不　好

（5）前加 khuɔn³¹

khuɔn³¹ 作为名词，本意表"胎儿、幼儿"，意义虚化后充当构词前缀，表"崽、苗、小"等意义。如：

khuɔn³¹θeʔ⁵⁵ 树苗　　khuɔn³¹thuʔ⁵⁵ 菜苗　　khuɔn³¹ʔiea³¹ 鸡崽
　　树　　　　　　　　菜　　　　　　　　鸡

———

[1] təl³¹ɣɤʔ⁵⁵ 与上文的 θa³¹ɣɤʔ⁵⁵ 是同义词，构词方法相同。

khuɔn³¹thiak³¹ 牛犊　　khuɔn³¹nthɔk³¹ 脑髓　　khuɔn³¹ntua³¹ 楼梯踏步
　　水牛　　　　　　　　头　　　　　　　　　楼梯

khuɔn³¹ʔiea³¹ŋal⁵¹ 火星（"火小鸡"）
　　鸡　火

（6）后加khuiŋ⁵¹

后缀khuiŋ⁵¹来自名词ȵɔm³¹khuiŋ⁵¹"男人"，意义虚化后充当构词后缀，表"雄"。如：

lek³¹khuiŋ⁵¹ 公猪
猪

（7）后加khɤn⁵¹

后缀khɤn⁵¹来自名词ȵɔm³¹khɤn⁵¹"女人"，意义虚化后充当构词后缀，表"雌性"。如：

lek³¹khɤn⁵¹ 母猪
猪

（8）前加tal³¹

前缀tal³¹用于排序，表"第"。如：

tal³¹ʔa³¹mo³¹ 第一　　　　　tal³¹ka³¹ʔa³¹ 第二　　　tal³¹ka³¹ʔɔi³¹ 第三
　　一　　　　　　　　　　　　二　　　　　　　　三

2. 复合式

（1）联合式

puŋ⁵¹＋ka³¹theʔ⁵⁵→puŋ⁵¹ka³¹theʔ⁵⁵ 天地
天　　地

ma³¹＋khuŋ⁵¹→ma³¹khuŋ⁵¹ 田地
旱地　田

ȵ̥ḁʔ⁵⁵＋nne⁵¹→ȵ̥ḁʔ⁵⁵nne⁵¹ 到处
那里　　这里

ʔuiŋ⁵¹＋nəi³¹→ʔuiŋ⁵¹nəi³¹ 父母
父亲　　母亲

phən⁵¹＋nmieʔ⁵⁵→phən⁵¹nmieʔ⁵⁵ 夫妻
妻　　　夫

ʔɔ⁵¹＋ʃa³¹ŋai³¹→ʔɔ⁵¹ŋai³¹ 面庞

脸　　眼睛

ʔup⁵⁵＋ʔom³¹→ʔup⁵⁵ʔom³¹ 粮食（总称）

饭　　　水

ʃuʔ⁵⁵＋khat⁵⁵→ʃuʔ⁵⁵khat⁵⁵ 疼病

疼　　病

θa³¹mɤ⁵¹＋khliet³¹→θa³¹mɤ⁵¹khliet³¹ 平滑

平　　　滑

phek⁵⁵＋lʌp⁵⁵→phek⁵⁵lʌp⁵⁵ 锋利

尖　　　锐

ka³¹maŋ³¹＋khoi³¹→ka³¹maŋ³¹khoi³¹ 富有

富　　　　有

paiŋ³¹＋mɑk⁵⁵→paiŋ³¹mɑk⁵⁵ 白嫩

白　　嫩

ʔim⁵¹＋ʔot³¹→ʔim⁵¹ʔot³¹ 活（有生命）

活　　　在

thep⁵⁵＋xai⁵¹→thep⁵⁵xai⁵¹ （肿）消

瘪　　丢失

puk⁵⁵＋laik³¹→puk⁵⁵laik³¹ 腐烂

朽　　　化

phʌt⁵⁵＋lu⁵¹→phʌt⁵⁵lu⁵¹ 破烂

破　　　烂

θa³¹ʔɔt³¹＋θa³¹ʔu⁵¹→θa³¹ʔɔt³¹θa³¹ʔu⁵¹ 脆生

脆　　　　泡

kat⁵⁵＋θa³¹klal³¹→kat⁵⁵θa³¹klal³¹ 滚烫

烫　　　热

θoʔ⁵⁵＋ʃa³¹leʔ⁵⁵→θoʔ⁵⁵ʃa³¹leʔ⁵⁵ 刮风下雨

风　　雨

nlʌm⁵¹＋nliem³¹→nlʌm⁵¹nliem³¹ 脏兮兮

脏　　　脏

（2）修饰式

①名+名

ŋai³¹nŋiʔ⁵⁵ 太阳
眼睛 日子

ʔom³¹puŋ⁵¹ 雾、露水
水　天

pok³¹thiʔ⁵⁵ 掌纹、手相
字　手

ntham³¹ʔiea³¹ 鸡蛋
蛋　鸡

ʔom³¹ka³¹ŋaŋ⁵¹ 自来水
水　铁

thiʔ⁵⁵θa³¹lɔp³¹ 衣袖
手　衣服

tʋŋ³¹ɣuɔŋ³¹lot³³ 公路
路　　车

ɣɔk³¹ʔɔk³¹ka³¹ʔɔl³¹ 刷把
扫帚　　锅

tʃeiŋ³¹lot³³ 车胎
脚　车

nkɑk⁵⁵⁻³¹kheiŋ⁵¹ 锯镰
镰刀　牙齿

vek³¹kaŋ³¹ 家务
事　家

ʔa³¹kɔŋ³¹pieʔ⁵⁵ 毛虫
虫　羊

ʔa³¹ʃea⁵¹ʔup⁵⁵⁻³¹n̥ʌk⁵⁵ 果子狸①
野猫　糯米饭

nkuʔ⁵⁵thiak³¹ 水牛皮
皮　水牛

tai³¹mal⁵¹ 山腰
腰　山

khup⁵⁵⁻³¹thiʔ⁵⁵ 手套
套　手

nkhiel³¹ʔom³¹ 西瓜
瓜　水

khʋl³¹mieʔ⁵⁵⁻³¹kiau³¹ 冰糖
糖　　玻璃

thiʔ⁵⁵⁻³¹mɔ³⁵ 磨拐子
手　石磨

nm̥ul⁵¹⁻³¹ka³¹kat³¹ 工钱
钱　力气

pa³¹ʃiʔ⁵⁵ka³¹ŋaŋ⁵¹ 铁丝
绳子　铁

ŋai³¹phiok⁵⁵ 秤星
眼睛 秤

ʔom³¹pi³¹ 墨水
水　笔

θa³¹ʔia³¹khʋn⁵¹ 避孕药
药　妇女

ʔa³¹thit⁵⁵pa³¹kiʔ⁵⁵ 毒菌子
菌子　鬼

ɣop³³ʔiʔ⁵⁵ 相片
像　人

---

① 果子狸的肉有糯米味。

②名+形

muŋ³¹mo³¹paiŋ³¹ 白云　　　　　　　ʃa³¹leʔ⁵⁵⁻³¹tek⁵⁵ 小雨
云　　白　　　　　　　　　　　　雨　　小

ȵɔm³¹khɤn⁵¹θa³¹than⁵¹ 老太　　　　nȵeʔ⁵⁵⁻³¹khau⁵¹ 干巴
妇女　　　老　　　　　　　　　　肉　　硬

tɤŋ³¹ɣuɔŋ³¹yu⁵¹ 直路　　　　　　kɔk³¹θa³¹vek⁵⁵ 监狱
路　　　直　　　　　　　　　　　圈　黑暗

kaŋ³¹tha³¹mieʔ⁵⁵ 新房　　　　　　ka³¹ʔua⁵¹⁻³¹tek⁵⁵ 窗
房　新　　　　　　　　　　　　　门　　小

ʔom³¹ȵʌk⁵⁵ 胶水　　　　　　　　nȵiʔ⁵⁵jɔŋ³¹ 吉日
水　粘　　　　　　　　　　　　　日子　好

lot³³laŋ⁵¹ 汽车　　　　　　　　　lot³³paiŋ³¹ 客车
车　黑　　　　　　　　　　　　　车　　白

ʔom³¹hiŋ⁵¹ 智慧
水　聪明

③名+动

ʔom³¹num⁵¹ 尿　　　　　　　　　kheiŋ⁵⁵⁻³¹ʃam⁵¹ 假牙
水　撒尿　　　　　　　　　　　　牙齿　安装

thuʔ⁵⁵nmau³¹ 腌菜　　　　　　　mɔn³¹nthem³¹ 想法
菜　腌制　　　　　　　　　　　　话　想

ka³¹ɣeʔ⁵⁵laŋ³¹ʔom³¹ 斗笠　　　　phiat³¹θa³¹vien³¹lul⁵¹ 围脖
草帽　流　水　　　　　　　　　　布块　围　脖子

θeʔ⁵⁵nθiet³¹ 量尺　　　　　　　tai⁵¹⁻³¹lɤŋ⁵¹ 飞镖
木　测量　　　　　　　　　　　　箭　扔

pa³¹ʃiʔ⁵⁵⁻³¹miet⁵⁵ 鱼线　　　　ʔom³¹ʃa³¹ʔel³¹ 文化、知识
绳子　钓　　　　　　　　　　　　水　知道

tɤŋ³¹ɣuɔŋ³¹ʔot³¹ 生存、生计、活路　tɤŋ³¹ɣuɔŋ³¹khai³¹ 养家糊口、生计
路　　　在　　　　　　　　　　路　　吃

tʋŋ³¹ɣuɔŋ³¹ʔiet³¹ "睡路" ①　　　　ka³¹ʔaŋ³¹pɑk⁵⁵ʔa³¹hɔʔ⁵⁵ 锁骨②

路　　　　睡　　　　　　　　骨头　　卡　　汉族

④形+动

jɔŋ³¹khai³¹ 好吃　　　　　　　jɔŋ³¹ʔiau³⁵ 好玩

好　　吃　　　　　　　　　　好　　玩

⑤名+介

hui⁵¹ta³¹phən³¹phiaʔ⁵⁵ 情歌

歌　介③　姑娘

⑥名+代

tʋŋ³¹ɣuɔŋ³¹mɔʔ³¹ (= tʋŋ³¹ɣuɔŋ³¹＋ʔa³¹mɔʔ³¹) 哪条路④

路　　　什么　　　路　　　　什么

修饰式合成词有两种语序结构：正＋偏与偏＋正。正＋偏结构居多，但也有少量偏＋正结构。如：

mal⁵¹⁻³¹vəi³¹ 山坡　　　ʔom³¹mɣŋ⁵¹ 水沟　　　xuʔ⁵⁵⁻³¹naŋ⁵¹ 昆格山

山　　上坡　　　　水　　沟　　　　　昆格人　山

有时，两种结构都可以出现且意义基本相同。这种现象可能是受汉语语序影响，但也可能是一种本源的认知现象，即由于认知焦点的不同导致语序结构的不同：正＋偏结构的认知焦点是正，而偏＋正的认知焦点是偏，如：

khon³¹ʃa³¹moʔ⁵⁵ =ʃa³¹moʔ⁵⁵⁻³¹khon³¹ 石块

块　　石头　　　石头　　　块

khɔik³¹ʃa³¹moʔ⁵⁵⁻³¹=ʃa³¹moʔ⁵⁵⁻³¹khɔik³¹ 石粒

颗粒　石头　　　石头　　　颗粒

ʔaŋ⁵¹⁻³¹khein⁵¹=khein⁵⁵⁻³¹ʔaŋ⁵¹ 牙垢

霉　　牙齿　牙齿　　霉

ŋai³¹θeʔ⁵⁵=θeʔ⁵⁵⁻³¹ŋai³¹ 树疙瘩

---

① 抽象意义，指人必须有居处安歇。
② 据说汉人卡住锁骨致人死亡。
③ "介"指介词，下同。
④ 之所以把tʋŋ³¹ɣuɔŋ³¹mɔʔ³¹视为一个复合式词语，是因为mɔʔ³¹由ʔa³¹mɔʔ³¹脱落了ʔa³¹后，与tʋŋ³¹ɣuɔŋ³¹形成了一种更加紧密的修饰关系。

眼睛树　树　眼睛

nthuʔ⁵⁵⁻³¹ʔɔ⁵¹=ʔɔ⁵¹nthuʔ⁵⁵ 酒窝

洞坑　　脸　脸　洞坑

（3）主谓式

ŋai³¹nŋiʔ⁵⁵li⁵¹ 日出

太阳　　　　出

ʔom³¹laŋ³¹kat³¹ 急流

水　　流　急

jaŋ⁵¹thəi³¹ 浮子（钓鱼用）

胶　浮

na³¹li³⁵khat⁵⁵ 闹钟

钟表　响

ʔom³¹put⁵⁵ 沸水

水　　沸腾

（4）谓主式

kha³¹nʌm³¹puŋ⁵¹ 雷

打雷　　　天

θɣuk⁵⁵⁻³¹mal⁵¹ 滑坡

垮塌　　山

ʃuʔ⁵⁵ʃa³¹num⁵¹ 膀胱炎

疼　膀胱

（5）谓宾式

θep³¹khiep⁵⁵ 鞋垫

垫　鞋

khai³¹nɛn³¹ 过年

吃　年

fuɔn³¹θa³¹thuŋ⁵¹ 房撒统①

击　鼓

nthuʔ⁵⁵⁻³¹hlum⁵¹ 烂泥坑

窟窿　　下陷

ʔom³¹θɣŋ³¹tʃɔt³¹ 水滴

水　滴

nnam³¹phaŋ⁵¹ 高血压

血　多

ʔom³¹puit³¹ 水泡

水　冒泡

pa³¹θem³¹tek⁵⁵ 胆小

胆子　　小

pa³¹lek⁵⁵⁻³¹puŋ⁵¹ 闪电

闪电　　天

khɣʔ⁵⁵ka³¹theʔ⁵⁵ 地震

动　地

jam³¹ʃok³¹ 耳鸣

哭　耳

thun⁵¹⁻³¹khlaʔ⁵⁵ 送魂仪式

送　　魂

tua³¹ʔiŋ⁵¹ 屎壳郎

拱　屎

tʃat³¹ka³¹tɣʔ⁵⁵ 竹节虫②

捅　鼻子

---

① 昆格人的击鼓仪式。

② 据说会捅人的鼻子。

（6）主谓宾式

ʔa³¹ɣok³¹kak⁵⁵nkhia³¹ 月食　　　　　nməiŋ⁵¹phəiŋ⁵¹⁻³¹poʔ⁵⁵te³¹ 流星

癞蛤蟆　咬　月亮　　　　　　　　星星　射击　相互

（7）补充式

nait³¹nŋim⁵¹ 剁生①

剁　生

（8）内嵌式

内嵌式构词法例子不是很多，如：

①偏正式内嵌主谓式

jam⁵¹⁻³¹ŋai³¹nŋiʔ⁵⁵⁻³¹lan³¹ 长季　　　jam⁵¹⁻³¹ŋai³¹nŋiʔ⁵⁵⁻³¹tot³¹ 短季

季节　太阳　　　长　　　　　　　季节　太阳　　　短

②主谓式内嵌偏正式

ʃa³¹nɤŋ³¹ʔa³¹thɤu⁵⁵taʔ⁵⁵ 星河②

木头　毛毛树　阻隔

③偏正式内嵌联合式

nməiŋ⁵¹ʔa³¹tau³¹kau⁵¹naŋ³¹ 恋人星③

星星　　岩倒　他俩　小姐

θoʔ⁵⁵ʃa³¹leʔ⁵⁵ntein³¹ 暴风雨

风　雨　　　大

④偏正式内嵌偏正式

lɑŋ⁵¹kan⁵¹ka³¹ʔɔl³¹ 锅烟子（"锅底黑"）

黑　底　锅

khuŋ⁵¹ʔom³¹ʃa³¹leʔ⁵⁵ 雨水田（指"雷响田"）

田　水　雨

nɲɔm³¹ʔiŋ⁵¹ka³¹tɤʔ⁵⁵ 流鼻子娃　　phəl³¹tak³¹tʃein³¹θa³¹mɤ⁵¹ 平板脚

娃娃　屎　鼻子　　　　　　　掌　　脚　平

ʔom³¹phɤiŋ⁵¹⁻³¹ʔui⁵¹ 煤油　　　　ʔom³¹ʃɤiŋ⁵¹ntuiŋ⁵¹ 口红

---

① 把鲜肉剁碎，拌以调料，用作蘸水。
② 传说毛毛树阻隔了天上的一对恋人。
③ 传说岩倒和一位小姐在天上相恋。

水　油　臭　　　　　　　水　红　嘴

ʔom³¹nɲaŋ³¹pha³¹θea³¹ 蜂蜜　　ka³¹ŋaŋ⁵¹ntuiŋ⁵¹ma³¹ɣaŋ⁵¹ 马嚼子

水　甜　蜜蜂　　　　　　铁　嘴　马

nal⁵¹⁻³¹ʔa³¹hɔʔ⁵⁵⁻³¹ʔɑn⁵¹ 大汉族草①

草　汉族　大

⑤谓主式内嵌联合式

ʃuʔ⁵⁵θa³¹ʔɔiŋ³¹θɣuŋ³¹ 气管炎

疼　干　气管

⑥偏正式内嵌偏正式和谓主式

θa³¹ʔia³¹ʃuʔ⁵⁵⁻³¹khiŋ⁵¹ʔui⁵¹ 风油精

药　痛　头　臭

（9）四音格式

昆格语有丰富的四音格词语，包括 ABAC 式、AABB 式、ABCD 式、ABCB 式等。②

ABAC 式的如：

jam⁵¹⁻³¹phɣim⁵¹jam⁵¹⁻³¹phɣak⁵⁵ 古代　　naŋ³¹n̩ʌm⁵¹naŋ³¹khia³¹ 年年月月

kha³¹jam⁵¹kha³¹jem⁵¹ 黄昏麻麻　　tʃum³¹n̩aʔ⁵⁵tʃum³¹ne⁵¹ 四周

tʃein⁵⁵tʃak³¹tʃein⁵⁵tʃe⁵¹ 昏昏晃晃　　θa³¹kiep⁵⁵θa³¹kɣam³¹ 垃圾

khuk³¹ma³¹khuk³¹khuŋ⁵¹ 庄稼　　khuɔŋ⁵⁵man⁵⁵khuɔŋ⁵⁵ɣɔi³¹ 零食

nphɔ⁵¹⁻³¹pat⁵⁵nphɔ⁵¹⁻³¹piet⁵⁵ 边角布料　　θa³¹khai³¹θa³¹nʌm³¹ 吃的用的

ka³¹ɣeʔ⁵⁵ma³¹ɣeʔ⁵⁵ 草帽　　tɔŋ³¹thi⁷⁵⁵tɔŋ³¹ʃok³¹ 手镯耳环

kɣŋ³³⁻³¹tʃak⁵⁵kɣŋ³³⁻³¹jon⁵¹ 器具　　naŋ³¹ʔiʔ⁵⁵naŋ³¹kun⁵¹ 每人

khuɔn³¹ʃuʔ⁵⁵khuɔn³¹ʃeʔ⁵⁵ 子孙后代　　ʔuiŋ⁵¹⁻³¹ʃip⁵⁵ʔuiŋ⁵¹⁻³¹ɣɔʔ⁵⁵ 养父

nəi³¹ʃip⁵⁵nəi³¹ɣɔʔ⁵⁵ 养母　　ʔiʔ⁵⁵⁻³¹phʌt⁵⁵ʔiʔ⁵⁵⁻³¹ɣai³¹ 穷人

ʔiʔ⁵⁵⁻³¹nap³¹ʔiʔ⁵⁵⁻³¹kvien³⁵ 朋友、熟人　　ʔiʔ⁵⁵⁻³¹fuk³³ʔiʔ⁵⁵⁻³¹ɣen³¹ 徒弟

khuɔn³¹joa³¹khuɔn³¹jɑt⁵⁵ 孤儿　　ʔiʔ⁵⁵⁻³¹ɣu⁵¹ʔiʔ⁵⁵⁻³¹jɔŋ³¹ 耿直人

---

① 俗称"飞机草"。

② 这里的四音格词汇没有对应标注汉语，是因为有些部分无法说清具体意思，故一并不予标注。

ʔiʔ⁵⁵⁻³¹lu⁵¹ʔiʔ⁵⁵⁻³¹θɣe⁵¹ 懂事讲理的人　θɣuŋ³¹ʔup⁵⁵θɣuŋ³¹ʔom³¹ 食道

lai³¹mai³¹lai³¹tɔʔ³⁵ 手艺　　　　　ʔom³¹hlup³⁵ʔom³¹man⁵¹ 洪灾

kan⁵¹tek⁵⁵kan⁵¹ɣiŋ³¹ 琐事　　　　ŋɔm³¹po⁵⁵ŋɔm³¹ʔiʔ⁵⁵ 纠纷

lum³¹klɣt⁵⁵lum³¹naŋ³¹ 风湿　　　　ma³¹ɣɔk⁵⁵ma³¹ɣim⁵¹ 跌打损伤

phʌt⁵⁵lu⁵¹phʌt⁵⁵jɑt⁵⁵ 破破烂烂　　tat³¹ʔɔ⁵¹tat³¹ɲein³¹ 打耳光

lai³⁵ɣɣ³¹lai³⁵ʔi³¹ 说话兜圈子　　phəl³¹ɳat³¹phəl³¹tek⁵⁵ 伸腰

θa³¹plak³¹ɣɣ³¹θa³¹plak³¹ʔi³¹ 辗转反侧　kʌm³¹ɣɣ³¹kʌm³¹ʔi³¹ 往返

khɣʔ⁵⁵ɣɣ³¹khɣʔ⁵⁵ʔi³¹ 动来动去　　θa³¹plaʔ⁵⁵θa³¹pləa⁵¹ 脏

(phəa⁵¹) vai⁵¹ɣɣ³¹vai⁵¹ʔi³¹ （飞）盘旋　ɳat³¹jam⁵¹ɳat³¹lɑk⁵⁵ 笑死笑倒①

AABB 式的如：

lup⁵⁵lup⁵⁵li⁵¹li⁵¹ 进进出出　　　　ɳil⁵¹ɳil⁵¹tɔit³¹tɔit³¹ 揉揉捏捏

phum⁵⁵phum⁵⁵phie⁵⁵phie⁵⁵ 坑坑洼洼　θa³¹θa³¹li⁵¹li⁵¹ 上上下下

ABCD 式的如：

ʔɣk⁵⁵lʌk⁵⁵ʔak⁵⁵lʌk⁵⁵ 凹凸不平　　phiŋ³¹liŋ⁵¹phaŋ³¹laŋ³¹ 杂乱

pap⁵⁵⁻³¹leŋ³¹kheiŋ³¹nkuʔ³³ 吹嘘　　nʌk⁵⁵nam³⁵kham³³khɣn⁵¹ 午夜

khɔp³⁵khau⁵⁵thuan³¹tʃuan³⁵ 周围团转

tʃuŋ⁵⁵ɣuŋ⁵⁵tʃaŋ⁵⁵ɣaŋ⁵⁵ 清晨蒙蒙亮

ABCB 式的如：

ʔiet³¹tʃau³¹ɣɣi⁵¹⁻³¹tʃau³¹ 早睡早起

（10）押韵式

昆格语少量词语通过押韵构成，如：

taŋ³¹vaŋ⁵¹ （人）旋转　　　　tom³¹ɣom³¹ 捧

pak³¹ʔak³¹ 跨　　　　　　　thɔl³¹ɳɔl³¹ 踮（脚）

phə³⁵lə³⁵ （颜色）淡　　　　thəl³¹məl³¹ 裸

lak⁵⁵pak⁵⁵ 竹铃铛　　　　　ɣɔk³¹ʔɔk³¹ 扫把

nɔk³⁵tʃɔk³⁵ 瓦雀　　　　　　phəl³¹θəl⁵¹ 大青树

ʔɣŋ³⁵lɣŋ³⁵ 坑洼　　　　　　ʔok³¹nok³¹ 恶心

---

① 指很好笑。

第二节　借词

昆格语中有不少傣语借词和汉语借词。

一　傣语借词

phien³⁵nin⁵¹ 地球、世界　　　　van³¹tɔŋ³⁵ 山阳　　　　van³¹lap³³ 山阴

van³¹ʔɔk³⁵ 东　　　　van³¹tok⁵⁵ 西　　　　n̥u⁵⁵kiau³¹ 兔子

tha³¹han⁵¹ 兵　　　　khau³¹num⁵¹ 米线　　　　khau³¹θoi⁵⁵ 米干

kɤŋ³³hɔm⁵⁵ 香料　　　　phak⁵⁵tʃi⁵¹ 茴香　　　　hɔm⁵⁵non³⁵ 薄荷

phik³¹nɔi³¹ 胡椒　　　　phak⁵⁵piɛn³¹ 韭菜　　　　phak⁵⁵⁻³¹ʔa⁵¹ 蒜薹

la³¹mi³⁵ 蘸水　　　　ta⁵⁵van³¹ 葵花瓜子　　　　tʃɔp³⁵mɤ⁵¹ 戒指

ɣuŋ³¹ja⁵⁵ 医院　　　　kuŋ³³ken⁵¹ 自行车　　　　lai³¹mɤ³¹ 手相

一月到十二月全部借用傣语（也可直接使用汉语）：

nən³³nɤŋ³³ 一月　　　　nən³³θoŋ³³ 二月　　　　nən³³θam³³ 三月

nən³³θi³⁵ 四月　　　　nən³³haʔ³¹ 五月　　　　nən³³xuok⁵⁵ 六月

nən³³tʃet⁵⁵ 七月　　　　nən³³piet³⁵ 八月　　　　nən³³kau³¹ 九月

nən³³θip⁵⁵ 十月　　　　nən³³θip⁵⁵ʔiet⁵⁵ 十一月　　　　nən³³θip⁵⁵θoŋ³³ 十二月

初一到十五全部借用傣语（也可直接使用汉语）：

ma³¹kham⁵⁵ 初一　　　　θoŋ³³kham⁵⁵ 初二　　　　θam³³kham⁵⁵ 初三

θi³⁵kham⁵⁵ 初四　　　　haʔ³¹kham⁵⁵ 初五　　　　xuok⁵⁵kham⁵⁵ 初六

tʃet⁵⁵kham⁵⁵ 初七　　　　piet³⁵kham⁵⁵ 初八　　　　kau³¹kham⁵⁵ 初九

θip⁵⁵kham⁵⁵ 初十　　　　θip⁵⁵haʔ³¹kham⁵⁵ 十五

二　汉语借词

tshun⁵⁵ 春季　　　　ɕa³⁵ 夏季　　　　tɕhiu⁵⁵ 秋季

tuŋ⁵⁵ 冬季　　　　mei³¹than³⁵ 煤炭　　　　khiau³¹ 荞

mɤ³¹ 麦子　　　　jɑŋ³¹ji³⁵ 洋芋　　　　lau³¹θə³⁵ 老师

təu³⁵fu⁵¹ 豆腐　　　　phi³¹tɕiu⁵¹ 啤酒　　　　θo³¹ɕau³⁵ 学校

kuŋ³³θə³³ 公司　　　　tʃuan³⁵ 砖　　　　ɕui³¹ni³¹ 水泥

van³¹ 碗　　　　van³¹phan³¹ 盘子　　　　thuŋ⁵¹ 桶

mɔ³⁵ 石磨　　　　　　ɕɑŋ³³tsau³⁵ 香皂　　　　ven³¹ɕɑŋ³³ 蚊香

səu³¹fu³¹ 手扶拖拉机　　mo³¹tho³¹ 摩托车　　　tiɛn³⁵nau⁵¹ 电脑

tiɛn³⁵khua³⁵ 电话　　　pi³¹ 笔　　　　　　　ɕɛn³¹pi³¹ 铅笔

fuən³⁵ 肥料（粪）　　　miau³⁵ 庙　　　　　　khua³¹tɕhɛn³¹ 划拳

θɔ³⁵ 错误　　　　　　kuat³¹θa³⁵ 刮痧　　　　tɕe³¹jo³¹ 节约

pu⁵¹ 补（钱）　　　　kɔ⁵¹ 割　　　　　　　khau³¹ 烤（火）

星期一到星期日全部借用汉语，如：

ɕin⁵⁵tɕhi⁵⁵/li⁵¹pai³⁵ 星期、礼拜

ɕin⁵⁵tɕhi⁵⁵ji³¹/li⁵¹pai³⁵ji³¹ 星期一、礼拜一

昆格语还利用谐音从汉语借词，如：

洪水 ʔom³¹ʃyiŋ⁵¹　　　　酱油 ʔom³¹ʃa³¹kheiŋ³¹　　　　减 ʃip⁵⁵

　　 水　红　　　　　　　　 水　姜　　　　　　　　　 捡

下面这些词语也可能借自汉语，或与汉语同源：

θui³¹（苞谷）须　　　tɔŋ³¹ 铜　　　　　　　θiau³⁵ 劁（母猪）

nkham³¹ 糠　　　　　 taʔ⁵⁵ 遮挡、阻挡　　　θep³¹ 塞、垫

ta³¹ 赌　　　　　　　nthɔŋ³¹ 筒　　　　　　nθɔʔ⁵⁵ 塞子

thu³¹ 筷子　　　　　kuɔŋ³¹ 瓶子　　　　　ʔek³⁵ 轭

van³¹tʃuŋ³³ 杯子（碗盅）ka³¹khai⁵⁵ 生意　　hlən³¹ 蓝

paiŋ³¹ 白　　　　　　tʃau³¹ 早　　　　　　klau⁵⁵ 搅拌

tat³¹ 打（耳光）　　　nkum³¹ 牵拉（头）　　ɣep³³ 打扰

tɔʔ⁵⁵ 增加　　　　　ȵʌk⁵⁵ 糯、黏　　　　θɣuk⁵⁵ 滑坡

kau³¹ 撬（石头）　　　lɣŋ⁵¹ 扔　　　　　　liea³¹ 薄

tiɛn³¹ 低　　　　　　θa³¹ʔuŋ³¹ 空　　　　ʃik⁵⁵ 涩口

ʔui⁵¹ 臭　　　　　　taŋ³³ 代替　　　　　phiɛn³¹ 变

phan⁵¹ 编（辫子）　　pʌk⁵⁵ 绑　　　　　　pʌt³³ 背（柴）

pɔʔ³³ 背（娃娃）　　　ʃip⁵⁵ 捡　　　　　　lat⁵⁵ 来

leʔ³³ 拿　　　　　　puŋ³¹ 碰见　　　　　θa³¹ 上

ʃuot³¹ 削　　　　　　tʃɔŋ³³ 伞　　　　　　jɑŋ³⁵ 让

三　昆格语与借词组合

1. 与傣语组合

ma³¹van³¹lap³³ 背阴地 （昆+傣）

ma³¹van³¹tɔŋ³⁵ 向阳地（昆+傣）

khuŋ⁵¹nam³¹fa³¹ 雷响田（昆+傣）

khɤl³¹mieʔ⁵⁵⁻³¹ʔɔi³¹liu³¹ 水果糖（昆+傣）

2. 与汉语组合

ʔom³¹tʃuan³⁵ 旋涡（昆+汉）　　　　　　ʔup⁵⁵pa⁵⁵pa⁵⁵ 糯米粑粑（昆+汉）

mau³¹tsʅ³³jɛn³³ 卷烟（昆+汉）　　　　　ʔom³¹ɕui⁵¹kuan⁵¹ 自来水（昆+汉）

θa³¹lɔp³¹miɛn³¹ 棉衣（昆+汉）　　　　　khiep⁵⁵θau³¹khai³¹ 草鞋（昆+汉）

tɤŋ³¹ɣuɔŋ³¹ɕui³¹ni³¹ 水泥路（昆+汉）　kɔk³¹lau³¹kai⁵¹ 监狱（昆+汉）

kɔk³¹van³¹ 碗柜（昆+汉）　　　　　　　ŋal⁵¹⁻³¹tiɛn³⁵ 电灯（昆+汉）

kaŋ³¹tʃuan³⁵ 砖房（昆+汉）　　　　　　kon³¹pan³⁵kuŋ³³ 办公桌（昆+汉）

la³¹ʔɔŋ³¹ʔom³¹tiɛn³⁵ 轮船（昆+汉）　　ka³¹ʔɔl³¹tiɛn³⁵ 电饭煲（昆+汉）

nθut⁵⁵ɕɛn³¹pi³¹ 橡皮擦（昆+汉）　　　　ʔom³¹jin³⁵ 印泥（昆+汉）

ʃin⁵¹thəu³⁵ （饭）熟透（昆+汉）　　　tʃat⁵⁵ θuan³⁵ 计算（昆+汉）

ŋɔk³¹miɛn³¹ 棉絮（昆+汉）

ŋal³¹mak⁵⁵ta⁵¹ho⁵¹tɕi⁵⁵ 打火机（昆+汉）

khɔp³⁵khau⁵⁵thuan³¹tʃuan³⁵ 周围团转（昆+汉）

vait³¹thui³⁵θeʔ⁵⁵ 刨子（昆+汉+昆）

van³¹ma³¹la⁵¹ 盆子（汉+昆）　　　　　　van³¹tʃuŋ³³ntɔl³¹ 酒杯（汉+昆）

thi³³ʃɣiŋ⁵¹ 红旗（汉+昆）　　　　　　　ʔan³⁵ma³¹ɣaŋ⁵¹ 马鞍（汉+昆）

θɔ³⁵ʔɑn⁵¹ 大错（汉+昆）　　　　　　　θɔ³⁵tek⁵⁵ 小错（汉+昆）

səu³¹fu³¹thai⁵¹⁻³¹khuŋ⁵¹ 犁田机（汉+昆）

səu³¹fu³¹theʔ³⁵khuŋ⁵¹ 耙田机（汉+昆）

θɔ³⁵tek⁵⁵θɔ³⁵ɣiŋ³¹ 不值一提的小错（汉+昆+汉+昆）

3. 借词与借词的组合

除昆格语与借词组合以外，还有借词与借词的组合。如：

θɔŋ³³khau³⁵ 二号（傣+汉）　　　　　　θam³³khau³⁵ 三号（傣+汉）

θi³⁵khau³⁵ 四号（傣+汉）　　　　　　　haʔ³¹khau³⁵ 五号（傣+汉）

第四章　语法

第一节　词类

昆格语的词类有名词、代词、数词、量词、动词、形容词、副词、介词、助词、连词十种词类。

一　名词
名词包括普通名词、专有名词、时间名词、方所名词等类别。

1. 普通名词

普通名词用来表示人、各种事物和概念的名称。如：

puŋ⁵¹ 天	ka³¹theʔ⁵⁵ 地	ŋai³¹nŋiʔ⁵⁵ 太阳	nkhia³¹ 月亮
nməiŋ⁵¹ 星星	muŋ³¹mo³¹ 云	θa³¹maʔ⁵⁵ 空气	ʃa³¹leʔ⁵⁵ 雨
mal⁵¹ 山	nthuʔ⁵⁵ 洞	ʃa³¹moʔ⁵⁵ 石头	ʔom³¹ 水
lən⁵¹ 河	ŋal⁵¹ 火	mut³¹ŋal⁵¹ 烟	tɔŋ³¹ 铜
ka³¹ŋaŋ⁵¹ 铁	xɣek³⁵ 铝	ɣet³¹ 根	ntam³¹ 茎
tɑŋ⁵¹ 枝	laʔ⁵⁵ 叶	ɣaŋ³¹ 花	phleʔ⁵⁵ 果
θeʔ⁵⁵ 树	θɣɣŋ⁵¹ 竹	nal⁵¹ 草	pa³¹ʃiʔ⁵⁵ 藤
ntham⁵¹ 蛋	ʔiŋ⁵¹ 粪便	ʔom³¹num⁵¹ 尿	thiak³¹ 牛
pieʔ⁵⁵ 羊	lek³¹ 猪	ʃɔʔ⁵⁵ 狗	ʔa³¹ŋiau³¹ 猫
ʔiea³¹ 鸡	ʔa³¹ʃim⁵¹ 鸟	ʔa³¹kɔŋ³¹ 虫	ʔiʔ⁵⁵ 人
ʔa³¹ʔuiŋ⁵¹ 父亲	ʔa³¹nəi³¹ 母亲	nnɔm³¹ 孩子	nkuʔ⁵⁵ 皮肤
θuk⁵⁵ 毛发	nthɔk³¹ 头	ʔɔ⁵¹ 脸	ʃa³¹ŋai³¹ 眼睛

la³¹ʃok³¹ 耳朵　　ka³¹tɤʔ⁵⁵ 鼻子　　ntuiŋ⁵¹ 嘴　　　ʔup⁵⁵ 饭

nkhoʔ⁵⁵ 米　　　phɣiŋ⁵¹ 油　　　nn̥eʔ⁵⁵ 肉　　thuʔ⁵⁵ 蔬菜

pluʔ⁵⁵ 盐　　　ntɔl³¹ 酒　　　　ʃup⁵⁵mok³⁵ 帽子　θa³¹lɔp³¹ 衣服

kɑn⁵¹ 裤子　　khiep⁵⁵ 鞋子　　khup⁵⁵ 袜子　　tɤŋ³¹ɣuɔŋ³¹ 路

ntɔŋ³¹ 桥　　　khlat³¹ 街　　　kaŋ³¹ 房子　　ka³¹ʔua⁵¹ 门

kɣeʔ⁵⁵ 桌子　　nkeiŋ³¹ 凳子　　ka³¹ʔɔl³¹ 锅　　van³¹ 碗

nmoi³¹ 瓢　　　van³¹ma³¹la⁵¹ 盆　thu³¹ 筷子　　vait³¹ 刀

ɣɔk³¹ʔɔk³¹ 扫把　thai⁵¹ 犁　　　nn̥at³¹ 梳子　　nm̥ul⁵¹ 钱

khlaʔ⁵⁵ 魂　　　　pa³¹ki⁵⁵ 鬼神　　　ʔom³¹hiŋ⁵¹ 智慧

ʔom³¹ʃa³¹ʔel³¹ 知识　vek³¹ 事情　　　　phiu⁵⁵ 颜色

ka³¹kat³¹ 力气　　　pa³¹θem³¹ 心气胆　　tǝl³¹ot³¹ 空间

khliʔ⁵⁵ 痣　　　　　pɣa³¹ 斑　　　　　tɤŋ³¹ɣuɔŋ³¹ʔot³¹ 生计

一些名词反映了昆格人独特的感知和认知体验。如：

ŋai³¹nn̥iʔ⁵⁵ "太阳" 由ŋai³¹ "眼睛" 和nn̥iʔ⁵⁵ "日子" 构成，直译为 "日子的眼睛"。

khuɔn³¹ʔiea³¹ŋal⁵¹ "火星" 由khuɔn³¹ʔiea³¹ "鸡崽" 和ŋal⁵¹ "火" 构成，直译为 "火鸡崽"。

ʔom³¹puŋ⁵¹既表示 "露水" 也表示 "雾"，由ʔom³¹ "水" 和puŋ⁵¹ "天" 构成，直译为 "天水"。ʔom³¹mul⁵¹ "蒸汽" 和ʔom³¹θa³¹ŋe⁵¹ "气味" 均带有自由词素ʔom³¹ "水"，说明这两种现象都与水有关系。另外，ʔom³¹mul⁵¹还指 "汗水"，说明昆格人对 "蒸汽" 和 "汗水" 感知为同一种现象。另外，两个与水有关的词语是ʔom³¹hiŋ⁵¹ "智慧" 和ʔom³¹ʃa³¹ʔel³¹ "文化知识"，前者直译为 "聪明水"，后者直译为 "知道水"，两个词语还可以并在一起，即ʔom³¹hiŋ⁵¹ʔom³¹ʃa³¹ʔel³¹，指 "文化知识、聪明才智"。

nmǝiŋ⁵¹phǝiŋ⁵¹⁻³¹po⁵⁵te³¹ "流星" 由nmǝiŋ⁵¹ "星星"、phǝiŋ⁵¹ "射击" 和相互代词poʔ⁵⁵te³¹构成，直译为 "星星相互射击"。昆格人粗略地把一年分为 "长季" 和 "短季"，前者叫jam⁵¹⁻³¹ŋai³¹nn̥iʔ⁵⁵⁻³¹lan³¹ "太阳长的季节"，后者叫jam⁵¹⁻³¹ŋai³¹nn̥iʔ⁵⁵⁻³¹tot³¹ "太阳短的季节"。把有闰月的年份叫 "大年" nn̥ʌm⁵¹⁻³¹ʔɑn⁵¹，没有闰月的年份叫 "小年" nn̥ʌm⁵¹⁻³¹tek⁵⁵。

树干上凸出的圆块疙瘩在昆格语中称为ŋai³¹θeʔ⁵⁵，直译为 "树的眼睛"。

有一种叫thak³¹ʃɔʔɔ⁵⁵的青树，直译为"狗舌头"，因为这种青树叶子外形像狗舌头。

芭蕉花被感知为与花无关，因此昆格语不能用ɣaŋ³¹"花"这个词语，而叫jal⁵¹ka³¹tɔk⁵⁵（含苞）和lap⁵⁵ka³¹tɔk⁵⁵（开放）。"竹花"不是花，而是果实，因此昆格语称呼为phleʔ⁵⁵⁻³¹θɣɣŋ⁵¹"竹果"。"苞谷芯"在昆格语中称为θeʔ⁵⁵ka³¹nuŋ⁵¹，直译为"苞谷树"，而苞谷杆则称为ntam³¹ka³¹nuŋ⁵¹"苞谷茎"。此外，典型的例子还有"象鼻"被称为thiʔ⁵⁵ʃaŋ³¹，直译为"象手"；"果子狸"被称为ʔa³¹ʃea⁵¹ʔup⁵⁵⁻³¹nʌk⁵⁵，直译为"糯米野猫"，是因为其肉有糯米的口感；"竹节虫"被称为tʃat³¹ka³¹tɣʔ⁵⁵，直译为"捅鼻子"，据说家长会告知小孩这种虫会捅人的鼻子；"毒菌子"被称为ʔa³¹thit⁵⁵pa³¹kiʔ⁵⁵，直译为"鬼菌子"；"窗"被称为ka³¹ʔua⁵¹⁻³¹tek⁵⁵，意思是"小门"；"楼梯踏步"叫khuɔn³¹ntua³¹意思是"楼梯的孩子"；"蛔虫"与"蚯蚓"相同，都叫ʔa³¹lua³¹；"蜥蜴"与"蚂蟥"都叫ʔa³¹lɘa⁵¹。

有些名词则传递出昆格人独特的文化信息。如ʔa³¹ɣok³¹kak⁵⁵nkhia³¹"月食"由ʔa³¹ɣok³¹"癞蛤蟆"、kak⁵⁵"咬"和nkhia³¹"月亮"构成，直译为"癞蛤蟆咬月亮"。

ʃa³¹nɔŋ³¹ʔa³¹thɣuʔ⁵⁵taʔ⁵⁵"星河"由ʃa³¹nɔŋ³¹ʔa³¹thɣuʔ⁵⁵"毛毛树木头"和taʔ⁵⁵"阻隔"构成，直译为"毛毛树木头阻隔"。词语讲的是一个哀婉的爱情故事：一对恋人相爱无果，被上天惩罚，男的叫"岩倒"，最后化成了一颗星星，叫nmɘiŋ⁵¹ʔa³¹tau³¹"岩倒星"，女的化成了另外一颗星星，叫nmɘiŋ⁵¹⁻³¹naŋ³¹"小姐星"，二人最终被"毛毛树木头"永远隔断。

tɣŋ³¹ɣuɔŋ³¹piɔŋ³¹指"首尾相通的山洞"，由tɣŋ³¹ɣuɔŋ³¹"路"和piɔŋ³¹"龙"构成，直译为"龙路"。tiŋ³⁵piɔŋ³¹指"笔管草"，由tiŋ³⁵"二胡"和piɔŋ³¹"龙"构成，直译为"龙的二胡"。

nmai³¹nnɔm³¹ʃɣiŋ⁵¹指"胎记"，由nmai³¹"记号"、nnɔm³¹"孩子"和ʃɣiŋ⁵¹"红"构成，其意思是：胎儿出生若死亡，在其臀部打上红色印记。后来出生的婴儿若带有红色胎记，则是上个胎儿的转世。

有两个词语反映了昆格人和汉人之间的关系：一个是"锁骨"，昆格语称为ka³¹ʔaŋ³¹pak⁵⁵ʔa³¹hɔʔ⁵⁵。ka³¹ʔaŋ³¹指"骨头"，pak⁵⁵指"卡住"，

ʔa³¹hɔʔ⁵⁵指"汉人"。整个词语直译为"汉人卡住的骨头",意思是汉人卡住锁骨致人死亡。另外一个是俗称为"飞机草"的词语——nal⁵¹⁻³¹ʔɑn⁵¹或者nal⁵¹⁻³¹ʔa³¹hɔʔ⁵⁵⁻³¹ʔɑn⁵¹。前者直译为"大草";后者直译为"大汉族草"。这种草极易生长,除不掉。

pa³¹θem³¹这个词语的意义非常抽象,在昆格语里可表示精神、胆量、心神、精气、气血等意思。如:

ʔɔʔ⁵⁵ ɣɤ³¹ θa³¹ʔʌm⁵¹ θem³¹ ʔɤn⁵¹⁻³¹. 我去安慰他。[①]

我　去　暖和　心　他

kɤl⁵¹ pa³¹θem³¹, jam⁵¹ ʔɔai³¹. 断气死了。

完　气　　死　助

ʔɔʔ⁵⁵ phlal³¹ pa³¹θem³¹ meʔ⁵⁵ ʔɔai³¹⁻³³. 我烦你的心了。/我给你添麻烦了。

我　麻烦　心神　你　助

2. 专有名词

专有名词表示姓氏、人名、民族、节日、特定地点以及山川等的名称。

表示姓氏的名词如:

tʃum³¹kuan³¹　　　　　　tʃa³¹θə³¹　　　　　　　tʃa³¹pan³¹

pi³¹leiŋ³¹　　　　　　　tʃum³¹θeiŋ³¹

以上是昆格人的五大姓氏。

表示人名的名词(ʔa³¹表男性,ʔi³¹表女性)如:

ʔa³¹kum⁵¹ 岩公　　　　　ʔa³¹θiŋ⁵¹ 岩香

ʔa³¹tau³¹ 岩倒　　　　　ʔa³¹mu⁵¹ 岩木

ʔa³¹piŋ⁵¹ 岩丙　　　　　ʔa³¹tʃɔi³¹ 岩甩

ʔa³¹mun³³ 岩温　　　　　ʔa³¹nɔ³⁵ 岩糯

ʔa³¹kham⁵¹ 岩坎　　　　ʔa³¹θən³¹ 岩成

ʔa³¹pie³¹ 岩别　　　　　ʔa³¹lun⁵¹ 岩论

ʔi³¹θiŋ⁵¹ 玉香　　　　　ʔi³¹tʃɔi³¹ 玉甩

ʔi³¹kham⁵¹ 玉坎　　　　ʔi³¹tʃum⁵¹ 玉忠

---

① θem³¹由pa³¹θem³¹省略而来。

表示民族及语言的名词如：

ʔa³¹hɔʔ⁵⁵ 汉族   ʃɛm⁵¹ 傣族

θa³¹laŋ⁵¹ 布朗族   ʔa³¹kɔ³¹ 爱妮族

ma³¹ɣɛn³¹ 基诺族   khuɔn³³kɤt⁵⁵ 昆格人（傣族称）

xuʔ⁵⁵ 昆格人（自称） mɔn³¹ʔa³¹hɔʔ⁵⁵ 汉语

mɔn³¹xuʔ⁵⁵ 昆格语

表示特定地点以及山川名称的名词如：

khuŋ⁵¹⁻³¹lau³¹ 老挝   khuŋ⁵¹⁻³¹thai³¹ 泰国

khuŋ⁵¹⁻³¹man⁵⁵ 缅甸   mɔn³³θam⁵⁵tau³¹ 曼三岛

θip⁵⁵θɔŋ³³pan³¹na³¹ 西双版纳 tʃiŋ³¹ɣuŋ⁵¹ 景洪

khuŋ⁵¹ka³¹jaŋ³¹ 勐养   mɤŋ³¹hiŋ³¹ 普文

mɤŋ³¹ʃe⁵⁵ 昆明   puŋ³⁵thaŋ⁵⁵ 曼蚌汤

na³¹phak³³ 纳回帕   pa³⁵jok³⁵ 曼巴约

pa³⁵lau⁵¹ 曼巴老   na³¹pan³¹ 纳版

ʔom³¹xuɔŋ³¹ 澜沧江

3. 时间名词

时间名词用来表示季节、时间的名称。如：

n̥ʌm⁵¹ 年   nkhia³¹ 月   nŋiʔ⁵⁵ 日

pəl³¹ŋiʔ⁵⁵ 白天   pəl³¹puɔ³¹ 晚上   pəl³¹n̥al³¹ 上午

vai³¹liŋ³¹ 下午   ʃɤŋ³¹khoʔ⁵⁵ 昨天 vɤŋ³¹ʔe⁵¹ 今天

pa³¹vaŋ⁵¹ 明天   ve³¹la³¹ 时间   ta⁵⁵ 钟点

tham³¹n̥aʔ⁵⁵ 刚才   ʔe⁵⁵tʃup³³ 现在   jam³¹phɣim⁵¹ 过去

4. 方所名词

方所名词表示方位、处所的名称。如：

tɤŋ³¹ŋai³¹nŋiʔ⁵⁵li⁵¹ 东   tɤŋ³¹ŋai³¹nŋiʔ⁵¹lup⁵⁵ 西

tɤŋ³¹thɔʔ⁵⁵ 上   tɤŋ³¹theʔ⁵⁵ 下

tɤŋ³¹ŋai³¹ 前   tɤŋ³¹kan⁵¹ 后

tɤŋ³¹ʔa³¹veʔ⁵⁵ 左   tɤŋ³¹ʔa³¹θiam⁵¹ 右

tɤŋ³¹nɛi⁵¹ 里   tɤŋ³¹nɔk³³ 外

təl³¹ɣuɔŋ³¹ 中   khop³⁵khau⁵⁵ 周围

二　代词

昆格语的代词分为人称代词、反身代词、指示代词、疑问代词、相互代词。

1. 人称代词

人称代词分单数、双数和多数。第一人称代词的双数和多数分排除式和包括式。有两个不定人称的人称代词，可称为"不定人称代词"，其意义相当于汉语的"各自"、"大家"（见表 4-1）。

表 4-1　昆格语的人称代词

人称	单数	双数		多数	
第一人称	ʔɔʔ⁵⁵	包括式	ʔai⁵¹	包括式	ʔeʔ⁵⁵
		排除式	jau⁵¹	排除式	ʔieʔ⁵⁵
第二人称	meʔ⁵⁵	phau⁵¹		phieʔ⁵⁵	
第三人称	ʔɤn⁵¹	kau⁵¹		keʔ⁵⁵	
各自		mɔʔ⁵⁵haʔ⁵⁵			
大家		tɤŋ³¹nu⁵¹			

双数后面还可以加上 ka³¹ʔa³¹ ʔiʔ⁵⁵ "二人"。如：

ʔai⁵¹ ka³¹ʔa³¹ ʔiʔ⁵⁵ 咱俩（包括式）　jau⁵¹ ka³¹ʔa³¹ ʔiʔ⁵⁵ 我俩（排除式）

phau⁵¹ ka³¹ʔa³¹ ʔiʔ⁵⁵ 你俩　　　　　　kau⁵¹ ka³¹ʔa³¹ ʔiʔ⁵⁵ 他俩

注意双数人称代词的用法，试比较：

ʔɔʔ⁵⁵ kʌm³¹ meʔ⁵⁵ 我和你

我　　和　　你

ʔɔʔ⁵⁵ kʌm³¹ meʔ⁵⁵ ʔai⁵¹ ka³¹ʔa³¹ ʔiʔ⁵⁵ 我和你咱俩（包括式）

我　　和　　你　　我俩　两　　　　人

ʔa³¹hla³¹ jau⁵¹ 我和岩腊俩（排除式）

岩腊我俩

ʔɔʔ⁵⁵ kʌm³¹ ʔɤn⁵¹ jau⁵¹ ka³¹ʔa³¹ ʔiʔ⁵⁵ 我和他我俩（排除式）

我　　和　　他　　我俩　两　　　　人

ʔa³¹ hla³¹ kʌm³¹ ʔa³¹θiŋ⁵¹ 岩腊和岩香

岩腊　　和　　岩香

ʔa³¹ hla³¹ kʌm³¹ ʔa³¹θiŋ⁵¹ <u>kau⁵¹</u> ka³¹ʔa³¹ ʔiʔ⁵⁵ 岩腊和岩香他俩

岩腊　　和　　岩香　　他俩 两　　　人

ʔa³¹ hla³¹ <u>kau⁵¹</u> ʔa³¹θiŋ⁵¹ 岩腊和岩香他俩

岩腊　　他俩 岩香

2. 反身代词

昆格语有一个所有人称通用的反身代词to³¹teʔ⁵⁵ "自己"，在使用时如果前面已经出现具体的人称主语，可简略为teʔ⁵⁵，也可不省略。如：

ʔɣn⁵¹ lai³⁵ <u>teʔ⁵⁵</u> θɔ³⁵ ʔɔai³¹ 他承认自己错了。

他　说　自己 错　助

此外，还有直接表明人称的反身代词，见表4-2：

表4-2　昆格语的反身代词

人称	单数	双数		多数	
第一人称反身代词	to³¹ʔɔʔ⁵⁵/ ʔɔʔ⁵⁵nʌm³¹tiʔ⁵⁵	包括式	to³¹ʔai⁵¹/ ʔai⁵¹nʌm³¹tiʔ⁵⁵	包括式	to³¹ʔeʔ⁵⁵/ ʔeʔ⁵⁵nʌm³¹tiʔ⁵⁵
		排除式	to³¹jau⁵¹/ jau⁵¹nʌm³¹tiʔ⁵⁵	排除式	to³¹ʔieʔ⁵⁵/ ʔieʔ⁵⁵nʌm³¹tiʔ⁵⁵
第二人称反身代词	to³¹meʔ⁵⁵/ meʔ⁵⁵nʌm³¹tiʔ⁵⁵	to³¹phau⁵¹/ phau⁵¹nʌm³¹tiʔ⁵⁵		to³¹phieʔ⁵⁵/ phieʔ⁵⁵nʌm³¹tiʔ⁵⁵	
第三人称反身代词	to³¹ʔɣn⁵¹/ ʔɣn⁵¹nʌm³¹tiʔ⁵⁵	to³¹kau⁵¹/ kau⁵¹nʌm³¹tiʔ⁵⁵		to³¹keʔ⁵⁵/ keʔ⁵⁵nʌm³¹tiʔ⁵⁵	
通用人称反身代词	to³¹teʔ⁵⁵				

3. 指示代词

昆格语的指示代词用来指人、指物和指处所，指处所的代词有近指和远指之分。如：

ʔa³¹ʔe⁵¹ 这（指人、指物）　　　　ʔa³¹haʔ⁵⁵ 那（指人、指物）

nneʔ⁵¹ 这里（指处所）　　　　　　nn̥aʔ⁵⁵ 那里（近）（指处所）

na³¹ɣe⁵¹ 那里（远）（指处所）　　na³¹ɣe⁵¹ɣe⁵¹ 那里（更远）（指处所）

还有两个指示代词，一个是tʃum³¹，另一个是naŋ³¹，均相当于汉语的"每"，不单独使用。如：

tʃum³¹nn̩ʔ⁵⁵tʃum³¹nne⁵¹ 处处　　　　　naŋ³¹nn̩ʌm⁵¹ 每年
　　那里　　　这里　　　　　　　　　　年

naŋ³¹nkhia³¹ 每月　　　　　　　　　naŋ³¹ʔiʔ⁵⁵naŋ³¹kun⁵¹每人①
　　　月　　　　　　　　　　　　　人　　　人

naŋ³¹nɲiʔ⁵⁵ 每天　　　　　　　　　naŋ³¹ʔiʔ⁵⁵ 每人
　　　天　　　　　　　　　　　　　人

4. 疑问代词

昆格语的疑问代词用来对人、物、时间、数量、处所、方式、原因等提问。多数疑问代词可通过声调屈折来表示泛指意义。如：

ʔa³¹mɔʔ³¹ 谁（指人）、哪一、哪些（指人、物）

ʔa³¹mɔʔ⁵⁵ 无论谁（指人）、无论哪一个（指人、物）、无论哪些（指人、物）

θa³¹mɔʔ³¹ 什么　　　　　　　　　θa³¹mɔʔ⁵⁵ 无论什么

jam⁵¹⁻³¹mɔʔ³¹ 何时　　　　　　　jam⁵¹⁻³¹mɔʔ⁵⁵ 无论何时

pəl³¹mɔʔ³¹ 多少　　　　　　　　pəl³¹mɔʔ⁵⁵ 无论多少

təl³¹mɔʔ³¹ 哪里　　　　　　　　təl³¹mɔʔ⁵⁵ 无论哪里

tʃiʔ⁵⁵tʃɤ³¹mɔʔ³¹ 怎么　　　　　　tʃiʔ⁵⁵tʃɤ³¹mɔʔ⁵⁵ 无论怎么

ɤɤʔ⁵⁵tʃɤ³¹mɔʔ³¹ 为什么　　　　　men⁵¹mɔk³¹mɔʔ³¹ 多久

5. 相互代词

昆格语的poʔ⁵⁵te³¹有既可以是相互代词，也可以是相互助词（见"助词"部分）②。作相互代词时一般充当介词或者及物动词的宾语。作介词宾语的例子如：

khuɔn³¹ʔiea³¹ ʔiet³¹ tit⁵⁵ ta³¹ <u>poʔ⁵⁵te³¹</u>. 小鸡挤在一起睡。

　小鸡　　　睡　挤介　相互

leʔ³³ khon³¹ʃa³¹mo⁵⁵ ka³¹ʔa³¹ lut³³lit⁵⁵ ta³¹ <u>poʔ⁵⁵te³¹</u>. 拿两块石头摩擦。

　拿　石块　　二　　摩擦　介　相互

---

① kun⁵¹ 是傣语。

② 相互代词标注为"相互"，相互助词标注为"助"，下同。

ka³¹ʔa³¹ ʔiʔ⁵⁵ ka³¹tam³¹ ta³¹ <u>poʔ⁵⁵te³¹</u>. 两人在路上相遇，不知谁让谁。
二　　人　紧挨　　介　相互

tʃein³¹ θa³¹vak⁵⁵ ta³¹ <u>poʔ⁵⁵te³¹</u> khɣʔ⁵⁵ jak³¹ jak³¹. 跷起二郎腿上下摇动。
脚　　钩　　　介　相互　　动　摇　摇

作及物动词宾语的例子如：

ka³¹ʔa³¹ hlaŋ⁵⁵ kaŋ³¹ yu⁵¹⁻³¹ <u>poʔ⁵⁵te³¹</u>. 两幢房子正对。
两　　栋　　房子　正对　相互

ʔai⁵¹ ka³¹ʔa³¹ ʔiʔ⁵⁵ puŋ³¹ <u>poʔ⁵⁵te³¹</u> tɤŋ³¹ɣuɔŋ³¹. 我俩在路上遇见了。
我俩 二　　　人　碰见　相互　　　路

jam³¹phɣim⁵¹ ʔɔʔ⁵⁵ pa³¹ ʃa³¹ʔel³¹ meʔ⁵⁵⁻³¹. ma³¹neu³⁵ ʔai⁵¹ ʃa³¹ʔel³¹
以前　　　　我　不　认识　　你　　　现在　　我俩　认识

<u>poʔ⁵⁵te³¹</u>, ɣɤʔ⁵⁵ ʔiʔ⁵⁵⁻³¹kvien³⁵ ʔɔai³¹.
相互　　　是　朋友　　　　　助

以前，我不认识你。现在，我们认识了，是朋友了。

ʔai⁵¹ka³¹ʔa³¹ʔiʔ⁵⁵ ŋai³¹tɤŋ³¹ <u>poʔ⁵⁵te³¹</u>. 我俩面对面。
我俩　　　　　面对　　相互

lot³³ ka³¹ʔa³¹ ʃak⁵⁵ thu⁵⁵ <u>poʔ⁵⁵te³¹</u>. 两车相撞。
车　二　　辆　碰撞　相互

jau⁵¹ phɔ⁵¹⁻³¹ <u>poʔ⁵⁵te³¹</u>, ʔɔʔ⁵⁵ pie³¹ ʔɤn⁵¹ ʔɔai³¹. 我俩打架,我打赢了他。
我俩 打　　相互　　我 胜　他　助

phən³¹phiaʔ⁵⁵ ʔa³¹mau⁵¹ pan⁵¹ <u>poʔ⁵⁵te³¹</u>. 姑娘和小伙子约会。
姑娘　　　　小伙子　找　相互

三　数词

昆格语的数词包括基数词、序数词，但使用频率很低，一般使用傣语借词或者汉语借词。

1. 基数词

基数词可以计数到千级数量单位，超过千级的万级、亿级数量单位则一般使用汉语借词来表达。如：

ʔa³¹mo³¹ 一　　　　　　ka³¹ʔa³¹ 二　　　　　　ka³¹ʔɔi³¹ 三

ʔa³¹phon³¹ 四　　　　　pa³¹θan³⁵ 五　　　　　nthɔl³¹ 六

nthil⁵¹ 七　　　　　ma³¹pha³¹thaʔ⁵⁵ 八　　　　ma³¹ŋom³¹ 九

ma³¹kit⁵⁵ 十　　　　　　　ma³¹kit⁵⁵ʔa³¹mo³¹ 十一

ma³¹kit⁵⁵ka³¹ʔa³¹ 十二　　　　ma³¹kit⁵⁵ka³¹ʔɔi³¹ 十三

ma³¹kit⁵⁵ʔa³¹phon³¹ 十四　　　ma³¹kit⁵⁵pa³¹θan³⁵ 十五

ma³¹kit⁵⁵nthɔl³¹ 十六　　　　ma³¹kit⁵⁵nthil⁵¹ 十七

ma³¹kit⁵⁵ma³¹pha³¹thaʔ⁵⁵ 十八　　ma³¹kit⁵⁵ma³¹ŋom³¹ 十九

ka³¹ʔa³¹kit⁵⁵ 二十　　　　ka³¹ʔa³¹kit⁵⁵ʔa³¹mo³¹ 二十一

ka³¹ʔɔi³¹kit⁵⁵ 三十　　　　ʔa³¹phon³¹kit⁵⁵ 四十

pa³¹θan³⁵kit⁵⁵ 五十　　　　nthɔl³¹kit⁵⁵ 六十

nthil⁵¹kit⁵⁵ 七十　　　　ma³¹pha³¹thaʔ⁵⁵kit⁵⁵ 八十

ma³¹ŋom³¹kit⁵⁵ 九十　　　　ma³¹pa³¹ʃiʔ⁵⁵ 一百

ma³¹nʃɤŋ⁵¹ 一千

可见，"一十"、"一百"、"一千"中的"一"不能用ʔa³¹mo³¹，要换成ma³¹。

数词pai⁵⁵"零"用在两个数之间，用来表示单位较高的数量之下附有单位较低的数量。如：

ma³¹pa³¹ʃiʔ⁵⁵pai⁵⁵ʔa³¹mo³¹ 一百零一

ka³¹ʔɔi³¹nʃɤŋ⁵¹pai⁵⁵pa³¹θan³⁵kit⁵⁵ 三千零五十

2. 序数词

昆格语有序数词。序数词是在基数词前加前缀tal³¹- 构成。同样，昆格语的序数词使用频率极低，多用汉语借词代替。如：

tal³¹ʔa³¹mo³¹ 第一　　　tal³¹ka³¹ʔa³¹ 第二　　　tal³¹ka³¹ʔɔi³¹ 第三

四　量词

昆格语的量词分为名量词和动量词，前者为名词计量，后者为动作计量。

1. 名量词

昆格语有几个特有的名量词，用来计量长度和重量。如：

ma³¹ tek³³ 一肘（一下臂的长度）　　ma³¹ khien⁵⁵ 一手（一整臂的长度）

ma³¹ ʔvk⁵⁵ 半度（一整臂到胸间长度）　ma³¹ thap⁵⁵ 一度（展开双臂的长度）

ma³¹ kham³¹khiŋ⁵¹（一整臂到另一肩膀的长度）

ma³¹ θam⁵⁵θɔk³⁵（展开双臂，一整臂到另一只上臂的长度）

ma³¹ hliŋ³⁵mɤ⁵¹（展开双臂，一整臂到另一只手的手腕处的长度）

ma³¹ nʃau³¹ 一大拃（展开拇指与中指的长度）

ma³¹ ʃa³¹tɔn³¹ 一小拃（展开拇指与食指的长度）

ma³¹ θa³¹ɳap³¹ 一步　　　　　　　ma³¹ taʔ³¹ʃaʔ³¹ 一跨

ma³¹ θeʔ⁵⁵ 一棍（约一尺）　　　　ma³¹ ɣɔŋ³³ 一两

ma³¹ thie³¹ 一钱　　　　　　　　ma³¹ phiok⁵⁵ 十斤

表示倍数和分数的量词均使用nthiʔ⁵⁵"倍"、"成"，但基本已不用，多用汉语借词。如：

ʔa³¹phon³¹ nthiʔ⁵⁵ 四倍　　　　　　ka³¹ʔa³¹ nthiʔ⁵⁵ 三成

下面的度量衡量词（包括数词）借自汉语：

ji³¹ tshun³⁵ 一寸　　　　ji³¹ tshŋ³¹ 一尺　　　　ji³¹ jɛn³¹ 一元

ji³¹ tɕoʔ³¹ 一角　　　　ji³¹ fen³³ 一分　　　　ji³¹ mu⁵¹ 一亩

ji³¹ kuŋ³¹li³¹ 一公里　　ji³¹ mi³¹ 一米　　　　ji³¹ tun³³ 一吨

ji³¹ kin³¹ 一斤

当然，也可以把ji³¹换成昆格语ma³¹"一"，使用"昆格语+汉语"结构。

下面表示时间长度的量词均来自相关名词：

ma³¹ puɔ³¹ 一晚　　　ma³¹ nɲiʔ⁵⁵ 一天　　　　ma³¹ nkhia³¹ 一月

ma³¹ nɳʌm⁵¹ 一年　　ma³¹ li³¹pai³⁵ 一星期

值得注意的是，下面这些结构中不使用量词，这说明：其一，昆格语的量词是后来出现的现象；其二，个别情况量词的缺失恰恰反映了昆格语变化的规律，即从无量词语言向有量词语言的演变。如：

ma³¹ mau³¹ 一支烟　　ma³¹ lən⁵¹ 一条河　　　ma³¹ nthuʔ⁵⁵ 一个洞
　　烟　　　　　　　　　河　　　　　　　　　洞

ma³¹ ɣim⁵¹ 一个寨子　ma³¹ hɔŋ³¹ 一间屋　　　ma³¹ ʔiʔ⁵⁵ 一个人
　　寨子　　　　　　　屋子　　　　　　　　人

ma³¹ θeʔ⁵⁵nŋon³¹ 一根棍子　　　　　ma³¹ vien⁵⁵⁻³¹ta⁵⁵ 一副眼镜
　　　　木棍　　　　　　　　　　　　　眼镜

ma³¹ tan³¹vak⁵⁵ 一个钩子　　　　　ʔa³¹phon³¹ pie³³ 四只竹排

钩子　　　　　　　　　　　　　　竹排

ma³¹ khuɔn³¹ntua³¹ 一级楼梯

楼梯踏步

ma³¹ ʔiʔ⁵⁵ "一个人"不用量词，即不能说ʔiʔ⁵⁵ ma³¹ ʔiʔ⁵⁵，但是 "一个老人"却需要量词 ʔiʔ⁵⁵（ʔiʔ⁵⁵本义 "人"，作量词表 "个"，可视为反响量词）：

ʔiʔ⁵⁵θa³¹than⁵¹ ma³¹ ʔiʔ⁵⁵ 一个老人

老人　　　　　一　人

昆格语的数量结构修饰名词时有两种语序，既可前置修饰名词，又可后置修饰名词，后置修饰居多。如：

ma³¹ to³¹ ʔa³¹ʃim⁵¹ = ʔa³¹ʃim⁵¹ ma³¹ to³¹ 一只鸟

鸟　　　　鸟

昆格语已经出现了丰富的量词，下面是若干量词的例子。

用于动物的量词 to³¹ 来自to³¹ɣaŋ³¹ "身体"。如：

pa³¹θiŋ⁵¹ ma³¹ to³¹ 一条蛇　　　　ma³¹ to³¹ ʔa³¹plau⁵¹ 一条鱼

蛇　　　　　　　　　　　　　　　　　鱼

ma³¹ to³¹ lek³¹ 一头猪　　　　ma³¹ to³¹ thiak³¹ 一头牛

猪　　　　　　　　　　　牛

ma³¹ to³¹ ʃɔʔ⁵⁵ 一条狗　　　　pha³¹θea³¹ ma³¹ to³¹ 一只蜜蜂

狗　　　　　　　蜜蜂

量词 lak⁵⁵ 表示 "边"、"面"，多用来指有对称性结构的东西。如：

ma³¹ lak⁵⁵ ntheiŋ³¹ 一面墙　　　la³¹ʃok³¹ ma³¹ lak⁵⁵ 一只耳朵

墙　　　　　　　耳朵

thiʔ⁵⁵ ma³¹ lak⁵⁵ 一只手　　　tʃa³¹luʔ⁵⁵ ma³¹ lak⁵⁵ 一条腿

手　　　　　　　大腿

khiep⁵⁵ ma³¹ lak⁵⁵ 一只鞋　　　ʃa³¹ŋai³¹ ma³¹ lak⁵⁵/ʃak⁵⁵ 一只眼睛

鞋子　　　　　　眼睛

量词ʃak⁵⁵ 来自同形名词ʃak⁵⁵ "籽"、"核"，多用来指圆形物或者球状物，也可指一个整体性物件，使用频率很高。如：

ʃa³¹ŋai³¹ ma³¹ ʃak⁵⁵/lak⁵⁵ 一只眼睛　　ʃup⁵⁵mok³⁵ ma³¹ ʃak⁵⁵ 一顶帽子

眼睛

phleʔ⁵⁵ ma³¹ ʃak⁵⁵ 一个果实
果实

nʃɣok³¹ka³¹ʔɔl³¹ ma³¹ ʃak⁵⁵ 一把锅铲
锅铲

van³¹ ma³¹ ʃak⁵⁵ 一个碗
碗

nau⁵¹ ma³¹ ʃak⁵⁵ 一个银泡
银泡

ma³¹khɣ³¹ ma³¹ ʃak⁵⁵ 一个茄子
茄子

ntɔŋ³¹ ma³¹ ʃak⁵⁵ 一座桥
桥

ma³¹ ʃak⁵⁵⁻³¹ kun³¹ 一张床
　　　　　　床

ka³¹tɑŋ⁵¹ ma³¹ ʃak⁵⁵ 一个罐子
罐

ma³¹ ʃak⁵⁵ thaŋ⁵¹⁻³¹ʔɑn⁵¹ 一个大统背
　　　　大统背

ma³¹ ʃak⁵⁵⁻³¹ nɔŋ⁵¹⁻³¹ʔa³¹plau⁵¹ 一口鱼塘
　　　　鱼塘

帽子

ntham³¹ʔiea³¹ ma³¹ ʃak⁵⁵ 一个鸡蛋
鸡蛋

ntʃak⁵⁵ ma³¹ ʃak⁵⁵ 一把勺子
勺子

ma³¹ ʃak⁵⁵ ka³¹ʔɔl³¹ 一口锅
　　　　　　锅

nməiŋ⁵¹ ma³¹ ʃak⁵⁵ 一颗星星
星星

ma³¹ ʃak⁵⁵ nmop³¹ 一条丝瓜
　　　　丝瓜

lot³³ ma³¹ ʃak⁵⁵ 一辆车
车

nkeiŋ³¹ ma³¹ ʃak⁵⁵ 一张凳子
凳子

ma³¹ ʃak⁵⁵ tʃɔŋ³³ 一把伞
伞

量词phən³¹用来表示薄片状的东西。如：

ma³¹ phən³¹ kan⁵¹ 一条裤子
　　　　裤子

ma³¹ phən³¹ ka³¹nak³⁵ 一张纸
　　　　纸

ma³¹ phən³¹ npho⁵¹ 一块布
　　　　布

ma³¹ phən³¹ θa³¹lɔp³¹ 一件衣服
　　　　衣服

ma³¹ phən³¹ pɑp³³ 一本书
　　　　书

量词then³⁵用来表示带有把的东西。如：

vait³¹ ma³¹ <u>then³⁵</u> 一把刀　　　　　　　nn̥at³¹ ma³¹ <u>then³⁵</u> 一把梳子
刀　　　　　　　　　　　　　　　　　　　梳子

ʃɣɤ³¹ ma³¹ <u>then³⁵</u> 一把锄头
锄头

量词ku³³用来表示"双"、"副"。如：

khup⁵⁵⁻³¹thiʔ⁵⁵ ma³¹ <u>ku³³</u> 一副手套　　ma³¹ <u>ku³³</u> khiep⁵⁵ 一双鞋子
手套　　　　　　　　　　　　　　　　　　鞋子

thu³¹ ma³¹ <u>ku³³</u> 一双筷子　　　　　　ma³¹ <u>ku³³</u> vau³¹ʧeiŋ³¹ 一副裹腿
筷子　　　　　　　　　　　　　　　　　　裹腿

量词tam³¹来自名词ntam³¹"茎"，用来表示"棵"。如：

θeʔ⁵⁵ ma³¹ <u>tam³¹</u> 一棵树　　　　　　ma³¹ <u>tam³¹</u> khɣl³¹mieʔ⁵⁵ 一根甘蔗
树　　　　　　　　　　　　　　　　　　　甘蔗

nal⁵¹ ma³¹ <u>tam³¹</u> 一根草　　　　　　ma³¹ <u>tam³¹</u> θɣɤŋ⁵¹ 一根竹子
草　　　　　　　　　　　　　　　　　　　竹子

量词θin³¹用来表示细长的东西。如：

ma³¹ <u>θin³¹</u> pa³¹ʃiʔ⁵⁵ 一根藤　　　　pa³¹ʃiʔ⁵⁵ ma³¹ <u>θin³¹</u> 一条绳子
　　　　　　　藤　　　　　　　　　　　　绳子

ma³¹ <u>θin³¹</u> tɤŋ³¹ɣuoŋ³¹ 一条路　　　ma³¹ <u>θin³¹</u> phiat³¹kuk³¹ 一张包头
　　　　　　　路　　　　　　　　　　　　包头

量词khon³¹用来表示较粗的颗粒物。如：

ʔiŋ⁵¹ʔa³¹θek³¹ ma³¹ <u>khon³¹</u> 一粒老鼠屎
老鼠屎

ma³¹ <u>khon³¹</u> ʃa³¹moʔ⁵⁵ 一块石头
　　　　　　　石头

ma³¹ <u>khon³¹</u> ka³¹theʔ⁵⁵ 一坨泥土
　　　　　　　土

量词mu³⁵用来指成群结队的人或者动物。如：

ʔiʔ⁵⁵ ma³¹ <u>mu³⁵</u> 一群人　　　　　　　　　　　ma³¹ <u>mu³⁵</u> lek³¹ 一群猪
人　　　　　　　　　　　　　　　　　　　　　　　猪

量词loŋ³¹来自名词nloŋ³¹"窝"、"巢"。如：

khuɔn³¹ʔiea³¹ ma³¹ lɔŋ³¹ 一窝小鸡

小鸡

nlɔŋ³¹ʔa³¹ʃim⁵¹ ma³¹ lɔŋ³¹ 一个鸟巢

鸟窝

量词mɔn³¹来自同形名词，本义为"话"。如：

pap⁵⁵ ma³¹ mɔn³¹ 一句话　　　　　　ʔom³¹ ma³¹ mɔn³¹ 一口水

话　　　　　　　　　　　　　　　　　水

还有很多其他的量词，这些量词或指容器，或指动作，或指形状，或指整体的部件等。如：

thu³¹ ma³¹ mat³³ 一把筷子　　　　　　ɣaŋ³¹ ma³¹ mat³³ 一把花

筷子　　　　　　　　　　　　　　　　花

ma³¹ khau³¹ ve³¹la⁵¹ 一段时间　　　　ma³¹ khau³¹ tɤŋ³¹ɣuɔŋ³¹ 一段路

　　　　　　时间　　　　　　　　　　　　　　　　路

ma³¹ nən⁵¹ nkhoʔ⁵⁵ 一粒米　　　　　　ma³¹ po⁵¹ ka³¹nuŋ⁵¹ 一个苞谷棒子

　　　米　　　　　　　　　　　　　　　　　　苞谷

ma³¹ hlaŋ⁵¹ kaŋ³¹ 一栋房子　　　　　　θɤɤŋ⁵¹ ma³¹ nput³³ 一节竹子

　　　房　　　　　　　　　　　　　　　竹子

mau³¹ ma³¹ kap⁵⁵ 一盒烟　　　　　　　ma³¹ van³¹ ʔup⁵⁵ 一碗饭

烟　　　　　　　　　　　　　　　　　　　　饭

ma³¹ nmoi³¹ ʔom³¹ 一瓢水　　　　　　ʔom³¹ ma³¹ thuŋ³¹ 一桶水

　　　　　水　　　　　　　　　　　水

ʔom³¹ ma³¹ tom³¹ɣom³¹ 一捧水　　　　ʔom³¹ ma³¹ θɤŋ³¹tʃɔt³¹ 一滴水

水　　　　　　　　　　　　　　　　　水

laʔ⁵⁵⁻³¹θeʔ⁵⁵ ma³¹ laʔ⁵⁵ 一片树叶　　ma³¹ la³¹vaŋ³¹ khuŋ⁵¹ 一块水田

树叶　　　　　　　　　　　　　　　　　　水田

ma³¹ tʃo³³ ʔiʔ⁵⁵ 一辈人　　　　　　　θeʔ⁵⁵ ma³¹ nɣɔk⁵⁵ 一堆柴

　　　　人　　　　　　　　　　柴

ma³¹ nthom³¹ nal⁵¹ 一堆草　　　　　　ma³¹ thiea³¹ θeʔ⁵⁵ 一排树

　　　草　　　　　　　　　　　　　　　树

θɣɤŋ⁵¹ ma³¹ kɔ⁵¹ 一蓬竹子　　　　ma³¹ θa³¹kuɔŋ³¹ ɣaŋ³¹ 一朵花

竹子　　　　　　　　　　　　　　　花

ma³¹ phap³¹ θeʔ⁵⁵ 一抱柴　　　　ʔa³¹tʃum⁵¹ ma³¹ vait³¹ 一只豆角

　　　　柴　　　　　　　　　　　豆角

nkaŋ³¹ ma³¹ nthuʔ⁵⁵ 一窝竹鼠　　ka³¹luŋ³¹ ma³¹ nthuʔ⁵⁵ 一个树孔

竹鼠　　　　　　　　　　　　　　树孔

ntɔl³¹ ma³¹ kuɔŋ³¹ 一瓶酒

酒

ma³¹ ʃa³¹khlom³¹ phleʔ⁵⁵npuʔ⁵⁵ 一串葡萄

　　　　　葡萄

2. 动量词

动量词与数词结合构成数量词组，置于动词之后，为动作计量。昆格语最常见的动量词是vaŋ⁵¹，表示"（几）次"、"（几）下"、"（几）遍"、"（几）回"等意思。如：

ɣɤ³¹ ma³¹ vaŋ⁵¹ 去一次　　　　　ʔi³¹ ma³¹ vaŋ⁵¹ 来一回

走　　　　　　　　　　　　　　　回来

ntʌt⁵⁵ ma³¹ vaŋ⁵¹ 踢一下　　　　lɑk⁵⁵ ma³¹ vaŋ⁵¹ 摔一跤

踢　　　　　　　　　　　　　　　摔

还有一个动量词thiʔ⁵⁵来自同形名词，意思是"手"，多用来为手脚动作计量。如：

mak⁵⁵ ma³¹ thiʔ⁵⁵ 砍一刀　　　　phəiŋ⁵¹ ma³¹ thiʔ⁵⁵ 打一枪

砍　　　　　　　　　　　　　　　射击

npiem⁵¹⁻³¹thiʔ⁵⁵ tʌp⁵⁵ ma³¹ thiʔ⁵⁵ 打一拳

拳头　　　　打

tat³¹ ʔɔ⁵¹ ma³¹ thiʔ⁵⁵ 打一耳光

打　脸

也可用tʃeiŋ³¹ "脚"表示腿脚动作的量，如：

tɔn³¹ ma³¹ tʃeiŋ³¹ 踩一脚

踩

此外，多数动量词与名量词一致，如：

ŋiŋ³¹ ma³¹ mɔn³¹ 叫一声喊

khai³¹ ma³¹ kɣap³¹ 吃一顿吃

ʔiet³¹ ma³¹ puɔ³¹ 住一夜睡

theiŋ⁵¹ ma³¹ mɔn³¹ 喝一口喝

theiŋ⁵¹ ma³¹ tʃuŋ³³ 喝一杯/盅喝

nmiŋ³¹ ka³¹ʔɔi³¹ pun³³ 分三份分

五 动词

1. 动词前缀

从音节数目来看，昆格语的单音节动词居多，也有一部分双音节动词，其中一部分双音节动词带有次要音节，相当于构词前缀。

带前缀θa³¹-（可轻读为不带声调的θə-）的：

θa³¹plak³¹ 翻（身）

θa³¹ŋiŋ³¹ 倒（牙）

θa³¹vek⁵⁵ （天）黑

θa³¹kuɔt³¹ 勒

θa³¹viŋ⁵¹ 撇（沫子）

θa³¹plo⁵¹ 蜕（皮）

θa³¹viɛn³¹ 缠绕、箍、裹

θa³¹pɣɣŋ⁵¹ 颠倒

θa³¹vel³¹ 烙（毛）

θa³¹vai⁵¹ 买

θa³¹kɣɣt⁵⁵ 耸（肩）

θa³¹klat⁵⁵ 下沉

带前缀ʃa³¹-（可轻读为不带声调的ʃə-）的：

ʃa³¹kloit³¹ 包

ʃa³¹kik⁵⁵ 擦（火柴）

ʃa³¹ʔel³¹ 懂、知道、认识

ʃa³¹pluŋ⁵¹ 俯冲

ʃa³¹nek³¹ （倚）靠

ʃa³¹kviet⁵⁵ 扒（饭）

ʃa³¹vat³¹ 撑（船）

ʃa³¹vɔt³¹ 打蔫儿

ʃa³¹klɑn⁵¹ （用衣角）兜

ʃa³¹ta⁵¹ 开（门）

ʃa³¹veŋ³¹ 踉跄

ʃa³¹lɣt³¹ 躺

带前缀ka³¹-（可轻读为不带声调的kə-）的：

ka³¹ʔɣk⁵⁵ 打嗝   ka³¹tat³⁵ （母鸡）叫   ka³¹tʃoʔ⁵⁵ 冷落

ka³¹phʌt³³ （心）跳   ka³¹vek⁵⁵ （虫）蠕动   ka³¹meʔ⁵⁵ 做梦

ka³¹naŋ³¹ （车）停   ka³¹mɔl³¹ 点（旱谷）   ka³¹liep⁵⁵ （眼）眨

带前缀pa³¹-（可轻读为不带声调的pə-）的：

pa³¹θai⁵¹（腿）麻　　pa³¹tat⁵⁵ 爆炸、破裂　　pa³¹θɔk³¹ 藏、躲藏

pa³¹ʃʌm⁵¹ 插（秧）、栽　　　　　　　　　　　pa³¹lek³¹ 闪电

pa³¹kɣaŋ⁵¹ 关（牛）　pa³¹khɣiŋ³¹（鱼）游　pa³¹θuŋ³¹ 蒸（红薯）

带前缀ma³¹-（可轻读为不带声调的mə-）的：

ma³¹liep⁵⁵ 叠（被子）　ma³¹ɣau³³ 发炎　　ma³¹ɣet³¹ 吼

ma³¹ʔiaŋ³¹ 怀孕　　ma³¹yaʔ⁵⁵ 偷

带前缀pha³¹-（可轻读为不带声调的phə-）的：

pha³¹θek³¹ 耳语　　pha³¹khɣa⁵¹ 抖　　pha³¹khat⁵⁵ 使劲

pha³¹ʔat⁵⁵ 肿

带前缀tha³¹-（可轻读为不带声调的thə-）的：

tha³¹phuŋ⁵¹ 埋　　tha³¹thut⁵⁵ 接（线）　tha³¹phɑn⁵¹ 卷（衣袖）

带前缀la³¹-（可轻读为不带声调的lə-）的：

la³¹ʔɣt⁵⁵ 回潮　　la³¹lui⁵¹ 生气

带前缀kha³¹-（可轻读为不带声调的khə-）的：

kha³¹nʌm³¹ 打雷

带前缀tʃa³¹-（可轻读为不带声调的tʃə-）的：

tʃa³¹lun⁵¹ 涨（洪水）

此外，ʃɣŋ³¹- 和θɣŋ³¹- 常常有规律地出现在不少动词里，不能轻读。如：

ʃɣŋ³¹lein³¹ 瞪（眼睛）　　　　　　　　　ʃɣŋ³¹khup⁵⁵ 趴

ʃɣŋ³¹ve⁵¹ 让（路）　　　　　　　　　　ʃɣŋ³¹kul⁵¹ 指（路）

θɣŋ³¹tɚ⁵¹ 打呼噜　　θɣŋ³¹tʃɔt³¹ 滴　　θɣŋ³¹thɣŋ⁵¹ 夯（地）

θɣŋ³¹vau⁵¹ 换工　　θɣŋ³¹liŋ³¹ 节约　　θɣŋ³¹lut⁵⁵（鞋带）散

θɣŋ³¹ɣuit⁵⁵（头发）脱落　θɣŋ³¹n̩uʔ⁵⁵ 崴（脚）　θɣŋ³¹thu⁵¹ 洗（衣服）

个别动词通过是否带前缀用来区别"他动"和"自动"。如：

ɣuit⁵⁵ 拔（草）→θɣŋ³¹ɣuit⁵⁵（头发）脱落

pit⁵⁵ 堵（缺口）→θɣŋ³¹pit⁵⁵（路、水管）堵住

vak⁵⁵ 钩（东西）→θa³¹vak⁵⁵（衣服）钩住（钉子）

2. 动词的语义类型

根据语义，昆格语的动词大致可分为一般动词、能愿动词、判断动词、趋向动词这四类。

（1）一般动词

一般动词表示行为动作、心理活动以及存现、消失、变化等过程。如：

khai³¹ 吃	theiŋ⁵¹ 喝（水）	kak⁵⁵ 咬	kuɔn³¹ 啃
thɔt³¹ 吸（烟）	nplet³¹ 吞	khliŋ⁵¹ 舔	nθɤut³¹ 吮
piek⁵⁵ 吐	θel³¹ 呕	ʔiŋ⁵¹ 拉屎	num⁵¹ 撒尿
ʔiet³¹ 睡	tho⁵¹ 呼吸	muŋ³¹ 看	miek³¹ 望
nŋ̊aŋ⁵¹ 听	hut³¹ 闻	phep³¹ 摸	lai³⁵ 说
xui⁵¹ 唱	nn̥at³¹ 笑	jam³¹ 哭	ɣɤ³¹ 走
tʃop³¹ 跑	phat⁵⁵ 跳	tɔn³¹ 踩	ntʌt⁵⁵ 踢
ʔot³¹ the?⁵⁵ 坐	tʃa⁵¹ 站立	ʃa³¹lɤt³¹ 躺	θu?⁵⁵ 穿（衣）
nʃaŋ⁵¹ 关（门）	lat⁵⁵ 来	ʃip⁵⁵ 捡	puit⁵⁵ 亲吻
tʃi?⁵⁵ 做	pha³¹khɤa⁵¹ 抖	ʃu?⁵⁵ khat⁵⁵ 生病	lɑk⁵⁵ 倒下
phɔ⁵¹ 打	ʔiau³⁵ 玩耍	va⁵¹ 给	nʌm⁵¹ 用
hiet³¹（人）交媾	ma³¹ʔiaŋ³¹ 怀孕	nthem⁵¹ 想	ku?⁵⁵ 爱
la³¹lui⁵¹ 恨	mai³¹ 悔	khiel⁵¹ 嫉妒	kan³¹ 害羞
ka³¹me?⁵⁵ 做梦	lat³¹ 怕	tʃɣ³⁵ 记	pil⁵¹ 忘记
ʃa³¹ʔel³¹ 知道	hʌm⁵¹ 怀疑	xaŋ⁵¹（心）慌	thui³⁵ 假装
phəa⁵¹ 飞	ko⁵¹ 啄	ʔɑm⁵¹ 孵	thəi³¹ 浮
pa³¹khɣiŋ³¹ 游	xɣn³⁵（动物）交配	θuit⁵⁵ 叮蜇	pa³¹tat⁵⁵ 爆炸
phʌk⁵⁵ 断	khɣ?⁵⁵ 动	kha³¹nʌm³¹ 打雷	pa³¹lek³¹ 闪电
phʌi⁵¹（花）开	khɣl³¹məl⁵¹ 滚	θɤuk⁵⁵ 滑坡	ʔaŋ⁵¹ 发霉
khot³¹ 凝固	hot⁵⁵ 收缩	jet⁵⁵ 熄灭	kɣa⁵¹ 燃
ʃom³¹ 亏（钱）	kham³⁵ 耐（旱）	ʔot³¹ 在	khoi³¹ 有
xai⁵¹ 消失	li⁵¹ 出现	phiɛn³¹ 变化	ʔɑn⁵¹ 成长

（2）能愿动词

能愿动词是表示能力、可能、必要、应该、意愿等意义的动词。昆格语常用的能愿动词如下：

tʃaŋ³³ 能、会　　　　　　　jin³⁵ 敢　　　　　ʃʌm³¹ 想、要、愿意

khɤn³¹ 肯　　　　　　　　　　　　　　　　nʌk³¹nʌl⁵¹ 硬要

thuʔ³⁵ 应该　　　　　　　　　　　　　　　naʔ³¹ 得、必须①

（3）判断动词

判断动词对人或事物的身份、种类、属性等进行判断、识别。昆格语的判断动词为ɣɤʔ⁵⁵ "是"。

但是，ɣɤʔ⁵⁵ 还有四种比较特殊的用法：其一，用于疑问代词 ɣɤʔ⁵⁵tʃɤʔ³¹mɔʔ³¹ "为什么"；其二，作连词使用，相当于汉语的 "因为"②；其三，与能愿动词 naʔ³¹ "必须"、"得" 并用，构成ɣɤʔ⁵⁵ naʔ³¹ 表 "是必须、是得"；其四，和名词一起用在某些动词后作结果补语。作结果补语的例子如：

ʔa³¹plɔt³¹ phiɛn³¹ ɣɤʔ⁵⁵ ʔa³¹ʃek⁵⁵. 蝌蚪变成青蛙。

蝌蚪　　变　是　青蛙

ʔɤn⁵¹ khai³¹ li⁵¹ ɣɤʔ⁵⁵⁻³¹ khat⁵⁵ ʔɔai³¹. 他吃出病来了。

他　吃　出　是　病　助

ʔɔʔ⁵⁵ la³¹lui⁵¹ li⁵¹ ɣɤʔ⁵⁵⁻³¹ ʃuʔ⁵⁵khat⁵⁵ ʔɔai³¹. 我愁出病来了。

我　生气　出　是　疼病　助

pluʔ⁵⁵ laik³¹ ɣɤʔ⁵⁵ ʔom³¹. 盐会化成水。

盐巴　化　是　水

ʔɔʔ⁵⁵ pa³¹ʃʌm⁵¹ ŋai³¹ khuɔn³¹ (te³¹)③ van⁵¹ ɣɤʔ⁵⁵ ʔa³¹kiau³¹.

我　栽　名　儿子　助　助　是　岩叫

我给儿子取名岩叫。

tɤŋ³¹nu⁵¹ ʔot³¹ van⁵¹ ɣɤʔ⁵⁵⁻³¹ thiea³¹! 大家排好队！

大家　在　助　是　队

（4）趋向动词

趋向动词表示移动的趋向。如：

_____

① naʔ³¹常和tʃɤʔ⁵⁵ "就" 或ɣɤʔ⁵⁵ "是" 一起连用，构成能愿短语tʃɤʔ⁵⁵ naʔ³¹ "就得" 或ɣɤʔ⁵⁵ naʔ³¹ "是得"。

② 参见 "复句" 部分。

③ te³¹可以省略。

θa³¹ 上、上去　　li⁵¹ 下去、出去　　　lup⁵⁵ 进　　　　ʔi³¹ 回

lat⁵⁵ 来　　　　　γɣ³¹ 去　　　　　　phol³¹ 开去①

3. 动词重叠

昆格语的动词重叠不是很多，除四音格词汇里出现构形重叠外②，还有一些句法重叠。动词的重叠多用来表示动作的持续或者重复发生，如：

ʔɔʔ⁵⁵ <u>γɣ³¹ γɣ³¹</u> tɤŋ³¹γuɔŋ³¹, ka³¹vai³¹ phat⁵⁵ lat⁵⁵ ta³¹ ʔɔʔ⁵⁵, ʔɔʔ⁵⁵

我　 走 走 路　　　 老虎　 跳 来 介 我 我

tut⁵⁵ʃa³¹lan⁵¹. 我在路上走着走着，老虎跳起朝我扑来，我惊恐万分。

惊恐

ʔɔʔ⁵⁵ phɔ⁵¹ tʃeiŋ³¹ ʔɤn⁵¹⁻³¹ ma³¹ lak⁵⁵ <u>ka³¹ʃoʔ³³ ka³¹ʃoʔ³³</u> te³¹ ʔai³¹.

我　 打　 脚　 他　 一　 半　 瘸　　　 瘸　　　 助 助

我把他的一只脚打得一瘸一瘸的。

thi³³ʃɣiŋ⁵¹ <u>khɣʔ⁵⁵ khɣʔ⁵⁵</u> tʃɔm⁵¹⁻³¹ θa³¹maʔ⁵⁵. 红旗随风飘扬。

红旗　　　 动　 动　　 介　　　 风

tʃeiŋ³¹ θa³¹vak⁵⁵ ta³¹ poʔ⁵⁵te³¹ khɣʔ⁵⁵ <u>jak³¹ jak³¹</u>.

脚　　 钩　　 介 相互　　 动　　 摇 摇

跷起二郎腿上下摇动。

ka³¹ʔa³¹ ʔiʔ⁵⁵ ɳap³¹ thiʔ⁵⁵ <u>jak³¹ jak³¹⁻⁵⁵</u> poʔ⁵⁵te³¹. 两人握手。

两　　　 人 握 手 摇 摇　　 助

pa³¹kiʔ⁵⁵ vʌi⁵¹ ʔɔʔ⁵⁵⁻³¹, <u>γɣ³¹ vʌt⁵⁵ γɣ³¹ vʌt⁵⁵</u>, pan⁵¹ pa³¹ puŋ³¹

鬼　　　 迷 我　　　 走 倒回 走 倒回　　 找 不 碰到

γŋ³¹γuɔŋ³¹ ʔi³¹ te³¹. 被鬼迷住了，绕来绕去，找不到回来的路。

路　　　　 回 助

θa³¹lɔp³¹ <u>θɤŋ³¹thu⁵¹ θɤŋ³¹thu⁵¹</u> phiu⁵¹ phʌt³⁵ ʔai³¹⁻³⁵.

衣服　　 洗　　 洗　　　 色　 褪　 助

衣服洗着洗着就褪色了。

---

① phol³¹可作实义动词，表让步、忍让。作趋向动词一般用在其他动词之后，表"向外、开去"。

② 参见上文"构词法"。

ʔa³¹plau⁵¹ pa³¹khɣiŋ³¹ pa³¹khɣiŋ³¹ ta³¹ ʔom³¹. 鱼在水里游摆。

鱼　　　　游　　　　游　　　　介　水

ʃa³¹ŋai³¹ ka³¹liep⁵⁵ ka³¹liep⁵⁵. 眼睛一眨一眨的。

眼睛　　眨　　　　眨

mut³¹ŋal⁵¹ tʃən³¹ tʃən³¹ θa³¹. 火烟袅袅升起。

火烟　　　缭绕　缭绕　上

pliʔ⁵⁵ ka³¹vek⁵⁵ ka³¹vek⁵⁵. 蛆虫一动一动的。

蛆虫　蠕动　　　蠕动

六　形容词

1. 形容词的语义类型

昆格语的形容词可以分为不同的语义类型。

（1）表颜色，如：

ʃɣiŋ⁵¹ 红　　　　　　　θɣuŋ³¹ 黄　　　　　　　laŋ⁵¹ 黑

paiŋ³¹ 白　　　　　　　hlən³¹ 蓝　　　　　　tʃa³¹ŋal³¹ 绿

laŋ⁵¹⁻³¹loʔ⁵⁵ 紫　　　　ʃa³¹phul³¹ 灰　　　　kan³⁵ 花色的

（2）表评价，如：

jɔŋ³¹ 好　　　　　　　mien³³ 对　　　　　　nnam⁵¹ 漂亮/俊

hiŋ⁵¹ 聪明　　　　　　ɲʌm⁵¹ 愚蠢　　　　　xet⁵⁵ 勤快

kɣan³¹ 懒惰　　　　　　ŋek⁵⁵ 小气　　　　　jak³³ 困难

ja³¹ 容易　　　　　　　mien³³ 合适　　　　　ŋɔt³¹ 贵

thuɔʔ⁵⁵ 便宜　　　　　jɔŋ³¹khai³¹ 好吃　　　jɔŋ³¹thein⁵¹ 好喝

jɔŋ³¹nɲaŋ⁵¹ 好听　　　jɔŋ³¹lɔm³¹ 好看　　　jɔŋ³¹hut³¹ 好闻

jɔŋ³¹ʔiau³⁵ 好玩

（3）表味道或气味，如：

θa³¹ʔau³¹ 酸　　　nɲaŋ³¹ 甜　　　　ʃaŋ⁵¹ 苦　　　　phɣiʔ⁵⁵ 辣

pa³¹θai⁵¹ 麻　　　lo⁵¹ 咸　　　　　hɔm⁵¹ 香　　　　ʔui⁵¹ 臭

（4）表感受，如：

khap⁵⁵ 饱　　ʃum⁵¹ɣaiŋ³¹ 饿　　kaŋ⁵¹ （吃）撑/胀　　θa³¹ʔɔiŋ³¹ 渴

kaŋ³³ 忙　　tha³¹jat³³ 闲　　　khat⁵⁵ka³¹viɛm⁵¹ 冷　　θa³¹klal³¹ 热

ŋuŋ³¹ 难过　　mɔi³³ 累　　　　　　mieʔ⁵⁵mon³³ 高兴　　nmɔŋ³¹ 醉

（5）表度量衡，如：

phaŋ⁵¹ 多　　　　　kot¹¹ 少　　　　　ka³¹θeŋ³¹ 轻　　　　ntʃɛn⁵¹ 重

vai⁵¹ 快　　　　　　nan³¹ 慢　　　　　vau⁵¹ 宽　　　　　khɔp³¹ 窄

ʔan⁵¹/nteiŋ³¹ 大　　tek⁵⁵ 小　　　　　leŋ³¹ 高　　　　　tiɛn³¹ 矮

lan³¹ 长　　　　　　tot³¹ 短　　　　　θət⁵⁵ 厚　　　　　liea³¹ 薄

nŋai³¹ 远　　　　　nteʔ⁵⁵ 近　　　　nkuʔ³³ 深　　　　ka³¹tiel³¹ 浅

nok³¹ 满　　　　　　khap⁵⁵ 够

（6）表一般性状，如：

liep³³ 细　　　　　nkhai⁵¹ 碎　　　　lem⁵⁵ 方　　　　　mal⁵¹ 圆

thep³³ 扁/瘪　　　phum⁵¹ 鼓/凸　　θa³¹klu⁵¹ 凹　　　θa³¹ʔuŋ³¹ 空

θa³¹mɣ⁵¹ 平　　　khliet³¹ 滑　　　nput³¹ 皱　　　　ka³¹ʔaŋ³¹ 陡

ɣu⁵¹ 直　　　　　khɑk⁵⁵ 弯　　　　n̠et⁵⁵ 密　　　　tʃiau³¹ 稀

tha³¹mieʔ⁵⁵ 新　　phɣim⁵¹ 旧　　　khləiŋ⁵¹ 胖　　　kɔm³¹ 瘦

thəl³¹məl³¹ 裸　　xɣk⁵⁵n̠a⁵¹ 强壮　kɔi³¹ 瘦弱　　　pliŋ⁵¹ 秃

ʃa³¹vɔt³¹ 蔫　　　mɑk⁵⁵ 软　　　　khau⁵¹ 硬　　　　θa³¹ʔɔt³¹ 脆

ɣit⁵⁵ 紧　　　　　nthua³¹ 松　　　θɣŋ³¹tʃaŋ⁵¹ 清澈　n̠ʌk⁵⁵ 糯

nŋua³¹ 混浊　　　pʌm⁵¹ 牢固　　　phek⁵⁵ 尖　　　　lʌp⁵⁵ 锐

θa³¹ʔɔiŋ³¹ 干　　mek⁵⁵ 湿　　　　θa³¹than⁵¹ 年老　mɑk⁵⁵ 嫩

2. 形容词重叠

昆格语的形容词很少重叠。除有少数四音格形容词出现构形重叠外，偶尔有句法重叠的例子，如：

n̠ɔm³¹ n̠ɔm³¹ ɣɣ³¹. 慢慢走。（道别用语）

慢　　慢　　走

mak³³ ʔot³¹ ʔiau³⁵, jɔŋ³¹ jɔŋ³¹ muŋ³¹ pɔk³¹ te³¹! 别玩，好好看书！

别　　在　　玩　　好　　好　　看　　书　　助

七 副词

昆格语的副词包括否定副词、程度副词以及表时间、频度、范围、条件、语气、态度等的副词。[①]

八 介词

昆格语有丰富的介词，举例如下：

1. kʌm³¹

kʌm³¹既可以作并列连词[②]，也可以作介词，表"和"、"同"。作介词的例子如：

tɤŋ³¹ʔe³¹, tɤŋ³¹ʔe³¹, ʔot³¹theʔ⁵⁵ kʌm³¹ ʔɔʔ⁵⁵. 来，来，挨着我坐。
这里　　　这里　　　坐　　　　我

meʔ⁵⁵ ʔam⁵¹, mak³³ lai³⁵ kʌm³¹ ʔiʔ⁵⁵. 保密，莫告诉别人！
你　保密　莫　说　　　人

ʔɤn⁵¹ pha³¹θek³¹ lai³⁵ kʌm³¹ ʔɔʔ⁵⁵. 他给我说悄悄话。
他　耳语　　说　　　我

2. va⁵¹

来自同形动词va⁵¹"给"，作介词表"为"，引出动作的受益者。如：

ʔɔʔ⁵⁵ <u>va⁵¹⁻³¹</u> ʔɤn⁵¹ ȵun⁵¹ tɔit³¹. 我给他按摩。
我　　　他　按　捏

3. thuʔ⁵⁵

来自名词nthuʔ⁵⁵"洞"，作介词表"在……里"。如：

ʔɤn⁵¹ nȵat³¹ ʔot³¹, <u>thuʔ⁵⁵</u> pa³¹θem³¹ ʔɤn⁵¹⁻³¹ la³¹lui⁵¹ ʔot³¹.
他　笑　在　　　　内心　　他　生气　在

他笑在脸上，愁在心里。

ʃaŋ³¹ ʔe⁵⁵ʧup³³ lup⁵⁵ <u>thuʔ⁵⁵⁻³¹</u> phɤiʔ⁵⁵, xai⁵¹ təl³¹mɔʔ⁵⁵ ʔɔai³¹.
大象 现在　进　　　森林　消失　无论哪里　助

---

① 这里不列出每个副词，参见下文"句法成分"的"副词作状语"和"副词作补语"部分。

② 参见"连词"部分。

大象到森林里了，不知消失在哪里了。

khuɔn³¹ jam⁵¹ thuʔ⁵⁵ ka³¹tu⁵¹. 胎儿死于腹中。

胎儿　　死　　　　肚子

khle⁵¹ lup⁵⁵ thuʔ⁵⁵ pa³¹tat⁵⁵ ʔɔai³¹. 掉进缝隙里了。

掉落　进　　　缝隙　助

4. taŋ³³

表"代替"，如：

meʔ⁵⁵ li⁵¹⁻³¹ puɔm³¹ khuŋ⁵¹ka³¹jaŋ³¹ taŋ³³ ʔɔʔ⁵⁵. 你代替我去勐养开会。

你　下去　开会　勐养　　　　　　我

khai³¹ phleʔ⁵⁵ taŋ³³ ʔom³¹. 吃水果解渴。

吃　果子　　　水

khai³¹ phleʔ⁵⁵ taŋ³³ ʔup⁵⁵. 吃水果充饥。

吃　果子　　　饭

5. taŋ³¹

表"从"，指动作的时间或者空间始源。如：

taŋ³¹ khun⁵¹ka³¹jaŋ³¹ ʔi³¹ ta³¹ tʃein³¹ ɣuɔt³⁵ puŋ³⁵thaŋ³³ nʌm⁵¹ θœŋ³³

　　勐养　　　　回介　脚　到　曼蚌汤　用　二

ta⁵⁵ na³¹li³⁵. 从勐养步行回到曼蚌汤要两个小时的时间。

点　时间

6. tʃɔm⁵¹

表"沿"、"随"，如：

tʃɔm⁵¹⁻³¹ tʌŋ³¹ɣuɔŋ³¹ ʔe⁵¹ ɣuɔt³⁵ kuŋ⁵¹ka³¹jaŋ³¹. 沿这条路到勐养。

　　　路　　　这　到　勐养

thi³³ʃyiŋ⁵¹ khɣʔ⁵⁵ khɣʔ⁵⁵ tʃɔm⁵¹⁻³¹ θa³¹maʔ⁵⁵. 红旗随风飘扬。

红旗　　动　　动　　　　风

7. ɣum⁵¹

表"在……下"，如：

kiem⁵⁵ θaʔ⁵⁵θa³¹ʔe⁵¹ ɣum⁵¹ ka³¹lek⁵⁵. 把东西夹在腋下。

夹　东西　　　　腋窝

8. ʔot³¹

来自同形动词ʔot³¹"在"，作介词表"除……外"。如：

ʔiʔ⁵⁵ tɤŋ³¹nu⁵¹ ɣuɔt³⁵ ʔai³¹, ʔot³¹ ʔa³¹hla³¹ ma³¹ ʔiʔ⁵⁵ pa³¹ ɣuɔt³⁵.

人　全部　　到　助　　岩腊　　一　个　不　到

除岩腊一人未到外，所有人都到了。

9. mai³¹

表"比"，引出比较对象。如：

phleʔ⁵⁵ ʃak⁵⁵⁻³¹ ʔe⁵¹ nɲaŋ³¹ mai³¹ ʃak⁵⁵⁻³¹ haʔ⁵⁵. 这个果子比那个甜。

果　个　　这甜　　个　那

phleʔ⁵⁵⁻³¹ meʔ⁵⁵ phaŋ⁵¹ mai⁵¹ ʔɔʔ⁵⁵ ʔa³¹phon³¹ nthiʔ⁵⁵.

果　你　多　　我　四　　倍

你的水果比我的多四倍。

10. kha³¹

表"给"，引出给予动作的对象，可与介词ta³¹互换。如：

ʔɤn⁵¹ va⁵¹ phleʔ⁵⁵ kha³¹ (=ta³¹) ʔɔʔ⁵⁵ ma³¹ ʃak⁵⁵. 他给我一个果子。

他　给　果子　　　　我　一　个

ʔɤn⁵¹ thun⁵¹ va⁵¹ kha³¹ ʔɔʔ⁵⁵ ma³¹ phən³¹ pɑp³³. 他送我一本书。

他　送　给　　我　一　本　书

ʔɔʔ⁵⁵ viet³¹ va⁵¹ kha³¹ ʔɤn⁵¹ haʔ³¹ɣɔi³¹. 我还他五百块。

我　还　给　　他　五百

ʔɤn⁵¹ pu⁵⁵⁻³¹ va⁵¹ kha³¹ ʔɔʔ⁵⁵ haʔ³¹θip⁵⁵ jen³¹. 他补给我五十元。

他　补　给　　我　五十　　元

viet³¹ pi³¹ va⁵¹ kha³¹ ʔɔʔ⁵⁵! 把笔赔给我！

赔　笔　给　　我

keʔ⁵⁵ θɔn⁵¹ mɔn³¹xuʔ⁵⁵ va⁵¹ kha³¹ ʔɔʔ⁵⁵. 他们教我昆格语。

他们　教　昆格语　给　　我

keʔ⁵⁵ θɔn⁵¹ va⁵¹ kha³¹ ʔɔʔ⁵⁵ hui⁵¹⁻³¹xuʔ⁵⁵. 他们教我昆格歌。

他们　教　给　　我　昆格歌

ʔɤn⁵¹ lai³⁵ va⁵¹⁻³¹ kha³¹ ʔɔʔ⁵⁵ ʔɔai³¹. 他告诉我了。

他　说　给　　我　助

11. ta³¹

ta³¹的意义丰富，使用频率极高。

可引出动作或者过程的处所，如：

lek³¹ ʔot³¹ ta³¹ kɔk³¹. 猪在圈里。

　猪　　在　　　圈

ʔɤn⁵¹ khoi³¹ θɔ³⁵, leʔ³³ ɣɤ³¹ pa³¹kɣaŋ⁵¹ ta³¹ kɔk³¹.

　他　有　错　拿　去　关　　　　圈

他犯了错，把他关到监狱里去。

leʔ³³ θeʔ⁵⁵ŋon³¹ θat⁵⁵ ta³¹ ka³¹theʔ⁵⁵.

　拿　木棍　　　插　　　土

把棍子插进土里。（可以替换为介词thuʔ⁵⁵）

khle⁵¹ lup⁵⁵ ta³¹ ʔom³¹ ʔɔai³¹. 落到水里了。（可以替换为介词thuʔ⁵⁵）

　掉落　进　　水　　助

ʔɔʔ⁵⁵ ʃɤŋ³¹khok³¹ tʃein³¹ ta³¹ ʃa³¹moʔ⁵⁵ tɤŋ³¹pak⁵⁵ lɑk⁵⁵.

　我　绊　　　脚　　石头　　扑趴　　摔倒

我脚绊石头，摔了个狗啃泥。

可引出动作或者过程的对象、目标、原因，如：

ʔɤn⁵¹ ʃɤŋ³¹lein³¹ ʃa³¹ŋai³¹ te³¹ ta³¹ ʔɔʔ⁵⁵. 他对我瞪眼。

　他　瞪　　　眼睛　助　　我

khat⁵⁵ tʃaʔ³¹ ʔe⁵¹ tʃaŋ³³⁻³¹ tʃap⁵⁵ ta³¹ ʔiʔ⁵⁵. 这种病会传染。

　病　种　这　会　　传染　　人

ʔɔʔ⁵⁵ lɔm³¹ ʔɤn⁵¹ tʃop³¹ ta³¹ ʔɔʔ⁵⁵. 我见他朝我跑来。

　我　见　他　跑　　我

ʔɔʔ⁵⁵ ʔot³¹ ɣam⁵¹ ta³¹ meʔ⁵⁵ θip⁵⁵ jɛn³¹. 我欠你十元。

　我　在　借　　你　十　元

= ʔɔʔ⁵⁵ ʔot³¹ ɣam⁵¹ θip⁵⁵jɛn³¹ ta³¹ meʔ⁵⁵.

ʔɔʔ⁵⁵ lat³¹ ta³¹ ʔɤn⁵¹, tʃop³¹ ɣɤ³¹ pa³¹θɔk³¹ te³¹ ta³¹ ʔɤn⁵¹.

　我　怕　　他　跑　去　躲藏　助　他

我怕他，跑开躲避他。

ʔɔʔ⁵⁵ lat³¹ ta³¹ pa³¹θiŋ⁵¹. 我怕蛇。

— 78 —

我　　怕　　　蛇

ʔɤn⁵¹ khoi³¹, ʔɔʔ⁵⁵ pa³¹ khoi³¹, ʔɔʔ⁵⁵ khiel⁵¹ ta³¹ ʔɤn⁵¹.

他　有　　我　不　有　　我　嫉妒　　他

他有，我没有，我嫉妒他。

ʔɔʔ⁵⁵ la³¹lui⁵¹ ta³¹ ʔɤn⁵¹. 我恨他。

我　恨　　　　他

ʔɔʔ⁵⁵ mieʔ⁵⁵ ta³¹ ʔɤn⁵¹. 他让我高兴。

我　高兴　　他

ʔɤn⁵¹ kan³¹ ta³¹ ʔiʔ⁵⁵. 他见人害羞。

他　害羞　　　人

ʔɔʔ⁵⁵ ʔok³¹nok³¹ ʃʌm³¹ θel³¹ ta³¹ ʔa³¹θek³¹ jam⁵¹.

我　　恶心　　　要　吐　老鼠　　死

死老鼠让我恶心想吐。

可引出动作的方式，如：

taŋ³¹ khuŋ⁵¹ka³¹jaŋ³¹ ʔi³¹ ta³¹ tʃein³¹ ɣuɔt³⁵ puŋ³⁵thaŋ³³.

介　勐养　　　回　　　脚　　到　　曼蚌汤

从勐养步行回到曼蚌汤。

ɣɤ³¹ ta³¹ ʔa³¹ləi³¹tʃein³¹ 用脚跟走。

走　　　脚跟

九　助词

1. ʔɔai³¹

用于句末，相当于汉语的"了"，多表示某一动作或者性状变化已经完成或者已经发生。如：

ʔiʔ⁵⁵ phɔ⁵¹ ʔɤn⁵¹⁻³¹ ʔɔai³¹. 他挨打了。

人　　打　他

θa³¹ʔia³¹nal⁵¹ meʔ⁵⁵⁻³¹ tɑm⁵¹ hoit³¹ ʔɔai³¹⁻³⁵? 你熬好草药没有？

草药　　　你　　熬　好

ɣim⁵¹kaŋ³¹ phiɛn³¹ phol³¹, pa³¹ tʌm³¹ tʃap⁵⁵⁻³¹ phɣim⁵¹ ʔɔai³¹.

家乡　　　变　　开去　不　再　　像　　以前

家乡变了，不像以前了。

ʔvn⁵¹ ʃuʔ⁵⁵khat⁵⁵ ʔai³¹, pen³¹ pəl³¹ʔe⁵¹nŋi⁵⁵ ʔɔai³¹. 他病了，好几天了。

他　疼病　　　　　得　几天

khuɔn³¹ ʔvn⁵¹ ʔɑn⁵¹ ʔɔai³¹. 他娃娃长大了。

小孩　　他　长大

phleʔ⁵⁵ ntum⁵¹ ʔɔai³¹. 果实成熟了。

果实　　成熟

phəiŋ⁵¹ pa³¹ tʃap⁵⁵, phiek³⁵ vet⁵⁵ ʔɔai³¹. 没打中，打偏了。

射击　不　中　　偏离　掉

2. ʔa⁵⁵与ʔə³⁵

用于疑问句末，相当于汉语的"吗"，ʔə³⁵的使用频率不高，多用ʔa⁵⁵。如：

ʔom³¹fai⁵¹ meʔ⁵⁵ jin³⁵ lup⁵⁵⁻³¹ θum⁵¹ ʔə³⁵? 你敢下水库洗澡吗？

水库　　　你　敢　进　　　洗澡

meʔ⁵⁵ tʃaŋ³³⁻³¹ pa³¹ tʃaŋ³³⁻³¹ pɔk³¹ ʔa⁵⁵? 你会写字吗？

你　会　　　不　会　　　写字

ntam³¹ ʔe⁵¹ tʃaŋ³³⁻³¹ pa³¹ tʃaŋ³³⁻³¹ phleʔ⁵⁵ ʔa⁵⁵? 这棵树会结果吗？

树　　这　会　　　不　会　　　结果

ʔɔʔ⁵⁵ lai³⁵ va⁵¹ kha³¹ meʔ⁵¹, pa³¹ ɣɣʔ⁵⁵ ʔa⁵⁵? 我告诉你了，不是吗？

我　说　给　介　你　　不　是

meʔ⁵⁵ θɔ³⁵ net³¹ ʔɔai³¹, pa³¹ ɣɣʔ⁵⁵ ʔa⁵⁵? 你真错了，难道不是吗？

你　错　真　助　不　是

pa³¹ ɣɣʔ⁵⁵⁻³¹ meʔ⁵⁵ θɔ³⁵ ʔa⁵⁵? 难道不是你错了吗？

不　是　　　你　错

meʔ⁵⁵ khai³¹ ʔem³¹, pa³¹ ʔal³¹ ʃin⁵¹ ʔa⁵⁵? 你尝尝，熟了吗？

你　吃　试　　不　还　熟

3. ta³¹

用于句末，表示同意、认可的语气。如：

问：ʔɔʔ⁵⁵ pa³¹ ʃa³¹ʔel³¹ tvŋ³¹ɣuɔŋ³¹ pa³⁵lau⁵¹, meʔ⁵⁵ pʌt³³ ʔɔʔ⁵⁵ ɣɣ³¹,

　　我　不　知道　　路　　曼巴老　　你　背　我　去

jɔŋ³¹ pa³¹ jɔŋ³¹? 我不认识去曼巴老的路，你领我去，好吗？

好　　不　　好

答：joŋ³¹ ta³¹. 好吧。

　　好

4. poʔ⁵⁵te³¹

poʔ⁵⁵te³¹既可以是相互代词[1]，也可以是相互助词。作相互助词时，一般位于不及物动词之后，或者位于及物动词之后但不占据宾语位置，补充说明动作发生在两者或以上之间。作相互助词的例子如：

jau⁵¹ lot³¹ poʔ⁵⁵te³¹, ʔɤn⁵¹ ka³¹tʃoʔ⁵⁵ ta³¹ ʔɔʔ⁵⁵.

我俩 吵架　　　他 冷落　介 我

我俩吵了架，他不理我了。

keʔ⁵⁵ pha³¹θek³¹ poʔ⁵⁵te³¹ (te³¹) ʔot³¹. 他们在说悄悄话。

他们 耳语　　　　　助 在

ka³¹ʔa³¹ ʔiʔ⁵⁵ ȵap³¹ thiʔ⁵⁵ jak³¹ jak³¹⁻⁵⁵ poʔ⁵⁵te³¹. 两人握手。

两　 人 握 手 摇 摇　助

5. te³¹

te³¹可以放在句末或者句中，表示一个还未完成的或者将要执行的动作，句中可省略不用[2]。如：

pa³¹vaŋ⁵¹ kau⁵¹⁻⁵⁵ ka³¹ʔa³¹ ʔiʔ⁵⁵ khai³¹khek³⁵ te³¹. 他们明天结婚。

明天　　 他俩　 两　 个 结婚

ʔɔʔ⁵⁵ ɣɤ³¹ ʔiŋ⁵¹ te³¹. 我去拉屎。

我 去 拉屎

ʔɤn⁵¹ phap³¹ nȵɔm³¹ num⁵¹ te³¹. 他给娃娃把尿。

他 抱　 娃娃　 撒尿

thiak³¹ ɣɔk³¹ te³¹. 牛滚水。

牛　 滚水

ʃɔʔ⁵⁵ phai³¹ phət⁵⁵ θa³¹thaʔ⁵⁵ te³¹. 狗摇尾巴。

狗　 转 摆　 尾巴

---

① 参见上文"代词"部分。

② te³¹的功能不容易把握，尤其是句中的te³¹。

ʔɣn⁵¹ la³¹lui⁵¹ ntən⁵¹ tʃein³¹ te³¹. 他气得跺脚。

他 生气 跺 脚

phieʔ⁵⁵ pha³¹khat⁵⁵ te³¹, mak³³ plɔi³¹! 你们使劲，不要松劲！

你们 用劲 莫 放

ʔɔʔ⁵¹ lɔm³¹ ʔɣn⁵¹ tam⁵¹ θa³¹ʔia³¹nal⁵¹ (te³¹) ʔot³¹.

我 见 他 熬 草药 在

我看见他正在熬草药。

ʔɣn⁵¹ ʃɣŋ³¹lein³¹ ʃa³¹ŋai³¹ (te³¹) ta³¹ ʔɔʔ⁵⁵. 他对我瞪眼。

他 瞪 眼睛 介 我

ʃɔʔ⁵⁵ ɣiŋ³¹ khein⁵¹ (te³¹) ta³¹ ʔiʔ⁵⁵. 狗朝人龇牙咧嘴。

狗 龇 牙 介 人

nəi³¹ va⁵¹⁻³¹ khuɔn³¹ (te³¹) puʔ⁵⁵ ʔot³¹. 妈妈在给孩子喂奶。

妈妈 给 孩子 吃奶 在

ʔɣn⁵¹ nŋaŋ⁵¹ θaŋ⁵¹ ʔɔʔ⁵⁵⁻³¹, ʔɣn⁵¹ ʔuai³¹ nthɔk³¹ (te³¹) muŋ³¹ ʔɔʔ⁵⁵⁻³¹.

他 听见 响声 我 他 回 头 看 我

他听见我的响声，回头看我。

ʃən⁵¹ (te³¹) npiet⁵⁵! 休息一下！

休息 一点

6. van⁵¹

van⁵¹表"致使"，指由于外力作用致使某种结果的出现。如：

ʔɔʔ⁵⁵ leʔ³³ ʃɔ⁵⁵ thuk³³ van⁵¹ jam⁵¹ ʔɔai³¹. 我把狗吊死了。

我 拿 狗 吊 死 助

ʔɔʔ⁵⁵ tʃein³¹ ntʌt⁵⁵ ʃa³¹moʔ⁵⁵ van⁵¹ khɣʔ⁵⁵. 我用脚蹬动石头。

我 脚 蹬 石头 动

ʔɔʔ⁵⁵ khu⁵¹⁻³¹ pa³¹ʃiʔ⁵⁵ van⁵¹ phʌt⁵⁵ ʔɔai³¹. 我把绳子拉断了。

我 拉 绳子 断 助

ʔɔʔ⁵⁵ pʌk³³⁻³¹ ʔom³¹ tɔʔ⁵⁵ van⁵¹ nok³¹ ʔɔai³¹. 我把水加满了。

我 取 水 加 满 助

phap³¹ nŋɔm³¹ kha³¹ʔiuŋ⁵¹ van⁵¹⁻⁵⁵ ʔiet³¹. 抱着娃娃哄他睡。

抱 娃娃 摇 睡

ʔɔʔ⁵⁵ ham³¹ ʔɣn⁵¹ pa³¹ <u>van⁵¹</u> ɣɤ³¹. 我劝他不要去。

我　　劝　　他　　不　　　去

在祈使句，van⁵¹的使用频率很高，用来表达说话者希望某种结果出现。如：

meʔ⁵⁵ ɣɤ³¹ pʌk⁵⁵ <u>van⁵¹⁻³¹</u> pʌm⁵¹! 你去捹牢！

你　　去　　捆　　　　　稳

nȵɔm³¹ lak⁵⁵ ʔɔai³¹, meʔ⁵⁵ ɣɤ³¹ ʧek⁵⁵ <u>van⁵¹</u> ʧəa⁵¹!

娃娃　摔倒　助　　你　　去　牵　　　站

娃娃摔倒了，你去牵他起来！

meʔ⁵⁵ ɣɤ³¹ ʃam⁵¹ θa³¹maʔ⁵⁵ ʧein³¹mo³¹tho³¹ <u>van⁵¹⁻⁵⁵</u> nok³¹!

你　　去　　装　气　　　摩托脚　　　　　满

你去把摩托轮胎加满气！

mak³³ ȵau³¹ nȵɔm³¹ <u>van⁵¹</u> jam³¹! 莫把娃娃逗哭了！

莫　　逗　　娃娃　　　　哭

vaʔ⁵⁵ ma³¹ɣaŋ⁵¹ <u>van⁵¹</u> ɣɤ³¹ vai⁵¹! 赶马快走！

赶　　马　　　　　走　　快

ŋal⁵¹⁻³¹ kat⁵⁵ pɣiʔ⁵⁵, ʔeʔ⁵⁵ ɣɤ³¹ phiet⁵⁵ <u>van⁵¹⁻⁵⁵</u> jet⁵⁵!

火　　　烧　山林　我们　去　扑　　　　　灭

森林着火了，我们去灭火！

但是，van⁵¹的使用并不是必需的。如果某一结果已经表明是由含有致使意义的动词导致的，van⁵¹可以不用。如：

ʔom³¹ lok³¹ ŋal⁵¹ jet⁵⁵ ʔɔai³¹⁻³³. 火浇灭了。

水　　浇　　火　　灭　助

vait³¹ pat³¹ lʌp⁵⁵ ʔɔai³¹. 刀磨快了。

刀　　磨　　快　　助

ʔɣn⁵¹ ʃet⁵⁵ jam⁵¹ ʔa³¹θek³¹ ma³¹ to³¹ ʔɔai³¹. 他刺死了一只老鼠。

他　　刺　死　老鼠　　　一　只　助

ŋainȵiʔ⁵⁵ kat⁵⁵ luŋ³³, thuʔ⁵⁵ thap³¹ ʃa³¹vɔt³¹ ʔɔai³¹.

太阳　　　烫　极　菜　晒　蔫　　　助

太阳太辣，菜晒蔫了。

ʔɔʔ⁵⁵ phɔ⁵¹ tʃeiŋ³¹ ʔɣn⁵¹⁻³¹ mup³⁵ ʔɔai³¹. 我打伤了他的脚。

我　　打　脚　　他　　伤　　助

7. pen³¹

pen³¹本来是一个实义动词，除表"摘（菜）"外，还可表"等于"、"得到"、"能"、"有"、"可以"、"行得通"等意思。如：

ka³¹ʔa³¹ pa³¹θan³⁵ pen³¹ ma³¹ kit⁵⁵. 二五一十。

二　　五　　　等于　一　十

ʔeʔ⁵⁵ ɳap³¹ pen³¹ ʔiʔ⁵⁵⁻³¹tʃon⁵¹, pʌk⁵⁵ thiʔ⁵⁵ ʔɣn⁵¹⁻³¹ θa³¹plek⁵⁵ tɣŋ³¹kan⁵¹.

我们抓　得到　贼　　　捆绑　手　他　　反　　　后

我们抓到一个贼，把他的手反绑在后。

ʔɔʔ⁵⁵ hap⁵⁵ pen³¹ ma³¹ɣiŋ⁵¹ ʔɔai³¹. 我捉到螃蟹了。

我　捉　得到　螃蟹　　助

ʔɣn⁵¹ pen³¹ tuk³¹jap³⁵. 他能吃苦耐劳。

他　能　　吃苦耐劳

ʔɣn⁵¹ ʃuʔ⁵⁵khat⁵⁵ ʔɔai³¹, pen³¹ pəl³¹ʔe⁵¹nɳiʔ⁵⁵ ʔɔai³¹. 他病了，好几天了。

他　疼病　　　助　有　　几天　　　助

ʔɔʔ⁵⁵ tʃɣʔ⁵⁵ na³¹ li⁵¹ khuŋ⁵¹ka³¹jaŋ³¹, meʔ⁵⁵ pa³¹ li⁵¹ kɔ³¹ pen³¹.

我　就　必须　下　勐养　　　　　你　不　下　也　行

我必须去勐养，你不必去。

pen³¹由实义动词虚化为助词，功能之一是用在动词后面，表"可能"、"可以"。如：

ʔɣn⁵¹ pen³¹ tuk³¹jap³⁵, tʃiʔ⁵⁵ pen³¹. 他能吃苦耐劳，什么活都做得了。

他　能　　吃苦耐劳　做

ʔom³¹ (ɣɣʔ⁵⁵) nkuʔ³³ pa³¹ nkuʔ³³? ʔɔʔ⁵⁵ leʔ³³ θeʔ⁵⁵ ʃut⁵⁵ ʔem³¹, taŋ³¹

水　　是　　深　　不　深　　我　拿　棍　插　试　过

pen³¹ pa³¹pen³¹? 水深不深？我拿棍子试试，看能不能过？

　　　不

ʔɣn⁵¹ ka³¹kat³¹ ntein³¹, ti³¹ pen³¹ ka³¹ʔa³¹ ʔiʔ⁵⁵. 他力大，可顶两个人。

他　力气　大　顶　　两　　　人

功能之二是位于动词之后，用来表示某种结果。如：

lau³¹θə³⁵ lau³¹lɤ⁵⊦³¹ ʔɔʔ⁵⁵ tʃiʔ⁵⁵ <u>pen³¹</u> jɔŋ³¹. 老师表扬我做得好。

老师　　表扬　　　我　做　　　　好

ʔɔʔ⁵⁵ kɤt⁵⁵ <u>pen³¹</u> nɲat³¹ te³¹. 我忍住没笑。

我　忍　　　　笑　助

ʔɔʔ⁵⁵ kɤt⁵⁵ pa³¹ <u>pen³¹</u> nɲat³¹. 我忍不住笑了。

我　忍　不　　　笑

十　连词

昆格语的连词不是很多，且使用频率不高。主要有下面这些连词[①]：

kʌm³¹ 和[②]　　　　　　　ɣop³¹ 同　　　　　　　ɣɤʔ⁵⁵ 因为[③]

kam⁵¹ 虽然　　　　　　　po³¹ 如果　　　　　　　phan⁵¹ 假如

pa³¹ɣɤʔ⁵⁵… nɔl³¹tu⁵¹… 不仅……而且……

ɣɤʔ⁵⁵…ɣɤʔ⁵⁵… 要么……要么……

pa³¹ɣɤʔ⁵⁵…ɣɤʔ⁵⁵ … 不是……而是……

第二节　短语

短语又叫词组，是语法分析中大于词、小于句子的组合单位。

一　联合短语

联合短语一般指两个或者两个以上的词语通过并列连词kʌm³¹组合在一起构成的词组，kʌm³¹可以省略不用，如：

ʔɔʔ⁵⁵ kʌm³¹ meʔ⁵⁵ 我和你　　　　ʔa³¹ hla³¹ kʌm³¹ ʔa³¹θiŋ⁵¹ 岩腊和岩香

我　和　你　　　　　　　岩腊　　和　　岩香

ʔa³¹ hla³¹ kʌm³¹ ʔa³¹θiŋ⁵¹ kau⁵¹ 岩腊和岩香他俩

岩腊　　和　岩香　　他俩

---

① 连词用法参见"联合短语"部分和"复句"部分。

② kʌm³¹还可作介词，参见"介词"部分。

③ ɣɤʔ⁵⁵既是判断动词"是"，也是连词"因为"。

ʔa³¹ hla³¹ kau⁵¹ ʔa³¹θiŋ⁵¹ 岩腊和岩香他俩 （不能加入连词kʌm³¹）

岩腊　　他俩　岩香

ʔa³¹ hla³¹ jau⁵¹ 我和岩腊俩（排除式）（不能加入连词kʌm³¹）

岩腊　　我俩

plik⁵⁵ pioŋ³¹ 辣椒和花椒　　　　　　　ʔa³¹plau⁵¹ ma³¹ɣiŋ⁵¹ 鱼和螃蟹

辣椒 花椒　　　　　　　　　　　　　鱼　　　　螃蟹

phən³¹phiaʔ⁵⁵ ʔa³¹mau⁵¹ 姑娘和小伙子

姑娘　　　　小伙子

ɣop³¹也是一个并列连词，但极少使用，只在长篇语料中记录到两个例子：

ɣop³¹ tʃiʔ⁵⁵ ɣop³¹ pliŋ³¹ 同劳动同做事

同　 做 同　 制作

ɣop³¹ ʔot³¹ ɣop³¹ khai³¹ 同吃同住

同　 在 同　　 吃

二　主谓短语

主谓短语包含陈述关系，由陈述对象和陈述本身构成。陈述对象相当于主语，陈述本身相当于谓语。如：

tɤŋ³¹ɣuʑʌŋ³¹│hlum⁵¹ khle⁵¹ 道路下陷　　　nnɔm³¹│num⁵¹ 娃娃撒尿

路　　　陷　 掉落　　　　　　　　　娃娃　　撒尿

ʔɤn⁵¹│ʃuʔ⁵⁵khat⁵⁵ 他生病　　　　　　mak³⁵lum⁵¹│kɑŋ⁵¹ 气球膨胀

他　 生病　　　　　　　　　　　　　气球　　　膨胀

三　动宾短语

动宾短语（又叫述宾短语）包含支配或者指涉关系，由起支配、指涉作用的动词和支配、指涉的对象宾语构成。如：

theiŋ⁵¹│ntɔl³¹ 喝酒　　　　　　　　　tam⁵¹│θa³¹ʔia³¹nal⁵¹ 熬草药

喝　　酒　　　　　　　　　　　　　熬　　草药

phap³¹│nnɔm³¹ 抱娃娃　　　　　　　　tʃap⁵⁵⁻³¹│phɣim⁵¹ 像以前

抱　　娃娃　　　　　　　　　　　　像　　 以前

li⁵¹│nnam³¹ 出血　　　　　　　　　ʃɤŋ³¹khok³¹│tʃein³¹ 绊脚

出　血　　　　　　　　　　　　　　　　绊　　　脚

pɤŋ⁵¹｜npɔm³¹ 乘凉　　　　　　　　　　ʔot³¹｜pan³¹ʔom³¹ 在水面

躲　荫　　　　　　　　　　　　　　　　在　　水面

lai³⁵｜θa³¹ɤɤʔ⁵⁵ 讲道理　　　　　　　　ɤɔit³¹｜ʔom³¹ 漏水

说　　是处　　　　　　　　　　　　　　漏　　水

mut⁵⁵⁻³¹｜plik⁵⁵ 呛辣椒　　　　　　　　tʃap⁵⁵⁻³¹｜khɤn⁵¹ 上瘾

呛　　　辣椒　　　　　　　　　　　　　着　　瘾

四　定中短语

定中短语包含修饰关系，多数情况是定语在后，中心语在前。如：

kaŋ³¹｜ʔɕʔ⁵⁵ 我的家　　　　　　　　θaʔ⁵⁵θa³¹ʔe⁵¹｜ʔɕʔ⁵⁵ 我的东西

家　　我　　　　　　　　　　　　　　东西　　　　我

nm̥ul⁵¹｜ʔɤn⁵¹ ha³¹ɤɔi³¹ 他的五百块钱　　θa³¹maʔ⁵⁵⁻³¹｜tek⁵⁵ 小风

钱　　他　　五百　　　　　　　　　　风　　　　小

ʔa³¹haʔ⁵⁵｜nteiŋ³¹ 大的那个　　　　　　phleʔ⁵⁵⁻³¹｜ʔe⁵¹ 这个果子

那　　大　　　　　　　　　　　　　　果子　　这

pɤiʔ⁵⁵｜na³¹ɤe⁵¹ 那座林子　　　　　　khat⁵⁵｜tʃaʔ³¹ ʔe⁵¹ 这种病

森林　那　　　　　　　　　　　　　　病　　种　　这

ma³¹ kaŋ³¹｜təl³¹mɔʔ⁵⁵ 不管哪一家　　　nŋ̥ʌm⁵¹⁻³¹｜ʔa³¹mɔʔ³¹ 哪年①

一　　家　无论哪里　　　　　　　　年　　　哪

ʔa³¹θek³¹｜ma³¹ to³¹ 一只老鼠　　　　　kau⁵¹⁻⁵⁵｜ka³¹ʔa³¹ ʔiʔ⁵⁵ 他俩

老鼠　　　一　只　　　　　　　　　　他俩　　两　　个

θeʔ⁵⁵⁻³¹｜ʔim⁵¹ 湿木头　　　　　　　ʔa³¹θek³¹｜jam⁵¹ 死老鼠

木　　活　　　　　　　　　　　　　　老鼠　　死

θeʔ⁵⁵｜lɑk⁵⁵ 倒下的树　　　　　　　phleʔ⁵⁵⁻³¹｜ʔiʔ⁵⁵ 别人的果子

树　　倒　　　　　　　　　　　　　　果子　　人

tɤŋ³¹ɤuɔŋ³¹｜pa³⁵lau⁵¹ 去曼巴老的路

路　　　曼巴老

---

① nŋ̥ʌm⁵¹⁻³¹｜ʔa³¹mɔʔ³¹可进一步缩合成nŋ̥ʌm⁵¹⁻³¹mɔʔ³¹，后者更像一个词语。

nthɔŋ³¹ʔom³¹|ka³¹ŋaŋ⁵¹ 铁水管

水管　　　铁

也有中心语在后，修饰语在前的结构。这种语序不多见，也许是一种新出现的语序。如：

θi³⁵ ta⁵⁵|ve³¹la³¹ = ve³¹la³¹|θi³⁵ ta⁵⁵ 四个小时的时间

四　点　时间

ʔe⁵¹⁻³¹|ʔiea³¹|ʔɔʔ⁵⁵⁻³¹ = ʔiea³¹|ʔɔʔ⁵⁵|ʔe⁵¹ 我的这只鸡

这　　鸡　我

la³¹vaŋ³¹ ʔe⁵¹|ka³¹theʔ⁵⁵ = ka³¹theʔ⁵⁵|la³¹vaŋ³¹|ʔe⁵¹ 这块地

块　　　这　地

pəl³¹mɔʔ³¹|kin³¹ = kin³¹|pəl³¹mɔʔ³¹ 多少斤

多少　　　斤

五　状中短语

状中短语也包含修饰关系（可与定中短语一起归为偏正短语），由状语和中心语构成，状语在前，修饰在后的中心语。如：

mak³³|plɔi³¹ 别放开　　　　　　　　pa³¹|lat³¹ 不怕

别　放开　　　　　　　　　　　　不　怕

pa³¹|ʔal³¹ 还没有　　　　　　　　pa³¹ ʔal³¹|hɔit³⁵ 还没好

不　还　　　　　　　　　　　　　不　还　好

pa³¹|tʌm³¹ 再也不　　　　　　　　pa³¹ tʌm³¹|tʃaŋ³³⁻³¹ ɣɣ³¹ 不能再去

不　再　　　　　　　　　　　　　不　再　能　去

va⁵¹⁻³¹ ʔɣn⁵¹|ȵun⁵¹ tɔit³¹ 为他按摩　　tʃɣ³¹mɔʔ³¹|lai³⁵ 怎么说

给　他　按　捏　　　　　　　　　怎么　　说

tʃat³¹|kuʔ⁵⁵ 很喜欢

很　喜欢

六　中补短语

中补短语包含补充关系，由中心语和补语构成。中心语在前，一般由动词或者形容词充当；补语在后，多数也由动词或者形容词充当，也可由名词、助词、介词短语、副词、指示代词或者词组充当。

补语可表结果，如：

phiɛn³¹|ɣɤʔ⁵⁵ 变成　　　　　　tɔn³¹|tʃap⁵⁵ 踩到
变　　　是　　　　　　　　　　踩　　着

khat⁵⁵ka³¹viɛm⁵¹|pha³¹khɣa⁵¹ 冷得发抖　khai³¹|kɑŋ⁵¹ kɑ³¹tu⁵¹ 吃撑肚子
冷　　　　　　　发抖　　　　　吃　　撑　肚子

khai³¹|pa³¹kɣl⁵¹ 吃不完　　　　khai³¹|li⁵¹ ɣɤʔ⁵⁵⁻³¹ khat⁵⁵ 吃出病
吃　不　完　　　　　　　　　　吃　　出　是　　病

la³¹lui⁵¹|jam⁵¹ 气死　　　　　　xɣam⁵¹|pa³¹ pie³¹ 抬不动
生气　　死　　　　　　　　　　抬　　不　胜

n̠un⁵¹|pʌm⁵¹ 按稳　　　　　　tɑm⁵¹|hɔit³¹ 熬好
按　　稳　　　　　　　　　　　熬　　好

θuʔ⁵⁵|phɣim⁵¹ 穿旧　　　　　thap³¹|ʃa³¹vɔt³¹ 晒蔫
穿　　旧　　　　　　　　　　　晒　　蔫

khɣl³¹vaŋ³¹|n̠ɣai³¹（声音）传得远　ʃuʔ⁵⁵khat⁵⁵|ŋak⁵⁵ 病得厉害
传　　　远　　　　　　　　　　疼病　　　严重

ʃom³¹|phaŋ⁵¹ 亏大　　　　　　ɣɤ³¹|vai⁵¹ 走得快
亏　　多　　　　　　　　　　　走　　快

thɔŋ³¹|pat³¹ 照亮　　　　　　pat³¹|lʌp⁵⁵ 磨快
照　　亮　　　　　　　　　　　磨　　快

tʃiʔ⁵⁵|pen³¹ jɔŋ³¹ 做得好　　hut³¹＋n̠ʰaŋ⁵¹→hut³¹n̠ʰaŋ⁵¹ 闻到
做　　助　好　　　　　　　　　闻　　听见

补语可表方式，如：

khai³¹|ʔem³¹ 尝　　　　　　ɣɤ³¹|thɔl³¹n̠ɔl³¹ tʃeiŋ³¹ 踮着脚走
吃　　试　　　　　　　　　　　走　踮　　　脚

klau⁵⁵⁻³¹|poʔ⁵⁵te³¹ 拌在一起　ɣɤ³¹|ta³¹ tʃeiŋ³¹ 步行
拌　　　助　　　　　　　　　　走　介　脚

补语可表处所，如：

pa³¹kɣaŋ⁵¹|ta³¹ kɔk³¹ 关进监狱　mai³¹|tɣŋ³¹kan⁵¹ 后悔
关　　　介　圈　　　　　　　　悔恨　后面

补语可表趋向，如：

θa³¹│lat⁵⁵ 上来
上　来

phat⁵⁵│θa³¹ 跳上来、弹上来
跳　　上

phiɛn³¹│phol³¹ 变化
变　开去

li⁵¹│phol³¹ 出去
出　离去

补语可表对象，如：

lai³⁵ va⁵¹⁻³¹│kha³¹ ʔɔʔ⁵⁵ 告诉我
说　给　　介　我

补语可表原因，如：

kan³¹│ta³¹ ʔiʔ⁵⁵ 羞于见人
害羞 介　人

补语可表程度，如：

kat⁵⁵│luŋ³³ 极其烫
烫　极其

补语可表指代，如：

tek⁵⁵ tʃɤ³¹ 这么小
小　这么

θa³¹than⁵¹ tʃɤ³¹ 这么老
老　　　这么

七　连谓短语

连谓短语由两个或者两个以上的谓词性成分连用而成，多指两个或多个动作同时或者连续发生。如：

ȵun⁵¹│tɔit³¹ 按摩
按　捏

hlum⁵¹│khle⁵¹ 下陷
陷　掉落

phai³¹│phət⁵⁵ 摇摆（尾巴）
转动　摆动

tok³¹│klau⁵⁵⁻³¹（把不同的食材放
在一起）舂
舂　拌

pup³¹ tʃɔŋ³³│ɣɤ³¹ 打伞去
打　伞　去

ʃɤŋ³¹lein³¹ ʃa³¹ŋai³¹│muŋ³¹ 瞪眼看
瞪　　　眼　　看

ʔok³¹nok³¹│ʃʌm³¹ θel³¹ 恶心想吐
恶心　　想　吐

ʃa³¹pluŋ⁵¹│khle⁵¹ 俯冲下来
俯冲　　掉落

khɤl³¹vaŋ³¹｜vʌt⁵⁵（声音）传回   ka³¹tam³¹｜puŋ³¹（路上）相遇

传   倒回   紧挨   遇见

pum⁵¹｜nplet³¹ 吞咽   phut³¹ ŋal⁵¹｜ko³¹ ʔup⁵⁵ 生火做饭

含   吞   吹   火   煮 饭

xuɔm³¹｜ɣɤp³³｜kak⁵⁵ 追过去扑咬   tɤŋ³¹pak⁵⁵｜lɑk⁵⁵ 扑趴摔倒

追   扑   咬   扑趴   摔倒

kuat⁵⁵｜ntʌt⁵⁵｜lɤŋ⁵¹ 挖（耳屎）弹丢掉

掏挖 弹   扔

ɣat³¹｜pan⁵¹｜khai³¹（鸡）扒土找吃

扒   找   吃

leʔ³³ pa³¹tai³¹klua³¹｜θa³¹vien³¹ pi³¹ 拿线缠笔

拿   线   缠绕   笔

八　兼语短语

兼语短语由一个动宾短语和一个主谓短语套叠而成，即在前的动宾短语的宾语兼做在后的主谓短语的主语。如：

phap³¹ nȵɔm³¹ num⁵¹ 抱娃娃撒尿

抱   娃娃   撒尿

tʃam⁵¹ va⁵¹⁻³¹ ʔɤn⁵¹ ɣɤ³¹ puɔm³¹ 派他去开会

派   给   他   去   开会

θɔn⁵¹ ʔɔʔ⁵⁵ thai³¹ khuŋ⁵¹ 教我犁田

教   我   犁   田

juŋ³¹ ʔɤn⁵¹ van⁵¹ ʔi³¹ ta³¹ kaŋ³¹ 扶他回家

扶   他   助   回 介 家

九　能愿短语

能愿短语由能愿动词与动词或动宾短语构成，如：

tʃaŋ³³｜pɔk³¹ 会写字   pen³¹｜tuk³¹jap³⁵ 能吃苦耐劳

会   写字   得   吃苦耐劳

ʃʌm³¹｜phʌt⁵⁵ 快断   ʃʌm³¹｜theiŋ⁵¹⁻³¹ ʔom³¹ 要喝水

要　　断　　　　　　　　　　　要　　喝　　水

jin³⁵|ɣɣ³¹ 敢去　　　　　　　khɣn³¹ pa³¹ ʔal³¹ ʔi³¹ 还不肯回去

敢　去　　　　　　　　　　　肯　　不　还　回

thuʔ³⁵|ʧʃiʔ⁵⁵ 该做　　　　　na³¹|ɣʊʌt³⁵ 必须到

该　　做　　　　　　　　　　必须　到

十　数量短语

数量短语由数词和量词构成，如：

ma³¹ to³¹ (lek³¹) 一头（猪）　　　　(phleʔ⁵⁵) ma³¹ ʃak⁵⁵ 一个（果实）

一　只　猪　　　　　　　　　　　　果子　一　　个

(theiŋ⁵¹) ma³¹ mɔn³¹ （喝）一口　　(lɑk⁵⁵) ma³¹ vaŋ⁵¹ （摔）一跤

喝　　一　口　　　　　　　　　　摔　一　　下

十一　介词短语

介词短语由介词和名词、代词构成，如：

kʌm³¹　　ʔɔʔ⁵⁵ 与我一起　　　thuʔ⁵⁵⁻³¹　phɣiʔ⁵⁵ 在森林里

和……一起 我　　　　　　　在……里 森林

taŋ³³ ʔɔʔ⁵⁵ 替我　　　　　　taŋ³¹ khuŋ⁵¹ka³¹jaŋ³¹ 从勐养

替　我　　　　　　　　　　从　　勐养

ʧʃɔm⁵¹⁻³¹ θa³¹maʔ⁵⁵ 随风　　　ɣum⁵¹　　ka³¹lek⁵⁵ 在腋下

随　　风　　　　　　　　　在……下 腋窝

ʔot³¹　　ʔa³¹hla³¹ 除岩腊外　　mai³¹ ʃak⁵⁵⁻³¹ haʔ⁵⁵ 比那个

除……外 岩腊　　　　　　　比　个　那

(va⁵¹) kha³¹ ʔɔʔ⁵⁵ （给）给我　　ta³¹ kɔk³¹ 在圈里

给　　给　我　　　　　　　　在　圈

第三节　句法成分

一　基本语序

昆格语的句法成分主要有主语、谓语、宾语、定语、状语和补语。句法成分的基本语序如下：

1. 主语‖谓语
2. 主语‖谓语‖宾语
3. 名词性中心成分‖定语（常用）

   定语‖名词性中心成分（少用）①
4. 状语‖谓词性成分/句子
5. 谓词性成分‖补语

二 主语

1. 名词性成分作主语

主语多由名词性成分充当，如名词（短语）、代词（短语）、数词、数量短语等。如：

ʔɔʔ⁵⁵ phɔ⁵¹ ʔɤn⁵¹⁻³¹ ʔai³¹. 我打他了。

我　　打　　他　　　助

ʔiʔ⁵⁵ phɔ⁵¹ ʔɤn⁵¹⁻³¹ ʔɔai³¹. 他挨打了。

人　　打　　他　　　助

pa³¹vaŋ⁵¹ kau⁵¹⁻⁵⁵ ka³¹ʔa³¹ ʔiʔ⁵⁵ khai³¹khek³⁵ te³¹. 他们明天结婚。

明天　　　他俩　　　　　结婚　　　　　　助

tɤŋ³¹nu⁵¹ nthem³¹ tʃɤ³¹mɔʔ³¹ lai³⁵. 大家想想怎么说。

大家　　想　　　怎么　　　说

phən³¹phiaʔ⁵⁵ ʔa³¹mau⁵¹ pan⁵¹ poʔ⁵⁵te³¹. 姑娘和小伙子约会。

姑娘　　　　　小伙子　　找　　相互

ʔa³¹tau³¹ tʃat³¹ kuʔ⁵⁵ thein⁵¹ ntɔl³¹. 岩倒爱喝酒。

岩倒　　　很　　爱　　喝　　　酒

nnɔm³¹ ʔe⁵¹ puŋ⁵¹⁻³¹ɤaŋ³¹. 这娃娃出天花。

娃娃　　这　　出天花

ma³¹ kaŋ³¹ təl³¹mɔʔ⁵⁵ juŋ⁵¹ θip⁵⁵ jɛn³¹. 不管哪家，家家凑十元。

一　　家　　无论哪里　凑　　十　　元

---

① 参见下文"定语"部分。

kaŋ³¹ ʔɔʔ⁵⁵ nteʔ⁵⁵⁻³³ kaŋ³¹ ʔɤn⁵¹. 我家挨着他家。

家　我　挨　　家　他

ʃɔʔ⁵⁵ phai³¹ phət⁵⁵ θa³¹thaʔ⁵⁵ te³¹. 狗摇尾巴。

狗　摇　摆　尾巴　助

ʔa³¹ʔe⁵¹ ɤɤʔ⁵⁵⁻³¹ pi³¹, ʔa³¹haʔ⁵⁵ ɤɤʔ⁵⁵ ŋal⁵¹⁻³¹mak⁵⁵ta⁵¹ho⁵¹tɕi⁵⁵.

这个　是　笔　那个　是　打火机

这个是笔，那个是打火机。

təl³¹mɔʔ⁵⁵ kɔ³¹ tet³³ kɤl⁵¹⁻⁵⁵ ʔɔai³¹⁻³³. 到处静悄悄。

无论哪里　也　安静　完　　助

vɤŋ³¹ʔe⁵¹ tʃat³¹ θa³¹klal³¹. 今天很热。

今天　　很　热

tɤŋ³¹ɤuɔŋ³¹ hlum⁵¹ khle⁵¹, lot³³ pa³¹ tʌm³¹ tʃaŋ³³ ɤɤ³¹.

路　　　凹陷　掉落　车　不　再　能　去

道路凹陷，车过不了。

ŋainŋiʔ⁵⁵ kat⁵⁵ luŋ³³, thuʔ⁵⁵ thap³¹ ʃa³¹vɤ³¹ ʔɔai³¹.

太阳　烫　极其菜　晒　蔫　助

太阳太辣，菜晒蔫了。

θa³¹maʔ⁵⁵⁻³¹ ʔɑn⁵¹ phut³³ θeʔ⁵⁵ khɤʔ⁵⁵ɤɤ³¹khɤʔ⁵⁵ʔi³¹.

风　　　　大　吹　树　动　去　动　回

大风把树吹得摇来摇去。

plik⁵⁵ piɔŋ³¹ tok³¹ klau⁵⁵⁻³¹ poʔ⁵⁵te³¹. 把辣椒、花椒拌在一起舂。

辣椒　花椒　舂　拌　　助

ma³¹ ma³¹ʔiaŋ³¹ ʔɔai³¹. 稻子含苞了。

地　怀孕　助

laʔ⁵⁵⁻³¹θeʔ⁵⁵ muit⁵⁵ ʔɔai³¹. 树抽芽了。

叶　树　出嫩芽　助

θeʔ⁵⁵ lɑk⁵⁵ taʔ⁵⁵ tɤŋ³¹ɤuɔŋ³¹. 倒下的树挡了路。

树　倒　挡　路

phleʔ⁵⁵⁻³¹ ʔe⁵¹ pa³¹ tʃaŋ³³ khai³¹, ʔiʔ⁵⁵ khai³¹ tʃaŋ³³ mau⁵¹.

果子　这　不　能　吃　人　吃　会　中毒

这果子不能吃，会中毒。

la³¹vaŋ³¹ ʔe⁵¹ ka³¹theʔ⁵⁵ pa³¹ jɔŋ³¹, pa³¹ʃʌm⁵¹ θa³¹mɔʔ⁵⁵ pa³¹ li⁵¹

块　　这地　　不　好　种　　无论什么　不　出

θa³¹mɔʔ⁵⁵. 这块地不好，种什么都没有收成。

无论什么

la³¹vaŋ³¹ ʔe⁵¹ ma³¹ nən⁵¹ pa³¹ tʌm³¹ pen³¹ θa³¹mɔʔ⁵⁵ ʔɔi³¹.

块 这　　一　粒　不　再　得　无论什么　助

这块地一粒收成也没有了。

ka³¹ʔa³¹ pa³¹θan³⁵ pen³¹ ma³¹ kit⁵⁵. 二五一十。

二　　五　　　等于 一　十

2. 主谓短语作主语

主语也可以是主谓短语，如：

ʔɤn⁵¹ ʔɑn⁵¹ pa³¹lek⁵⁵pa³¹lɔm³¹ ʔɔʔ⁵⁵ tek⁵⁵. 他以大欺小欺负我。

他　大　欺负　　　　　我　小

ʔɤn⁵¹ ʃuʔ⁵⁵khat⁵⁵ pen³¹ pəl³¹ʔe⁵¹nŋiʔ⁵⁵ ʔɔai³¹. 他病了，好几天了。

他　疼病　　得　　几天　　　　助

ʔɔʔ⁵⁵ tʃɤʔ³¹ naʔ³¹ li⁵¹　khuŋ⁵¹ka³¹jaŋ³¹, meʔ⁵⁵ pa³¹ li⁵¹ kɔ³¹ pen³¹.

我　就　必须　下去　勐养　　　　你　不 下去 也　得

我必须去勐养，你不必去。

3. 介词短语作主语

主语还可以是介词短语，如：

taŋ³¹ khuŋ⁵¹ka³¹jaŋ³¹ ʔi³¹ ta³¹ tʃein³¹ ɣuɔt³⁵ puŋ³⁵than⁵⁵ nʌm⁵¹ θɔɛ³³

介　勐养　　　回介 脚 到　曼蚌汤　用　二

ta⁵⁵ na³¹li³⁵. 从勐养步行回到曼蚌汤需要两个小时的时间。

点　时间

4. 动词性成分作主语

动词性成分也可以作主语，如：

phəiŋ⁵¹ θa³¹nat³¹ tʃat³¹ khat⁵⁵. 打枪很响。

打　枪　　很　响

5. 句子作主语

句子也可作主语，如：

pa³¹θan³⁵ tɔʔ⁵⁵ ʔa³¹mo³¹ pen³¹ nthɔl³¹. 五加一得六。

五　　加　　一　　　得　　六

pa³¹θan³⁵ ʃip⁵⁵ ʔa³¹mo³¹ pen³¹ ʔa³¹phon³¹①. 五减一得四。

五　　捡　　一　　　得　　四

ma³¹ kit⁵⁵ leʔ³³ li⁵¹ pa³¹θan³⁵ ʔot³¹ ka³¹ʔa³¹. 一十除以五得二。

一　十　拿　出　五　　　在　二

三　谓语

1. 形容性成分充当谓语

ʔɤn⁵¹ nŋam⁵¹, ʔɔʔ⁵⁵ pa³¹ nŋam⁵¹. 她漂亮，我不漂亮。

她　　美丽　　我　　不　　美丽

ʔɔʔ⁵⁵ khiem³¹ ʔɔai³¹⁻³³. 我明白了。

我　　明白　　助

thiʔ⁵⁵ ʔɔʔ⁵⁵⁻³¹ ŋaʔ⁵⁵. 我的手痒。

手　　我　　痒

thuʔ⁵⁵ phɑŋ⁵¹, khai³¹ pa³¹ kɤl⁵¹. 菜多，吃不完。

菜　　多　　吃　　不　　完

pluʔ⁵⁵ khap⁵⁵ pa³¹ khap⁵⁵? 盐够不够？

盐　　够　　不　　够

kaŋ³¹ phʌt⁵⁵lu⁵¹ ʔɔai³¹⁻³³. 房子破烂不堪。

房子　破烂　　助

ʔom³¹ nok³¹ ʔɔai³¹. 水满了。

水　　满　　助

pa³¹ʃiʔ⁵⁵ pʌm⁵¹ ʔɔai³¹⁻³³. 绳子紧了。

绳子　　稳　　助

nkhia³¹ pat³¹θai⁵¹. 月亮亮晶晶。

___

① ʃip⁵⁵本义为"捡"，昆格语谐音为汉语的"减"。

月亮　亮晶晶

ʔɤn⁵¹ kan³¹ ta³¹ ʔiʔ⁵⁵. 他见人害羞。

他　害羞介　人

ʔɔʔ⁵⁵ mieʔ⁵⁵ ta³¹ ʔɤn⁵¹. 他让我高兴。

我　高兴介　他

以上例子中像nok³¹、pʌm⁵¹、khiem³¹这样的形容词往往指一个动态的过程，可以视为动态形容词，甚至可以视为动词。另外，最后两个例子的形容词搭配了介词短语，用来说明造成某种状态的原因。

2. 动词性成分充当谓语

作谓语的动词性成分可以是单个动词，也可以是动词性短语；谓语中的动词本身可以是及物动词也可以是不及物动词。如：

khuɔn³¹ ʔɤn⁵¹ ʔɑn⁵¹ ʔiaʔ³¹. 他娃娃长大了。

小孩　他　长大　助

phleʔ⁵⁵ ntum⁵¹ ʔɔai³¹. 果实成熟了。

果实　成熟　助

tha³¹ʃat³¹ lak⁵⁵⁻³¹ θeʔ⁵⁵. 落地闪电把树劈开成两半。

落地闪电　破开　树

kaŋ³¹ ʔɔʔ⁵⁵ khiŋ⁵¹ ŋai³¹nŋiʔ⁵⁵li⁵¹. 我家朝向东方。

家　我　朝　东方

ʔa³¹hla³¹ pa³¹ ʔot³¹ ta³¹ kaŋ³¹ ʔa⁵⁵ ? 岩腊在不在家？

岩腊　不　在　介　家　助

nȵɔm³¹ ʔe⁵¹ pa³¹ tʃap⁵⁵⁻³¹ nəi³¹ pa³¹ tʃap⁵⁵⁻³¹ ʔuiŋ⁵¹ te³¹.

娃娃　这　不　像　妈　不　像　爸　助

这娃娃不像爹不像妈。

meʔ⁵⁵ ʃom³¹ ʔɔai³¹. 你吃亏了。

你　亏　助

a³¹ʔia³¹nal⁵¹ ʔia³¹. 草药治病

草药　　医治

ʔom³¹ put⁵⁵ ʔɔai³¹. 水开了。

水　沸腾　助

— 97 —

ŋal⁵¹ <u>kɣa⁵¹</u> ʔɔai³¹⁻³³. 火燃了。

火　　燃　助

ŋal⁵¹ <u>jet⁵⁵</u> ʔɔai³¹. 火熄灭了。

火　　熄灭　助

ka³¹nuŋ⁵¹ <u>pluŋ³¹</u> ʔɔai³¹. 苞谷发芽了。

苞谷　　　出芽　助

ʔɣn³¹ <u>ma³¹ʔiaŋ³¹</u> ʔɔai³¹. 她怀孕了。

她　怀孕　　　助

θa³¹maʔ⁵⁵ <u>phut³³</u> ʔɔai³¹. 起风了。

风　　　　吹　助

la³¹lɔʔ⁵⁵ ʔcʔ⁵⁵⁻³¹ <u>khɣl³¹vaŋ³¹</u> nŋai³¹. 我的声音传得远。

声音　　我　　传　　　　远

laʔ⁵⁵⁻³¹θeʔ⁵⁵ <u>thəi³¹</u> ʔot³¹ pan³¹ʔom³¹. 树叶浮在水上。

树叶　　　　漂浮　在　水面

nn̩cm³¹ <u>lɑk⁵⁵</u> ʔɔai³¹, meʔ⁵⁵ ɣɣ³¹ tʃek⁵⁵ van⁵¹ tʃɕa⁵¹!

娃娃　摔倒　助　你　去　牵　助　站

娃娃摔倒了，你去牵他起来！

下面这些谓语中的动词是不及物动词，须后接介词词组才能表达完整的意义：

ʔcʔ⁵⁵ <u>lat³¹</u> ta³¹ pa³¹θiŋ⁵¹. 我怕蛇。

我　怕　介　蛇

ʔcʔ⁵⁵ <u>la³¹lui⁵¹</u> ta³¹ ʔɣn⁵¹. 我恨他。

我　恨　　介　他

ʔcʔ⁵⁵ <u>tut⁵⁵ʃa³¹lan⁵¹</u> ta³¹ ʔɣn⁵¹. 他吓住我了。

我　惊吓　　　　介　他

jau⁵¹ <u>lot³¹ poʔ⁵⁵te³¹</u>, ʔɣn⁵¹ ka³¹tʃoʔ⁵⁵ta³¹ ʔcʔ⁵⁵.

我俩 吵架 助　　　他 冷落　介 我

我俩吵了架，他不理我了。

ʔɣn⁵¹ nn̩am⁵¹, ʔcʔ⁵⁵ pa³¹ nn̩am⁵¹, ʔcʔ⁵⁵ <u>khiel⁵¹</u> ta³¹ ʔɣn⁵¹.

她　美丽　我　不　美丽　我　嫉妒 介 她

她漂亮，我丑陋，我嫉妒她。

ʔɔʔ⁵⁵ jɔŋ³¹miŋ³¹ ta³¹ ʔɤn⁵¹. 我可怜他。

我　怜悯　　　介　他

ʔɤn⁵¹ ʔut⁵⁵ ta³¹ ʔɔʔ⁵⁵. 他骂我。

他　骂　介　我

ʔɤn⁵¹ ple⁵¹ kʌm³¹ ʔɔʔ⁵⁵. 他陪我。

他　陪伴 介　　我

keʔ⁵⁵ khɔi⁵¹ ta³¹ ʔai⁵¹. 他们挑拨咱俩。

他们 挑拨　介　我俩

ka³¹ʔa³¹ ʔiʔ⁵⁵ ka³¹tam³¹ ta³¹ poʔ⁵⁵te³¹. 两人在路上相遇，不知谁让谁。

二　　人　紧挨　　介　相互

ʔɔʔ⁵⁵ kan³¹ ta³¹ ʔɤn⁵¹ ʔɔai³¹. 我输给了他。

我　输　介　他　助

ʔɔʔ⁵⁵ lat³¹ ta³¹ ʔɤn⁵¹, tʃɔp³¹ ɣɤ³¹ pa³¹θɔk³¹ (te³¹) ta³¹ ʔɤn⁵¹.

我　怕　介　他　　跑　去　躲藏　　　助　介　他

我怕他，跑开躲避他。

khat⁵⁵ tʃaʔ³¹ ʔe⁵¹ tʃaŋ³³ tʃap⁵⁵ ta³¹ ʔiʔ⁵⁵. 这种病会传染。

病　　种　这 会　传染 介 人

pa³⁵lau⁵¹ mua³¹ ta³¹ ma³¹ɣɛn³¹. 曼巴老和基诺族接界。

曼巴老　接界　介 基诺族

谓语可由连谓短语充当，如：

pa³¹θiŋ⁵¹ pum⁵¹ nplet³¹ ʔa³¹θek³¹. 蛇吞鼠。

蛇　　含　吞　鼠

ʔɔʔ⁵⁵ va⁵¹⁻³¹ ʔɤn⁵¹ nun⁵¹ tɔit³¹. 我给他按摩。

我　给　他　按　捏

ʔɔʔ⁵⁵ ʃɤŋ³¹khok³¹ tʃein³¹ ta³¹ ʃa³¹mo⁵⁵, tɤŋ³¹pak⁵⁵ lɑk⁵⁵.

我　绊　　　脚　介 石头　　　扑卧　　摔倒

我脚绊石头，一扑卧摔倒了。

ʔiea³¹ ɣat³¹ pan⁵¹ khai³¹. 鸡扒土找吃。

鸡　　扒　找　吃

ʃɔʔ⁵⁵ lɔm³¹ ʔa³¹ʃea⁵¹, xuɔm³¹ ɣɤp³³ kak⁵⁵. 狗看见野猫，扑过去咬。

狗　见　野猫　追　扑　咬

ʔaʔ³¹khlaŋ³¹ ʃa³¹pluŋ⁵¹ khle⁵¹ ʃip⁵⁵ khuɔn³¹ʔiea³¹ phəa⁵¹ phol³¹ ʔɔai³¹.

老鹰　　俯冲　掉落　捡　小鸡　　飞　开去　助

老鹰俯冲下来抓起小鸡飞走了。

khuɔn³¹thiʔ⁵⁵ kuat⁵⁵ ntʌt⁵⁵ lɣŋ⁵¹ ʔiŋ⁵¹la³¹ʃok³¹. 指头挖耳屎弹掉。

手指　　　掏　弹　扔　耳屎

ŋai³¹nŋiʔ⁵⁵ li⁵¹ thɔŋ³¹ pat³¹ ɣim⁵¹ puŋ³⁵thaŋ³³. 太阳出来照亮曼蚌汤。

太阳　　出　照　亮　寨子　曼蚌汤

很多谓语是由动词及其后接补语构成的中补短语充当，如：

ʔɔʔ⁵⁵ tɔn³¹ tʃap⁵⁵ ʔiŋ⁵¹⁻³¹ʃɔʔ⁵⁵. 我踩到狗屎了。

我　踩　着　狗屎

ʔɔʔ⁵⁵ khai³¹ tʃap⁵⁵ nθait³¹ ʔɔai³¹. 我吃到沙子了。

我　吃　着　沙子　助

ʔɤn⁵¹ ʃet⁵⁵ jam⁵¹ ʔa³¹θek³¹ ma³¹ to³¹ ʔɔai³¹. 他刺死了一只老鼠。

他　刺　死　老鼠　一　只　助

ʔɤn⁵¹ pen³¹ tuk³¹jap³⁵, tʃiʔ⁵⁵ pen³¹. 他能吃苦耐劳，什么活都做得了。

他　得　吃苦耐劳　做　得

ʔɤn⁵¹ khai³¹ li⁵¹ ɣɤʔ⁵⁵⁻³¹ khat⁵⁵ ʔɔai³¹. 他吃出病来了。

他　吃　出　是　病　助

ʔa³¹plɔt³¹ phien³¹ ɣɤʔ⁵⁵ ʔa³¹ʃek⁵⁵. 蝌蚪变青蛙。

蝌蚪　　变　是　青蛙

plu⁵⁵ laik³¹ ɣɤʔ⁵⁵ ʔom³¹. 盐会化成水。

盐巴　化　是　水

ʔɔʔ⁵⁵ mai³¹ tɤŋ³¹kan⁵¹ te³¹. 我后悔了。

我　悔恨　后　助

谓语可由能愿短语充当，如：

ʔɔʔ⁵⁵⁻³¹ θa³¹ʔɔiŋ³¹ lul⁵¹, ʃʌm³¹ thein⁵¹⁻³¹ ʔom³¹. 我渴了，想喝水。

我　干　脖子要　喝　水

pa³¹ʃiʔ⁵⁵ ʃʌm³¹ phʌt⁵⁵ ʔɔai³¹. 绳子要断了。

绳子　　要　断　助

ʔɔʔ⁵⁵ pa³¹ lat³¹, ʔɔʔ⁵⁵ jin³⁵ ɣɣ³¹. 我不怕，我敢去。

我　　不　怕　我　敢　去

ʔɣn⁵¹ pen³¹ tuk³¹jap³⁵, tʃiʔ⁵⁵ pen³¹. 他能吃苦耐劳，什么活都做得了。

他　　得　吃苦耐劳　做　得

ʔɣn⁵¹ phaŋ⁵¹ ntuiŋ⁵¹, tʃaŋ³³⁻³¹ lai³⁵. 他话多，很会说。

他　多　嘴　会　说

puɔ³¹ pɣiʔ⁵⁵ ʔɔai³¹, meʔ⁵⁵ khɣn³¹ pa³¹ ʔal³¹ ʔi³¹.

晚　　山林　助　　你　肯　不　还　回

天晚了，你还不肯回去。

ʃa³¹leʔ⁵⁵ tek⁵⁵ ʃa³¹leʔ⁵⁵ ʔan⁵¹, ʔɔʔ⁵⁵ tʃɣʔ⁵⁵ naʔ³¹ ʔi³¹.

雨　　　小　雨　　大　　我　就　必须　回

不管雨大雨小，我必须回去。

meʔ⁵⁵ thuʔ³⁵ lai³⁵, nʌm³¹ lai³⁵; po³¹ pa³¹ thuʔ³⁵ lai³⁵, meʔ⁵⁵ mak³³ lai³⁵

你　　该　说　要　　说　如果　不　该　　说　你　别　　说

你该说就要说，不该说就不要说。

3. 主谓短语与句子作谓语

也有主谓短语、句子作谓语的现象，如：

ʔɣn⁵¹ ka³¹kat³¹ nteiŋ³¹, ti³¹ pen³¹ ka³¹ʔa³¹ ʔiʔ⁵⁵. 他力大，可顶两个人。

他　力气　　大　　顶　得　两　　人

ʔɔʔ⁵⁵ tɣŋ³¹to³³ li⁵¹ ʔom³¹mul⁵¹ ʔɔai³¹. 我出了一身的汗水。

我　浑身　　出　汗　　　助

ʔɔʔ⁵⁵ tʃeiŋ³¹ ntʌt⁵⁵ ʔɣn⁵¹ ma³¹ thi⁵⁵. 我踢了他一脚。

我　脚　踢　他　一　次

ʔɔʔ⁵⁵ tʃeiŋ³¹ ntʌt⁵⁵ ʃa³¹moʔ⁵⁵ van⁵¹ khɣʔ⁵⁵. 我用脚蹬动石头。

我　脚　蹬　石头　　助　动

ʔɣn⁵¹ nʃaŋ³¹thiʔ⁵⁵ thu⁵¹ ʔɔʔ⁵⁵⁻³¹. 他用肘捅我。

他　肘　　捅　　我

四 宾语

1. 宾语的类型

宾语包括动词宾语和介词宾语，一般由名词性成分充当，如名词（短语）、代词（短语）、数词、数量短语等。形容性成分也可作宾语，但宜视为名词化成分。如：

ʔɔʔ⁵⁵ phɔ⁵¹ ʔɣɣ⁵¹⁻³¹ ʔɔai³¹. 我打他了。

我　　打　　他　　助

ʔɣn⁵¹ ɣɣ³¹ təl³¹mɔʔ³¹? 他去哪里了？

他　　去　　哪里

ʔɔʔ⁵⁵ nʌm⁵¹ ʔa³¹haʔ⁵⁵ nteiŋ³¹. 我要那个大的。

我　要　　那个　　大

khoi³¹ pəl³¹mɔʔ⁵⁵, leʔ³³ pəl³¹mɔʔ⁵⁵/pəl³¹haʔ⁵⁵①. 有多少，拿多少。

有　　无论多少　　拿　　无论多少

ʔɔʔ⁵⁵ ɣɣ³¹ θa³¹ʔʌm⁵¹ θem³¹ ʔɣn⁵¹⁻³¹. 我去安慰他。

我　去　暖和　　心　他

lek³¹ lut³³lit⁵⁵ ŋaʔ⁵⁵ te³¹. 猪蹭痒。

猪　　摩擦　　痒　助

kaŋ³¹ ʔɔʔ⁵⁵ khiŋ⁵¹ tɣŋ³¹ŋai³¹nŋiʔ⁵⁵li⁵¹. 我家朝向东方。

家　　我　　朝向　东方

keʔ⁵⁵ ʔot³¹ pɣŋ⁵¹ npɔm³¹. 他们在乘凉。

他们　在　躲　荫

ʔɔʔ⁵⁵ viet³¹ va⁵¹ kha³¹ ʔɣn⁵¹ haʔ³¹ɣɔi³¹. 我还他五百块。

我　　还　给　介　他　　五百

keʔ⁵⁵ θɔn⁵¹ hui⁵¹⁻³¹xuʔ⁵⁵ va⁵¹ kha³¹ ʔɔʔ⁵⁵. 他们教我昆格歌。

他们　教　　昆格歌　　　给　介　我

thiʔ⁵⁵⁻³¹ ʔɣn⁵¹ θak⁵⁵ ɣɔp³³pa³¹θiŋ⁵¹. 他的手上文有蛇。

手　　　他　　纹　　蛇像

---

① pəl³¹haʔ⁵⁵由pəl³¹mɔʔ⁵⁵ "无论多少" 和ʔa³¹haʔ⁵⁵ "那" 两个词语缩合而成，表 "无论是多少的那个数"。

ʔɔʔ⁵⁵ khai³¹ θa³¹ʔau³¹, θa³¹ŋiŋ³¹ kheiŋ⁵¹ ʔɔai³¹⁻³⁵. 我吃酸的倒了牙。

我 吃 酸 倒 牙 助

ʔɔʔ⁵⁵ n̥aŋ⁵¹ mɔn³¹ meʔ⁵⁵. 我相信你的话。

我 听 话 你

ʔɤn⁵¹ nn̥at³¹ ka³¹ʔa³¹ θuk⁵⁵⁻³¹phan⁵¹. 她梳着两根辫子。

她 梳 两 辫子

pa³¹θan³⁵ tɔʔ⁵⁵ ʔa³¹mo³¹ pen³¹ nthɔl³¹. 五加一得六。

五 加 一 得 六

ʔa³¹ʃim⁵¹ pam⁵¹ nlɔŋ³¹. = ʔa³¹ʃim⁵¹ pam⁵¹⁻³¹ nal⁵¹ pliŋ³¹ nlɔŋ³¹.

麻雀 衔 鸟窝 麻雀 衔 草 盖 鸟窝

麻雀衔草做窝。

宾语可以因为强调而前置，如：

θa³¹ʔia³¹nal⁵¹ meʔ⁵⁵⁻³¹ tɑm⁵¹ hɔit³¹ ʔɔai³¹⁻³⁵? 你熬好草药没有？

草药 你 熬 好 助

khuŋ⁵¹ meʔ⁵⁵⁻³¹ pa³¹ʃʌm⁵¹ hɔit³¹ ʔɔai³¹⁻³⁵? 你栽秧栽好没有？

田 你 栽 好 助

ma³¹ meʔ⁵⁵⁻³¹ ka³¹mɔl³¹ hɔit³¹ ʔɔai³¹⁻³⁵? 你的旱谷点好没有？

地 你 点 好 助

ʔom³¹fai⁵¹ meʔ⁵⁵ jin³⁵ lup⁵⁵⁻³¹ θum⁵¹ ʔə³⁵? 你敢下水库洗澡吗？

水库 你 敢 进 洗澡 助

ʔɤn⁵¹ nm̥ul⁵¹ viet³¹ va⁵¹ kha³¹ ʔɔʔ⁵⁵ ʔɔai³¹⁻³⁵. 他把钱还给我了。

他 钱 还 给 介 我 助

ʔɤn⁵¹ ʔiʔ⁵⁵ phɔ⁵¹ pil⁵¹tɤŋ³¹ʔiʔ⁵⁵ ʔɔai³¹. 他被人打昏了。

他 人 打 昏厥 助

ntɔl³¹ ʔɔʔ⁵⁵ theiŋ⁵¹ kot³¹. 我很少喝酒。

酒 我 喝 少

动宾短语、状中短语、主谓短语等也可作宾语，如：

ʔa³¹tau³¹ tʃat³¹ ku⁵⁵ theiŋ⁵¹ ntɔl³¹. 岩倒爱喝酒。

岩倒 很 爱 喝 酒

tɤŋ³¹nu⁵¹ nthem³¹ tʃɤ³¹mɔʔ³¹ lai³⁵! 大家想想怎么说！

大家　　　想　　怎么　　说

ʔɔʔ⁵⁵ nŋ̊aŋ⁵¹ keʔ⁵⁵ lai³⁵ ʔot³¹. 我听见他们在说话。

我　　听见　他们　说　在

ʔɔʔ⁵⁵ pil⁵¹ ʔɤn⁵¹ lai³⁵. 我忘记了他的话。

我　　忘记　他　说

ʔɤn⁵¹ lai³⁵ teʔ⁵⁵ θɔ³⁵ ʔɔai³¹. 他承认自己错了。

他　　说　自己　错　助

ʔɤn⁵¹ ʔɑn⁵¹ pa³¹lek⁵⁵pa³¹lɔm³¹ ʔɔʔ⁵⁵ tek⁵⁵. 他以大欺小欺负我。

他　　大　　欺负　　　　　我　小

句子也可作宾语，如：

ʔɔʔ⁵¹ lɔm³¹ ʔɤn⁵¹ tɑm⁵¹ θa³¹ʔia³¹ nal⁵¹ (te³¹) ʔot³¹.

我　见　他　熬　药　草　助　在

我看见他正在熬草药。

ʔɔʔ⁵⁵ lɔm³¹ thaŋ⁵¹pie³¹ ʔɤn⁵¹⁻³¹ ʔot³¹ phleʔ⁵⁵phin³¹ko⁵¹ ma³¹ ʃak⁵⁵.

我　见　衣兜　　　　他　　在　苹果　　　　　　一　个

我见他衣兜里揣了一个苹果。

ʔɔʔ⁵⁵ hʌm⁵¹ ʔɤn⁵¹ ma³¹ɣaʔ⁵⁵ θaʔ⁵⁵θa³¹ʔe⁵¹ ʔɔʔ⁵⁵.

我　怀疑　他　偷　　东西　　　　我

我怀疑他偷了我的东西。

ʔɔʔ⁵⁵ puɔŋ³¹muŋ³¹ ʔɤn⁵¹ ʃʌm³¹ tʃiʔ⁵⁵ θa³¹mɔʔ³¹. 我监视他想做什么。

我　监视　　　他　要　做　什么

ʔɤn⁵¹ ɣen⁵¹⁻³¹ ʔɔʔ⁵⁵ ɣɤ³¹ tɤŋ³¹ɣuɔŋ³¹. 他学我走路。/他模仿我走路。

他　学　　我　走　路

meʔ⁵⁵ tai³¹ ʔɔʔ⁵⁵ ɣɤʔ⁵⁵ ʔa³¹mɔʔ³¹? 你猜猜，我是谁？

你　猜　我　是　谁

2. 一种"准宾语"

昆格语有一种结构，其谓语多为形容词或者不及物动词，后接一个占据宾语位置的名词，但这个名词不是真正意义的宾语，其功能是对谓语起补充或者附加说明作用，可以视为一种"准宾语"。如：

ʔɔʔ⁵⁵ ʔat⁵⁵ tʃeiŋ³¹ ʔɔai³¹. = tʃeiŋ³¹ ʔɔʔ⁵⁵⁻³¹ ʔat⁵⁵ ʔɔai³¹. 我的脚长疮了。

我　生疮 脚　　助　　　脚　 我　 生疮 助

ʔɔʔɔ̃⁵⁵⁻³¹ θa³¹ʔɔiŋ³¹ <u>lul⁵¹</u>, ʃʌm³¹ thein⁵¹⁻³¹ ʔom³¹. 我渴，想喝水。

我　 干　　 脖子 要　 喝　　　 水

ʔɔʔɔ̃⁵⁵ ʃum⁵¹ɣain³¹ ʔup⁵⁵ ʔɔai³¹. 我饿了。

我　 饿　　　 饭　 助

ʔɔʔɔ̃⁵⁵ ʃum⁵¹ɣain³¹ <u>nn̪eʔ⁵⁵</u>. 我想吃肉。

我　 饿　　　 肉

ʔɤn⁵¹ mau⁵¹⁻³¹ <u>lot³³</u>, ʔok³¹nok³¹ ʃʌm³¹ θel³¹. 他晕车，恶心想吐。

他　晕　　 车　 恶心　　 要　 吐

ʔɔʔɔ̃⁵⁵ mut⁵⁵⁻³¹ <u>plik⁵⁵</u>. 我呛辣子。

我　 呛　　　 辣椒

ʔɔʔɔ̃⁵⁵ khai³¹ θa³¹ʔau³¹, θa³¹ŋiŋ³¹ <u>khein⁵¹</u> ʔɔai³¹⁻³⁵. 我吃酸的，倒牙了。

我　 吃　 酸　　　 倒　　 牙　　 助

ʔɤn⁵¹ kɤl⁵¹ pa³¹θem³¹ ʔɔai³¹. 他断气了。

他　 完　 气　　　 助

thuʔ⁵⁵ phɤiʔ⁵⁵ <u>plik⁵⁵</u>. 菜辣。

菜　 辣　　 辣椒

thuʔ⁵⁵ lo⁵¹⁻³¹ <u>pluʔ⁵⁵</u>. 菜咸。

菜　 咸　 盐巴

kɑn⁵¹ ʔɔʔɔ̃⁵⁵⁻³¹ pa³¹tat⁵⁵ pa³¹tai³¹klua³¹. 我的裤缝裂开了。

裤子 我　 裂　　 缝　　 线

五　定语

定语主要由形容词、代词、名词、数词、数量词组、动词等充当，一般位于中心语之后，对中心语起描述或者限制作用；指示代词、数词、数量词组也可以位于中心语之前，疑为新出现的语序；疑问代词有位于中心语之前的，也有位于中心语之后的。如：

pɣiʔ⁵⁵⁻³¹ ʔɑn⁵¹ khoi³¹ θa³¹ʔia³¹<u>nal⁵¹</u>. 大森林里有草药。

森林　　　 大　 有　 药　 草

ʔɔʔɔ̃⁵⁵ nʌm⁵¹ ʔa³¹haʔ⁵⁵ <u>ntein³¹</u>. 我要那个大的。

我　　要　　那　　　大

ʔɔʔ⁵⁵ phlal³¹ pa³¹θem³¹ me̱ʔ⁵⁵ ʔɔai³¹⁻³³. 我给你添麻烦了。

我　麻烦　心　　你　　助

tɤŋ³¹ɣuɔŋ³¹ ʔe⁵¹ khoi³¹ ka³¹ʔic³¹ nka⁵¹. 这条路有三条岔路。

路　　　这　有　三　　岔

mɔn³¹ tʃaʔ³¹ ʔe⁵¹ me̱ʔ⁵⁵ mak³³ lai³⁵ kʌm⁵¹ ʔiʔ⁵⁵!

话　种　这　你　莫　说　介　人

这种话你别告诉别人！

ʔiʔ⁵⁵ ɣim⁵¹ ʔe̱ʔ⁵⁵ ɣuɔt³⁵ kɤl⁵¹⁻⁵⁵ ʔɔai³¹. 我们寨子的人到齐了。

人　寨子　我们　到　完　　助

ma³¹ kaŋ³¹ təl³¹mɔ̱ʔ⁵⁵ juŋ⁵¹ θip⁵⁵ jɛn³¹. 不管哪一家，家家凑十元。

一　家　无论哪里　凑　十　元

ʔe³¹ ʔiea³¹ ʔɔʔ⁵⁵⁻³¹ pəl³¹mɔ̱ʔ³¹ kin³¹, tɤŋ⁵¹ lɔm³¹.

这　鸡　我　多少　　斤　称　见

我这只鸡有多重，称一下。[1]

eʔ⁵⁵tʃup³³ ve³¹la³¹ pəl³¹mɔ³¹ ta⁵⁵? 现在几点钟了？

现在　　时间　多少　　点

khuɔn³¹ me̱ʔ⁵⁵⁻³¹ khoi³¹ pəl³¹mɔ̱ʔ³¹ ʔiʔ⁵⁵⁻³¹? 你有几个娃娃？

娃娃　你　　有　多少　　个

ʔiʔ⁵⁵ tɤŋ³¹nu⁵¹ ɣuɔt³⁵ ʔɔai³¹. 大家都到了。

人　全部　　到　助

ʔiʔ⁵⁵ tɤŋ³¹pʌk⁵⁵ ɣuɔt³⁵ kɤl⁵¹⁻⁵⁵ ʔɔai³¹⁻³³. 所有的人全都到了。

人　全部　　到　完　助

kan⁵⁵ tɤŋ³¹pʌk⁵⁵ tʃiʔ⁵⁵ hɔit³¹ ʔɔai³¹⁻³³. 所有的事情全做好了。

事情　全部　做　好　助

ntam³¹ tɤŋ³¹phaŋ⁵¹ ʔɤ̱n³¹ kɔ⁵¹ ʔɔai³¹, ntam³¹ tɤŋ³¹kot³¹ pa³¹ ʔal³¹

棵　多数　　他　割　助　棵　少数　　不　还

ɣein³¹ kɔ⁵¹. 他的多数（胶）树开割了，少数还未到开割的时候。

---

① ʔe³¹ ʔiea³¹ ʔɔʔ⁵⁵⁻³¹也可说ʔiea³¹ ʔɔʔ⁵⁵⁻³¹ ʔe³¹。

够　　割

ɣuɔt³⁵ pa³¹klat⁵⁵ ʔiʔ⁵⁵, pa³¹klat⁵⁵ ʔiʔ⁵⁵ pa³¹ ʔal³¹ ɣuɔt³⁵.

到　部分　　人　部分　　人　不　　还　到

一部分人到了，一部分还未到。

ʔɔʔ⁵⁵ pa³¹ ʃa³¹ʔel³¹ tɤŋ³¹ɣuɔŋ³¹ pa³⁵lau⁵¹. 我不认识去曼巴老的路。

我　　不　知道　　路　　　曼巴老

nthɔŋ³¹ʔom³¹ka³¹ŋaŋ⁵¹ ɣɔit³¹ ʔom³¹. 铁水管漏水。

水管　　　铁　　漏　水

lot³³ ka³¹ʔa³¹ ʃak⁵⁵ thu⁵⁵ poʔ⁵⁵teʔ³¹. 两车相撞。

车　二　　辆　碰撞　相互

ʔɤn⁵¹ ka³¹ʔo⁵¹ kheiŋ⁵¹ ma³¹ liem³¹. 他缺了一颗牙齿。

他　缺　　牙　一　　颗

ʔɤn⁵¹ tʃam⁵¹⁻³¹ va⁵¹⁻³¹ ʔɔʔ⁵⁵ ɣɤ³¹ leʔ³³ phleʔ⁵⁵⁻³¹ ʔiʔ⁵⁵.

他　唆使　给　我　去　拿　果子　　人

他唆使我去拿别人的果子。

θeʔ⁵⁵ lɑk⁵⁵ taʔ⁵⁵ tɤŋ³¹ɣuɔŋ³¹. 倒下的树挡住了路。

树　倒　挡　路

ʔɔʔ⁵⁵ ʔok³¹nok³¹ ʃʌm³¹ θel³¹ ta³¹ ʔa³¹θek³¹ jam⁵¹.

我　恶心　　要　吐　介　老鼠　　死

死老鼠让我恶心想吐。

pa³¹kiʔ⁵⁵ vəi⁵¹ ʔɔʔ⁵⁵⁻³¹, ɣɤ³¹ vʌt⁵⁵ ɣɤ³¹ vʌt⁵⁵, pan⁵¹ pa³¹ puŋ³¹

鬼　　迷　我　　走　倒回　走　倒回 找　　不　碰到

tɤŋ³¹ɣuɔŋ³¹ ʔi³¹ te³¹. 被鬼迷住了，绕来绕去，找不到回来的路。

路　　　回　助

六　状语

状语位于谓词性成分之前，也有位于句首的，多由副词充当。除副词外，还有其他词类或者短语结构作状语。

1. 副词（短语）作状语

（1）否定副词作状语

昆格语有四个否定副词：$mɤŋ^{31}$、pa^{31}、mak^{33}、$mɔʔ^{55}$。$mɤŋ^{31}$的使用频率极低，仅偶尔出现在个别结构里，且可以被pa^{31}代替，如：

$tǝl^{31}＋mɤŋ^{31}＋jɔŋ^{31}→tǝl^{31}mɤŋ^{31}jɔŋ^{31}$ 不好之处[①]

        不   好

$mɤŋ^{31}$也许是古昆格语遗留下来的否定副词，但由于受语言接触或者语言本身演变的影响，已经被pa^{31}取代。

pa^{31}用于陈述句和疑问句，相当于汉语的"不"。如：

$ʔɔʔ^{55}$ $\underline{pa^{31}}$ $tʃaŋ^{33}$ $thein^{51}$ $ntɔl^{31}$. 我不会喝酒。

我   不   会   喝   酒

$ʔɔʔ^{55}$ $\underline{pa^{31}}$ lat^{31}, $ʔɔʔ^{55}$ jin^{35} $ɣɤ^{31}$. 我不怕，我敢去。

我   不   怕 我   敢 去

副词$ʔal^{31}$表"还"，副词$tʌm^{31}$表"再"，均用于否定句，与pa^{31}一起构成表否定的副词短语，在句子里作状语。pa^{31} $ʔal^{31}$表"还没有"，pa^{31} $tʌm^{31}$表"不再"，pa^{31}可省略。如：

$puɔ^{31}$ $pɣiʔ^{55}$ $ʔɔai^{31}$, $meʔ^{55}$ $khɤn^{31}$ (pa^{31}) $ʔal^{31}$ $ʔi^{31}$.

晚   山林 助   你   肯   不   还   回

天晚了，你还不肯回去。

$ʔɤn^{51}$ (pa^{31}) $ʔal^{31}$ $ɣuɔt^{35}$. 他还没有到。

他   不   还   到

$jam^{31}phɣim^{51}$, $thein^{51}$ $ntɔl^{31}$, $ma^{31}neu^{35}$ $ʔɔʔ^{55}$ (pa^{31}) $tʌm^{31}$ $thein^{51}$ $ntɔl^{31}$.

以前   喝   酒   现在   我   不   再   喝   酒

我以前喝酒，现在不喝了。

$tɤŋ^{31}ɣuɔŋ^{31}$ $hlum^{51}$ $khle^{51}$, lot^{33} (pa^{31}) $tʌm^{31}$ $tʃaŋ^{33-31}$ $ɣɤ^{31}$.

路   凹陷 掉落 车   不   再   能   去

道路凹陷，车过不了。

mak^{33}用于祈使句，相当于汉语的"莫"、"别"、"勿"。如：

$meʔ^{55}$ $\underline{mak^{33}}$ $thein^{51}$ $ntɔl^{31}$! 你不要喝酒！

你   别   喝   酒

---

① $tǝl^{31}$见构词法。

<u>mak³³</u> ʔot³¹ ʔiau³⁵, joŋ³¹ joŋ³¹ muŋ³¹ pɔk³¹ te³¹! 别老是玩，好好看书!
别　　在　玩　　好　　好　　看　　书　助

mɔʔ⁵⁵的使用范围非常有限，多用于表"万一"、"可能"、"大概"
的一个固定结构里。如:

lat⁵⁵ ʃa³¹leʔ⁵⁵ <u>mɔʔ⁵⁵</u> ʃa³¹ʔel³¹, tʃi⁵⁵ tʃɤʔ³¹mɔʔ³¹?
来　雨　　不　知　　　做　怎么

万一天下雨，怎么办啊?

ʔɤn⁵¹ ʔi³¹ ta³¹ kaŋ³¹ te³¹, <u>mɔʔ⁵⁵</u> ʃa³¹ʔel³¹ ʔa³¹. 他可能回家了。
他　回　介　家　助　不　知　　　助

ŋai³¹nŋiʔ⁵⁵ pa³¹ lɔm³¹, muŋ³¹mo³¹ taʔ⁵⁵, ʃʌm³¹ lat⁵⁵ ʃa³¹leʔ⁵⁵, <u>mɔʔ⁵⁵</u>
太阳　　不　见　云　　遮　　要　来　雨　　　不

ʃa³¹ʔel³¹ ʔa³¹. 太阳不见了，被云遮挡住了，可能要下雨了。
知道　　助

（2）其他副词（短语）作状语

①tʃat³¹表"很"，指程度。如:

ʔa³¹tau³¹ <u>tʃat³¹</u> kuʔ⁵⁵ thein⁵¹ ntɔl³¹. 岩倒很爱喝酒。
岩倒　很　爱　喝　酒

tɤŋ³¹ɤuɔŋ³¹ <u>tʃat³¹</u> khliet³¹. 路很滑。
路　　很　滑

②tʃaŋ⁵¹表"才"，指动作发生得晚或者指在某种条件下才会发生某事
情。如:

ŋai³¹nŋiʔ⁵⁵ li⁵¹, ʔɤn⁵¹ <u>tʃaŋ⁵¹</u> ɤvi⁵¹. 太阳出来了他才起床。
太阳　　出　他　才　起床

taŋ³¹ puŋ³⁵thaŋ⁵⁵ ɤuɔt³⁵ thiau³⁵pa³⁵ho³¹ taŋ³¹ ka³¹ʔɔi³¹ mal⁵¹
介　曼蚌汤　　到　跳坝河　　过　三　　山

<u>tʃaŋ⁵¹⁻⁵⁵</u> ɤuɔt³⁵. 从曼蚌汤到跳坝河要翻三座山才到。
才　　　到

③tʃɤʔ⁵⁵表"就"，指两个动作前后紧接。如:

ʔup⁵⁵ khai³¹ hɔit³¹, ʔɔʔ⁵⁵ <u>tʃɤʔ⁵⁵</u> ɤɤ³¹ ʔɔai³¹⁻³³. 吃好饭我就去了。
饭　吃　好　我　就　去　助

也可表示在某种条件下会自然发生的事情。如：

ʔʏn⁵¹ ɣuɔt³⁵ təl³¹mɔʔ⁵⁵ tʃɣʔ⁵⁵ theiŋ⁵¹ ntɔl³¹ nmɔŋ³¹.

他　　到　无论哪里　就　喝　酒　醉

他到哪里就醉到哪里。

jam³¹mɔʔ⁵⁵ ʔɔʔ⁵⁵ puŋ³¹ ʔʏn⁵¹, ʔʏn⁵¹ tʃɣʔ⁵⁵ tʃi⁵⁵⁻³¹ vek³¹ ʔot³¹.

何时　　我　遇见　他　他　就　做　事情　在

我不管什么时候遇见他，他都在做事。

还可表示"就要"，指不顾困难坚持要做某事。（见下文④条）

④kɔ³¹表"也"，指同样，可单用也可叠用。如：

təl³¹mɔʔ⁵⁵ kɔ³¹ tet³³ kʏl⁵¹⁻⁵⁵ ʔɔai³¹⁻³³. 到处静悄悄。

无论哪里 也　安静　完　　助

ʔɔʔ⁵⁵ (kɔ³¹) theiŋ⁵¹, meʔ⁵⁵ kɔ³¹ theiŋ⁵¹. 我喝你也喝。

我　　也　喝　你　也　喝

meʔ⁵⁵ (kɔ³¹) pa³¹ ɣʏ³¹, ʔɔʔ⁵⁵ kɔ³¹ pa³¹ ɣʏ³¹. 你不去，我也不去。

你　　也　不　去　我　也　不　去

ʔa³¹mɔʔ⁵⁵ kɔ³¹ pa³¹ kuʔ⁵⁵⁻³¹ ʔʏn⁵¹. 谁也不喜欢他。

谁　　　也 不　喜欢　他

kɔ³¹还用于含有转折或让步逻辑的句子里，相当于"（虽然……）也……"、"（哪怕……）也……"，kɔ³¹可被副词tʃɣʔ⁵⁵"就要"替代。如：

lup⁵⁵⁻³¹ lən⁵¹ θa³¹ naŋ⁵¹, ʔɔʔ⁵⁵ kɔ³¹ /tʃɣʔ⁵⁵ ɣʏ³¹.

进　　河　上　山　我　也　　就要　去

哪怕是下河翻山，我也要去。

kham³¹ nien⁵⁵ ʃoi³¹ ɣuɔm⁵⁵, kɔ³¹/tʃɣʔ⁵⁵ ɣʏ³¹①.

上　　山　过　河　也　就要　去

哪怕是翻山过河，（我）也要去。

lat⁵⁵ ʃa³¹leʔ⁵⁵θoʔ⁵⁵, ʔɔʔ⁵⁵ kɔ³¹/tʃɣʔ⁵⁵ ɣʏ³¹. 哪怕刮风下雨，我也去。

来　暴风雨　　　我　也　就要　去

⑤tu³¹表"又"，指出现和前一动作相矛盾的另一个动作。如：

---

① kham³¹ nien⁵⁵ ʃoi³¹ ɣuɔm⁵⁵是古语，现少用。

meʔ⁵⁵ ʔi³¹, <u>tu³¹ vʌt⁵⁵</u>, ɣɤʔ⁵⁵tʃɣ³¹moʔ³¹ <u>tu³¹ vʌt⁵⁵</u>?

你　　回　　又　　倒回　为什么　　　　又　　倒回

你为什么回去了又倒回来了？

⑥tsai³⁵可能借自汉语，表"再"，指将要重复某一动作。如：

ʔɔʔ⁵⁵ nŋaŋ⁵¹ pa³¹ khiem³¹, meʔ⁵⁵ <u>tsai³⁵</u> lai³⁵ toʔ⁵⁵ ma³¹ vaŋ⁵¹.

我　　听　　不　明白　　你　　再　　说　添　一　　次

我没听清楚，你再说一遍。

<u>tsai³⁵</u> khai³¹ toʔ⁵⁵ npiet⁵⁵! 再吃一点！

再　　吃　　添　　一点

⑦man³¹表"还"，指同一动作继续进行。如：

keʔ⁵⁵ <u>man³¹</u> khai³¹ ʔup⁵⁵ ʔot³¹. 他们还在吃饭。

他们　还　　吃　　饭　　在

还可表示"连"，指让步。如：

meʔ⁵⁵ pa³¹ tʃaŋ³³ tʃiʔ⁵⁵, nŋom³¹ <u>man³¹</u> tʃaŋ³³⁻³¹ tʃiʔ⁵⁵.

你　　不　会　　做　　娃娃　　连　　会　　做

你不会，连娃娃都会。

⑧man³¹θi³¹表"刚"，指某一动作发生在不久前。如：

ʔɤn⁵¹ ɣuɔt³⁵, ʔɔʔ⁵⁵ <u>man³¹θi³¹</u> khai ʔup⁵⁵ ʔɔai³¹.

他　　到　　我　　刚　　　吃　饭　助

他来的时候，我刚刚吃了饭。

ʃa³¹leʔ⁵⁵ <u>man³¹θi³¹</u> lat⁵⁵, ʔoʔ⁵⁵ ʔi³¹ ta³¹ kaŋ³¹ te³¹ ʔɔai³¹.

雨　　刚　　　来　我　回　介　家　助助

一下雨我就回家了。

pɣiʔ⁵⁵ <u>man³¹θi³¹</u> pat³¹, ʔɔʔ⁵⁵ ɣuɔt³⁵ ta³¹ ma³¹ ʔɔai³¹.

天　　刚　　　亮　我　到　　介　地　助

天刚亮我就到地里了。

meʔ⁵⁵ ɣɤʔ⁵⁵tʃɣ³¹moʔ³¹ <u>man³¹θi³¹</u> ɣuɔt³⁵? 你为什么刚到？

你　　为什么　　　　刚　　　到

⑨toŋ³¹表"曾经"，指以前发生过什么事情，一般和kɔ³⁵连用，kɔ³⁵可能借自汉语"过"。如：

— 111 —

tʃiŋ³¹ɣuŋ⁵¹ ʔɔʔ⁵⁵ tɔn³¹ li⁵¹ kɔ³⁵. 我去过景洪。

景洪　　　我　曾经　去　过

phleʔ⁵⁵⁻³¹ ʔe⁵¹ ʔɔʔ⁵⁵ (pa³¹) ʔal³¹ tɔn³¹ khai³¹ kɔ³⁵.

果　　　这　我　不　还　曾经　吃　　过

我没有吃过这种水果。

⑩θa³¹kɣap⁵⁵表"一边"，须叠用，指两个动作同时进行。如：

ʔɣn⁵¹ θa³¹kɣap⁵⁵ muŋ³¹ tiɛn³⁵sɿ³⁵ θa³¹kɣap⁵⁵ khai³¹ ta⁵⁵van⁵¹.

他　一边　　　看　电视　　一边　　　吃　瓜子

他边看电视边吃瓜子。

keʔ⁵⁵ θa³¹kɣap⁵⁵ hui⁵¹ θa³¹kɣap⁵⁵ fuɔn³¹jeiŋ³⁵, meʔ⁵⁵mɔn⁵⁵.

他们　一边　　　唱歌　一边　　　跳舞　　　高兴

他们边唱歌边跳舞，很高兴。

⑪jiŋ³¹表"越"，须叠用，指程度随着条件的变化而变化。如：

ʔɣn⁵¹ jiŋ³¹ khai³¹ jiŋ³¹ ʃʌm³¹ khai³¹. 他越吃越想吃。

他　越　吃　越　要　吃

lek³¹ jiŋ³¹ khai³¹ jiŋ³¹ kɔm³¹. 猪越吃越瘦。

猪　越　吃　越　瘦

⑫θaʔ⁵⁵表"到底、究竟"，一般用于疑问句句首，指深究某一事情。如：

θaʔ⁵⁵ meʔ⁵⁵ jam⁵¹⁻³¹mɔʔ⁵⁵ ɣɣ³¹? 你到底何时去？

到底　你　　无论何时　　去

θaʔ⁵⁵ meʔ⁵⁵ ɣɣʔ⁵⁵ ʔa³¹mɔ³¹? 你究竟是谁？

到底　你　是　谁

⑬ma⁵⁵表"原来"，指说话者发现真实情况。如：

ʔo⁵¹, ma⁵⁵ ɣɣʔ⁵⁵⁻³¹ meʔ⁵⁵! 噢，原来是你！

噢　原来　是　　你

vɣŋ³¹haʔ⁵⁵ pa³¹ lɔm³¹ meʔ³¹, ma⁵⁵ ɣɣʔ⁵⁵⁻³¹ ʃuʔ⁵⁵khat⁵⁵ meʔ³¹!

前天　　不　见　你　原来　是　　疼病　　　你

前天没见到你，原来你是生病了！

⑭ʔot³¹本为动词，表"在"，指在什么地方，或者表"有"，指存在。

语法化后作副词，指某一动作正在进行，也可指某一动作或状态的持续存在。作副词的ʔot³¹有两种位置：可前置于谓词作状语，也可后置于谓词作补语①。作状语的例子如：

问：keʔ⁵⁵ ʔot³¹ tʃiʔ⁵⁵ θa³¹moʔ³¹? 他们在做什么？

　　他们　在　做　什么

答：keʔ⁵⁵ ʔot³¹ pʏŋ⁵¹ npɔm³¹. 他们在乘凉。

　　他们　在　躲　荫

ʔʏn⁵¹ ʔot³¹ leʔ³³ nɲɔm³¹ ta³¹ kaŋ³¹. 他在家里带娃娃。

他　在　拿　娃娃　介　家

ʔɔʔ⁵⁵ khlɔk³¹ meʔ⁵⁵ ma³¹khʏŋ³³nŋiʔ⁵⁵, pa³¹ lɔm³¹ meʔ⁵⁵ yuot³⁵. meʔ⁵⁵

我　等　你　半天　　　　不见　你　到　你

tʃuʔ⁵⁵⁻³¹ ʔɔʔ⁵⁵, va⁵¹⁻³¹ ʔɔʔ⁵⁵ ʔot³¹ khlɔk³¹ meʔ⁵⁵ ma³¹khʏŋ³³nŋiʔ⁵⁵.

骗　我　给　我　在　等　你　半天

我等了你半天，没见你来。你骗我，害得我等了半天。

ʔɔʔ⁵⁵ ʔot³¹ yam⁵¹ θip⁵⁵ jen³¹ ta³¹ meʔ⁵⁵. 我欠你十元。

我　在　借　十　元　介　你

mak³³ ʔot³¹ taʔ⁵⁵ ʔɔʔ⁵⁵⁻³¹! 别拦住我！

莫　在　拦　我

kan⁵¹⁻⁵⁵ ʔa³¹mɔʔ⁵⁵ kan⁵¹⁻⁵⁵ ʔa³¹haʔ⁵⁵, mak³³ ʔot³¹ nthem³¹ kan⁵¹⁻⁵⁵ ʔiʔ⁵⁵!

事情　无论谁　事情　那　莫　在　想　事情　别人

各自的事是各自的事，不要去管别人的事！

⑮taŋ³¹tham³¹lom³¹/ lom³¹表"历来"，指某一状态一向如此。如：

taŋ³¹tham³¹lom³¹ ʔʏn⁵¹ pa³¹ tʃaŋ³³ theiŋ⁵¹ ntɔl³¹. 他从来不会喝酒。

历来　　　　他　不　会　喝　酒

lom³¹ ʔʏn⁵¹ yʏʔ⁵⁵ ʔiʔ⁵⁵⁻³¹xet⁵⁵, ma³¹neu⁵⁵ yʏʔ⁵⁵ ʔiʔ⁵⁵⁻³¹kyan³¹.

历来　他　是　勤快人　　现在　　是　懒人

他从来是勤快人，现在成了懒汉。

⑯jam⁵¹⁻³¹mɔʔ⁵⁵kɔ³¹yʏʔ⁵⁵本义"任何时候也是"，表"经常"，指某一状态常常如此。如：

---

① 见下文补语。

ʔɤn⁵¹ jam⁵¹⁻³¹mɔʔⁿɔ⁵⁵kɔ³¹ɣɤʔ⁵⁵ theiŋ⁵¹ ntɔl³¹. 他经常喝酒。

他　　经常　　　　　　　　　　喝　　酒

ʔɔʔ⁵⁵ jam⁵¹⁻³¹mɔʔⁿɔ⁵⁵kɔ³¹ɣɤʔ⁵⁵ li⁵¹ khuŋ⁵¹ka³¹jaŋ³¹. 我经常去勐养。

我　　经常　　　　　　　　　　下去　勐养

⑰thuɔʔ⁵⁵tɤŋ³¹ɣuɔŋ³¹表"顺路"，指顺着所走路线到另一处。如：

ʔɔʔ⁵⁵ li⁵¹ khuŋ⁵¹ka³¹jaŋ³¹, thuɔʔ⁵⁵ tɤŋ³¹ɣuɔŋ³¹ lup⁵⁵⁻³¹ muŋ³¹ meʔ⁵⁵⁻³¹.

我　下去　勐养　　　顺路　　　进　　看　你

我去勐养，顺路进来看你。

⑱tam⁵⁵to⁵⁵表"亲自"，指某人自己做。如：

ntʃəa⁵¹ nkuʔ³³, vəi³¹ leŋ³¹, tɤŋ³¹ɣuɔŋ³¹ nŋai³¹, ʔɤn⁵¹ pa³¹ lat³¹, ʔɤn⁵¹

下坡　深　　上坡　高　　路　　　远　　　他　不　怕　他

tam⁵⁵to⁵⁵ to³¹ʔɤn⁵¹ ɣɤ³¹. 他不怕山高路远，自己亲自去。

亲自　　他自己　去

2. 名词作状语

指处所、时间的名词可作状语，如：

tɤŋ³¹ʔe³¹, tɤŋ³¹ʔe³¹, ʔot³¹theʔ⁵⁵ kʌm³¹ ʔɔʔ⁵⁵. 过来挨着我坐。

这里　　　这里　　　坐　　　介　我

pa³¹vaŋ⁵¹ kau⁵¹⁻⁵⁵ ka³¹ʔa³¹ ʔiʔ⁵⁵ khai³¹khek³⁵ te³¹. 他们明天结婚。

明天　　　他俩　　两　人　结婚　　　助

jam³¹phɣim⁵¹ ʔɔʔ⁵⁵ pa³¹ ʃa³¹ʔel³¹ meʔ⁵⁵⁻³¹. ma³¹neu³⁵ ʔai⁵¹ ʃa³¹ʔel³¹

以前　　　我　不　认识　　你　　　现在　我俩　认识

poʔ⁵⁵te³¹, ɣɤ⁵⁵ʔiʔ⁵⁵⁻³¹kviɛn³⁵ ʔoai³¹.

相互　　　是朋友　　　　　助

以前，我不认识你。现在，我们认识了，是朋友了。

ʃaŋ³¹ ʔe⁵⁵tʃup³³ lup⁵⁵ thuʔ⁵⁵⁻³¹ phɣiʔ⁵⁵, xai⁵¹ təl³¹mɔʔ⁵⁵ ʔoai³¹.

大象　现在　　进　介　森林　消失　无论哪里　助

大象到森林里了，不知消失在哪里了。

3. 其他成分作状语

介词短语可作状语，如：

ʔɔʔ⁵⁵ va⁵¹⁻³¹ ʔɤn⁵¹ ȵun⁵¹ tɔit³¹. 我为他按摩。

我　　给　　他　　按　　捏

me?⁵⁵ li⁵¹⁻³¹ taŋ³³ ?ɔ?⁵⁵ puɔm³¹ khuŋ⁵¹ka³¹jaŋ³¹ .

你　下去　替　我　开会　勐养

你代替我去勐养开会。

动补短语可作状语，如：

?ɔ?⁵⁵ ?ot³¹ ta³¹ nthu?⁵⁵　hu⁵¹, la³¹lɔ?⁵⁵ khɤl³¹vaŋ³¹ vʌt⁵⁵.

我　在介洞　吼　声音　传　　倒回

我在洞口喊，声音传回来。

动词重叠后作状语，如：

mut³¹ŋal⁵¹ tʃən³¹ tʃən³¹　θa³¹. 火烟袅袅升起。

火烟　　缭绕 缭绕　上

形容词（短语）作状语，如：

ŋai³¹nŋi?⁵⁵ lup⁵⁵ ?ɔai³¹, me?⁵⁵ ɣip³³ ɣɣ³¹ van⁵¹　vai⁵¹!

太阳　　进　助　你　急　走　助　快

太阳下山了，你赶快走！

ntam³¹ koi³¹θa³¹pau³¹ tʃat³¹ vai⁵¹ ?ɑn⁵¹! 木瓜树长得快。

茎　　木瓜　　　很　快　长大

me?⁵⁵ map³⁵ jɔŋ³¹ jam⁵¹ ?ɔai³¹! 你活该死！

你　活该　好　死　助

mak³³ ?ot³¹ ?iau³⁵, jɔŋ³¹ jɔŋ³¹ muŋ³¹ pɔk³¹ te³¹! 别老是玩，好好看书！

别　在　玩　好　好　看　书　助

tɤŋ³¹nu⁵¹ tet³³! mak³³ pap⁵⁵! nɔm³¹ nŋaŋ⁵¹ ?ɔ?⁵⁵ lai³⁵ kan⁵¹⁻⁵⁵!

大家　安静莫　说　安静　听　我　说　事情

大家不要讲话，静静地听我说事情！

七　补语

补语一般位于谓词性成分之后，用来补充说明动作、行为的状态、结果、趋向、数量、时间、处所、可能性或者说明性状的程度。

1. 副词作补语

pa³¹θiŋ⁵¹ khaŋ³¹vaŋ⁵¹ ?ot³¹. 蛇盘起一堆。

蛇　　　盘　　　　在
keʔ⁵⁵ man³¹ khai³¹ ʔup⁵⁵ ʔot³¹. 他们还在吃饭。

他们　还　　吃　　饭　　在
jam³¹mɔʔ⁵⁵ ʔɔʔ⁵⁵ puŋ³¹ ʔɤn³¹, ʔɤn³¹ tʃɤʔ⁵⁵ tʃiʔ⁵⁵⁻³¹ vek³¹ ʔot³¹.

何时　　　我　遇见　他　他　就　　做　　事情　在
我不管什么时候遇见他，他都在做事。

ʔɔʔ⁵¹ lɔm³¹ ʔɤn⁵¹ tɑm⁵¹ θa³¹ʔia³¹nal⁵¹ (te³¹) ʔot³¹.

我　见　他　熬　草药　　助　在
我看见他正在熬草药。

ʔɤn⁵¹ nɲat³¹ ʔot³¹, thuʔ⁵⁵ pa³¹θem³¹ ʔɤn⁵¹⁻³¹ la³¹lui⁵¹ ʔot³¹.

他　笑　在　介　心　　他　生气　在
她笑在脸上，愁在心里。

从上述诸例可以看出，语法化后的ʔot³¹作补语，用来说明动作、行为正在进行或保持。ʔot³¹还可以前置作状语，具体例子参见上文"状语"部分。其他副词作状语的例子如下：

meʔ⁵⁵ ɤɤ³¹ tɤŋ³¹ʔua³¹, ʔɔʔ⁵⁵ ɤɤ³¹ tɤŋ³¹kan⁵¹, mak³³ khlɔk³¹ ʔɔʔ⁵⁵!
你　走　先　　我　走　后　　莫　等　我
你先走，我后走，别等我！

ʔɔʔ⁵⁵ mai³¹ tɤŋ³¹kan⁵¹ te³¹. 我后悔了。
我　悔恨　后　　　助

ʔai⁵¹ ka³¹ʔa³¹ ʔiʔ⁵⁵ theiŋ⁵¹ ma³¹tʃɤ³¹. 我俩一起喝。
我俩　两　　人　喝　一起

hui⁵⁵ ʔa³¹hɔʔ⁵⁵, hui⁵¹ ma³¹mə³³! 来唱汉语歌，一齐唱！
唱　汉族　　唱　一齐

ʃən⁵¹ te³¹ npiet⁵⁵! 休息一下！
休息　助　一点

nainɲiʔ⁵⁵ kat⁵⁵ luŋ³³, thuʔ⁵⁵ thap³¹ ʃa³¹tɤv³¹ ʔai³¹.
太阳　烫　极其　菜　晒　蔫　　助
太阳太辣，菜晒蔫了。

ʔɑn⁵¹ luŋ³³, pie³¹ təl³¹ʔot³¹ ʔiʔ⁵⁵. 太大了，占人的空间。

— 116 —

大　　极其胜　　在处　　人

从最后两句可以看出，副词luŋ³³"极其"用来表示程度，但不能前置作状语，只能后置作补语。luŋ³³表示程度多具有消极意义，这和上文的程度副词tʃat³¹不一样。

2. 动词作补语

昆格语有一个动词vet⁵⁵，不单独使用，一般附在另一个谓词性成分后作补语，表示结果，其意思相当于汉语的"掉"。vet⁵⁵还可出现减音的形式，说明这个动词已经虚化，因此也可视为一个副词。如：

lek³¹　pa³¹　khai³¹, kɔm³¹　<u>vet⁵⁵</u> ʔɔai³¹. 猪不吃，瘦了。

猪　　不　　吃　　瘦　　掉　　助

ʔɔʔʃ⁵⁵ θa³¹than⁵¹, ʔɔ⁵¹ŋai³¹ ʃa³¹vɔʔ³¹ <u>vet⁵⁵</u> ʔɔai³¹. 我老了，脸消瘦了。

我　　老　　　　面庞　　蔫　　　掉　　助

θa³¹lɔp³¹　ʔɔʔʃ⁵⁵⁻³¹ θa³¹vak⁵⁵ kan³¹fa³¹, tha³¹ʃet³¹ <u>vet⁵⁵</u>　ʔɔai³¹⁻³⁵.

衣服　　　我　　钩住　　钉子　　扯破　　助　　助

我的衣服挂住钉子撕破了。

kɑn⁵¹　ʔɔʔʃ⁵⁵⁻³¹ hot⁵⁵　<u>vet⁵⁵</u> ʔɔai³¹. 我的裤子缩短了。

裤子　我　　收缩　掉　助

tɤŋ³¹ɣuɔŋ³¹ θɣuk⁵⁵　<u>vet⁵⁵</u> ʔɔai³¹. 路垮塌了。

路　　　　垮塌　掉　助

ʔom³¹　thom³¹　jam⁵¹⁻⁵⁵　<u>vet⁵⁵</u> ʔɔai³¹. 被水淹死了。

水　　淹　　死　　掉　助

ʔɔʔ⁵⁵　pil⁵¹　vet⁵⁵ ʔɔai³¹. 我忘记了。

我　　忘记　掉　助

phəiŋ⁵¹ pa³¹ tʃap⁵⁵, phiek³⁵ (v)et⁵⁵　ʔɔai³¹. 没打中，打偏了。

射击　不　中　　偏离　　掉　助

最后一句中的vet⁵⁵出现了减音，且与前后词语连读为 phie³⁵ ke⁵⁵ tɔai³¹。

昆格语的动词phol³¹具有趋向动词的特点，其意义相当于"开"，不单独使用，一般附在另一个动词后作补语，表某一动作发生变化，离开原来的状态。如：

ʔɤn⁵¹ li⁵¹ phol³¹ ʔɔai³¹. 他出去了。

他　　出　开　　助

ɣim⁵¹kaŋ³¹ phiɛn³¹ phol³¹, pa³¹ tʌm³¹ tʃap⁵⁵⁻³¹ phɣim⁵¹ ʔɔai³¹.

寨子　　　变　开　　不　再　像　　　以前　助

寨子变化了，不像以前了。

此外，其他动词或动词性短语可作补语，多表结果。如：

ʔɔʔ⁵⁵ la³¹lui⁵¹ jam⁵¹ ʔɔai³¹. 气死我了。

我　生气　死　助

ʔa³¹plɔt³¹ phiɛn³¹ ɣɤʔ⁵⁵ ʔa³¹ʃek⁵⁵. 蝌蚪变成青蛙。

蝌蚪　　变　　是　青蛙

ʔɤn⁵¹ khai³¹ li⁵¹ ɣɤʔ⁵⁵⁻³¹ khat⁵⁵ ʔɔai³¹. 吃出病来了。

他　吃　出　是　病　　助

ʔɔʔ⁵⁵ la³¹lui⁵¹ li⁵¹ ɣɤʔ⁵⁵⁻³¹ ʃu⁵⁵khat⁵⁵ ʔɔai³¹. 我愁出病来了。

我　生气　出　是　疼病　　助

ʔɔʔ⁵⁵ khai³¹ kɑŋ⁵¹ ka³¹tu⁵¹ ʔɔai³¹. 我吃撑肚子了。

我　吃　撑　肚子　助

ʔɔʔ⁵⁵ khai³¹ tʃap⁵⁵ nθait³¹ ʔɔai³¹. 我吃到沙子了。

我　吃　着　沙子　助

ʃa³¹moʔ⁵⁵ lup⁵⁵ ʔot³¹ pən³¹ʔom³¹. 石头沉到水底。

石头　　沉　在　水底

laʔ⁵⁵⁻³¹θeʔ⁵⁵ thəi³¹ ʔot³¹ pan³¹ʔom³¹. 树叶浮在水上。

树叶　　漂浮　在　水面

ʔa³¹θek³¹ jam⁵¹ puk⁵⁵ laik³¹ ʔot³¹ tɤŋ³¹ɣuɔŋ³¹. 老鼠死在路上腐烂了。

老鼠　　死　腐　化　　在　路

ʔɔʔ⁵⁵ θuan³⁵ hluŋ⁵¹ ma³¹ to³¹. 我算漏了一只。

我　算　漏　　一　只

ʔɔʔ⁵⁵ ʔot³¹ nneʔ⁵¹ pen³¹ pa³¹θan³⁵ nŋiʔ⁵⁵ ʔɔai³¹⁻³³. 我在这里五天了。

我　在　这里　得　五　　天　助

meʔ⁵⁵ ʔot³¹ nneʔ⁵¹ tɔʔ⁵⁵ pəl³¹mɔ³¹ nŋiʔ⁵⁵? 你还要在这里待几天？

你　在　这里　加　多少　　天

3. 形容词作补语

ʔɔʔ⁵⁵ theiŋ⁵¹ ntɔl³¹ <u>kot</u>³¹. 我很少喝酒。

我　　喝　　酒　　少

θa³¹ʔia³¹nal⁵¹ meʔ⁵⁵⁻³¹ tɑm⁵¹ <u>hɔit</u>³¹ ʔɑi³¹⁻³⁵ʔ 你熬好草药没有？

草药　　　　你　　熬　　好　　助

meʔ⁵⁵ ȵun⁵¹ pʌm⁵¹, mak³³ plɔi³¹! 你按住，不要松开！

你　　按　　牢　　莫　　松开

θa³¹lɔp³¹ θuʔ⁵⁵ phɣim⁵¹ ʔɔai³¹. 衣服穿旧了。

衣服　　穿　　旧　　　助

la³¹lɔʔ⁵⁵ ʔɔʔ⁵⁵⁻³¹ khɣl³¹vaŋ³¹ <u>nȵai</u>³¹. 我的声音传得远。

声音　　我　　传　　　远

4. 疑问代词作补语

khuɔn³¹ meʔ⁵⁵⁻³¹ khoi⁵¹ <u>nȵʌm</u>⁵¹⁻³¹moʔ³¹? 你娃娃哪年出生的？

娃娃　　你　　有　　哪年

ʃaŋ³¹ ʔe⁵⁵tʃup³³ lup⁵⁵ thuʔ⁵⁵⁻³¹ phɣiʔ⁵⁵, xai⁵¹ <u>təl³¹moʔ</u>⁵⁵ ʔɔai³¹.

大象　现在　进　介　森林　消失　无论哪里　助

大象到森林里了，不知消失在哪里了。

5. 名词作补语

meʔ⁵⁵ li⁵¹⁻³¹ puɔŋ³¹ <u>khuŋ</u>⁵¹<u>ka³¹jaŋ</u>³¹ taŋ³³ ʔɔʔ⁵⁵. 你代替我去勐养开会。

你　　下　　开会　　勐养　　　替　我

ʔɣn⁵¹ ɣɑp⁵⁵ ʃa³¹leʔ⁵⁵ mek⁵⁵ tɣŋ³¹to³³. 他浑身淋湿了。

他　　淋　　雨　　湿　　全身

ʔɣn⁵¹ kaŋ³¹ pa³¹ khoi³¹, lep³³lok³³ <u>nnaʔ</u>⁵⁵nne⁵¹. 他没家，四处流浪。

他　　家　　不　　有　　流浪　　四处

6. 介词短语作补语

meʔ⁵⁵ li⁵¹⁻³¹ puɔŋ³¹ <u>khuŋ</u>⁵¹<u>ka³¹jaŋ</u>³¹ <u>taŋ</u>³³ ʔɔʔ⁵⁵. 你代替我去勐养开会。

你　　下　　开会　　勐养　　　替　我

ʔɔʔ⁵⁵ lat³¹ <u>ta³¹ ʔɣn</u>⁵¹, tʃop³¹ ɣɣ³¹ pa³¹θɔk³¹ (te³¹) <u>ta³¹ ʔɣn</u>⁵¹.

我　怕　介　他　跑　去　躲藏　　助　介　他

我怕他，跑开躲避他。

tɤŋ³¹ʔe³¹, tɤŋ³¹ʔe³¹, ʔot³¹theʔ⁵⁵ <u>kʌm³¹ ʔɔʔ⁵⁵</u>. 来，来，挨着我坐。

这里　　这里　　坐　　介　我

ʔɤn⁵¹ va⁵¹ phleʔ⁵⁵ ta³¹ (=kha³¹) <u>ʔɔʔ⁵⁵</u> ma³¹ ʃak⁵⁵. 他给我一个果子。

他　给　果子　介　　　　　我　一　个

ʔɔʔ⁵⁵ viet³¹ va⁵¹ <u>kha³¹ ʔɤn⁵¹</u> ha³¹ɣɔi³¹. 我还他五百块。

我　还　给　介　他　　五百

7. 数量短语作状语

ʔɤn⁵¹ tɔn³¹ ʔɔʔ⁵⁵⁻³¹ <u>ma³¹ tʃein³¹</u>. 他踩了我一脚。

他　踩　我　　　一　脚

pa³¹θiŋ⁵¹ khɤʔ⁵⁵ <u>ma³¹ van⁵¹</u>. 蛇动了一下。

蛇　　　动　　一　　次

ʔɤn⁵¹ va⁵¹ phleʔ⁵⁵ ta³¹ (=kha³¹) ʔɔʔ⁵⁵ <u>ma³¹ ʃak⁵⁵</u>. 他给我一个果子。

他　给　果子　介　　　　　我　一　个

ʔɔʔ⁵⁵ khlɔk³¹ meʔ⁵⁵ <u>ma³¹ khɤŋ³³　nŋiʔ⁵⁵</u> ʔɔai³¹. 我等你半天了。

我　等　你　一　半　天　　　助

8. 助词作补语

ʔɤn⁵¹ pen³¹ tuk³¹jap³⁵, tʃiʔ⁵⁵ <u>pen³¹</u>①. 他能吃苦耐劳，什么活都做得了。

他　得　吃苦耐劳　做　得

第四节　单句与复句

一　单句

单句由词或者短语构成，能够独立表达一定的意思。从结构上看，单句可分为主谓句、非主谓句两类。

1. 主谓句

主谓句由主语、谓语两部分构成，包括动词谓语句、形容词谓语句、名词谓语句以及主谓谓语句。

———————————

① 参见"助词"部分。

（1）动词谓语句

动词谓语句指由动词（短语）作谓语中心成分的单句。一般来说，动词（短语）与句子的其他成分有依存关系，常见形式是前有主语、状语，后有宾语、补语等句法成分共现。如：

ʔa³¹ʔɔŋ³¹ ‖ θuit⁵⁵. 蜂会蜇人。（主‖动）

蜂　　　　蛰

θa³¹ʔia³¹nal⁵¹ ‖ ʔia³¹. 草药治病。（主‖动）

草药　　　　　医治

ʔɔʔ⁵⁵ ‖ nɲaŋ⁵¹ ʔɔai³¹. 我听见了。（主‖动）

我　　听见　助

vait³¹ ‖ pat³¹ lʌp⁵⁵ ʔɔai³¹. 刀磨快了。（主‖动+补）

刀　　　磨　快　助

ʔiea³¹ ʔɔʔ⁵⁵ ‖ pa³¹ ʔal³¹ ntham⁵¹. 我的鸡还没有下蛋。（主‖状+动）

鸡　我　　不　还　下蛋

ʔɔʔ⁵⁵ ‖ va⁵¹⁻³¹ ʔɤŋ⁵¹ ɳun⁵¹ tɔit³¹. 我为他按摩。（主‖状+动）

我　给　　他　按　捏

pha³¹θea³¹ ‖ leʔ³³ muk³¹ɣaŋ³¹. 蜜蜂授粉。（主‖动+宾）

蜜蜂　　　拿　花粉

ʔom³¹put⁵⁵ ‖ kat⁵⁵ thiʔ⁵⁵. 开水烫手。（主‖动+宾）

开水　　　烫　手

ʔɔʔ⁵⁵ ‖ pa³¹ kham³⁵ phɣiʔ⁵⁵. 我不耐辣。（主‖状+动+宾）

我　不　耐　辣椒

fai³¹fa³¹ ‖ khle³¹ pat³¹ tɤŋ³¹ɣuɔŋ³¹. 电筒照亮路。（主‖+动+补+宾）

电筒　　　照　亮　路

keʔ⁵⁵ ‖ man³¹ khai³¹ ʔup⁵⁵ ʔot³¹. 他们还在吃饭。（主‖状+动+宾+补）

他们　还　吃　饭　在

（2）形容词谓语句

形容词谓语句指由形容词（短语）做谓语中心成分的单句。形容词（短语）作谓语时也须和句子的主语、状语、补语等句法成分共现。如：

nkhia³¹ ‖ pat³¹θai⁵¹. 月亮亮晶晶。（主‖形）

月亮　　　亮晶晶

kha³¹nʌm³¹puŋ⁵¹ ‖ khat⁵⁵. 雷响。（主‖形）

雷　　　　　　响

ʔom³¹ ‖ nok³¹ ʔɔai³¹. 水满了。（主‖形）

水　　满　助

la³¹vaŋ³¹ ʔe⁵¹ ka³¹theʔ⁵⁵ ‖ pa³¹ jɔŋ³¹. 这块地不好。（主‖状+形）

块　　这　地　　　　不　好

vɤŋ³¹ʔe⁵¹ ‖ ʧat³¹ θa³¹klal³¹. 今天很热。（主‖状+形）

今天　　　很　热

θa³¹lɔp³¹ ‖ nteiŋ³¹ luŋ³³. 衣服太大了。（主‖形+补）

衣服　　　大　极其

phleʔ⁵⁵ ʃak⁵⁵⁻³¹ ʔe⁵¹ ‖ nɳaŋ³¹ mai³¹ ʃak⁵⁵⁻³¹ haʔ⁵⁵. （主‖形+补）

果　个　这　甜　比　个　那

这个果子比那个甜。

ʔɔʔ⁵⁵ ‖ kan³¹ ta³¹ ʔɤn⁵¹. 我看见他就害羞。（主‖形+补）

我　　害羞 介　他

təl³¹mɔʔ⁵⁵ ‖ kɔ³¹ tet³³ kɤl⁵⁵ ʔɔai³¹⁻³³. 到处静悄悄。（主‖状+形+补）

无论哪里　也　安静 完　助

（3）名词谓语句

名词性谓语句由名词（代词）性成分充当句子谓语的中心成分，如：

meʔ⁵⁵ ‖ ʔa³¹mɔʔ³¹? 你是谁？

你　　谁

ʔɔʔ⁵⁵ ‖ ʔa³¹hla³¹. 我是岩腊。

我　　岩腊

vɤŋ³¹haʔ⁵⁵ ‖ ji³¹khau³⁵. 前天一号。

前天　　　一号

meʔ⁵⁵ ‖ pəl³¹mɔʔ³¹ nnʌm⁵¹ ʔɔai³¹⁻³³? 你多大了？

你　　多少　　年　助

kan⁵¹⁻⁵⁵ ʔa³¹mɔʔ⁵⁵ ‖ kan⁵¹⁻⁵⁵ ʔa³¹haʔ⁵⁵! 各自的事是各自的事！

事情　无论谁　　事情　那

（4）主谓谓语句

主谓谓语句由主谓短语充当句子的谓语，句子的主语可视为大主语，主谓短语的主语可视为小主语。如：

ʔɤn⁵¹ ‖ θa³¹mɔʔ⁵⁵ pa³¹ ʃa³¹ʔel³¹. 他什么都不知道。

他　　无论什么　不　知道

ʔɤn⁵¹ ‖ ka³¹kat³¹ ntein³¹. 他力大。

他　　力气　　　大

ʔɤn⁵¹ ‖ nʃaŋ³¹thiʔ⁵⁵ thu⁵¹ ʔɔʔ⁵⁵⁻³¹. 他用肘捅我。

他　　　肘　　　　捅　　我

ʔɔʔ⁵⁵ ‖ thiʔ⁵⁵ taʔ⁵⁵ ʃa³¹ŋai³¹. 我用手遮住眼睛。

我　　手　　遮　　眼睛

mɔn³¹ tʃaʔ³¹ ʔe⁵¹ ‖ meʔ⁵⁵ mak³³ lai³⁵ kʌm⁵¹ ʔiʔ⁵⁵!

话　种　这　你　莫　说　介　别人

这种话你莫给别人说！

2. 非主谓句

有些句子在语境中因为无须说出主语或者无法补出主语而只出现谓语部分，这种句子叫非主谓句。如：

pa³¹ ʔal³¹ hɔit³¹⁻³⁵. 还没好。

不　还　好

khap⁵⁵ ʔɔai³¹. 够了。

够　助

jɔŋ³¹theiŋ⁵¹⁻⁵⁵ pa³¹ jɔŋ³¹theiŋ⁵¹⁻⁵⁵? 好喝不好喝？

好喝　　　　不　好喝

nkuʔ³³, taŋ³¹ pa³¹ pen³¹. 深，不能过。

深　　过　不　得

lat⁵⁵ ʃa³¹leʔ⁵⁵ ʔɔai³¹. 下雨了。

来　雨　助

θa³¹vek⁵⁵ ʔɔai³¹. 天黑了。

天黑　助

θɤuk⁵⁵ ʔɔai³¹. 滑坡了。

滑坡　　助

θa³¹klal³¹ kot³¹ npiet⁵⁵. 温度下降了一些。

热　　　少　一些

puɔ³¹ pɣiʔ⁵⁵ ʔɔai³¹. 山色已晚了。

晚　　山林　助

pa³¹ tʌm³¹ θa³¹ma⁵⁵ ʔɔai³¹. 风停了。

不再　　吹风　　助

ʃom³¹ phaŋ⁵¹ ʔɔai³¹. 亏大了。

亏　　多　助

ɣuɔɯ³⁵ ʔɔai³¹⁻⁵¹. 到了。

到　助

kap⁵⁵ meʔ⁵⁵ ʔɔai³⁵. 就怪你。

就怪你　　　助

ʔɑn⁵¹ luŋ³³, pie³¹ təl³¹ʔot³¹ ʔiʔ⁵⁵. 太大了，占人的空间。

大　极其　胜　空间　　　人

phəiŋ⁵¹ pa³¹ tʃap⁵⁵. 没打中。

射击　不　中

xɣam⁵¹ pa³¹ pie³¹. 抬不动。

抬　　不　胜

nok³¹ pie⁵¹ ʔɔai³¹⁻³⁵. 满出来了。

满　溢　助

tham³¹ɳaʔ⁵⁵ lɔm³¹ ʔot³¹. 刚才还见到。

刚刚　　　见　在

3. 几种句式

（1）连谓句

连谓句一般由两个或以上的谓词性成分充当谓语，其中心成分多为动词（词组）。昆格语的连谓句很常见，前后谓词性成分之间的语义关系类型也比较多，可根据不同的语境做出不同的解释。

连谓结构可表两个或多个动作同时发生。如：

ʃɔʔ⁵⁵ phai³¹ phət⁵⁵ θa³¹thaʔ⁵⁵ te³¹. 狗摇尾巴。

狗　　转　　摇摆　尾巴　　助
plik⁵⁵ pioŋ³¹ tok³¹ klau⁵⁵⁻³¹ poʔ⁵⁵te³¹. 把辣椒、花椒拌在一起舂。
辣椒　花椒　舂　拌　　助
lek³¹ tua³¹ ka³¹theʔ⁵⁵ pan⁵¹ khai³¹. 猪拱土找吃的。
猪　拱　土　　找　吃
puɔ³¹ʃɤŋ³¹khoʔ⁵⁵ ʔɔʔ⁵⁵ ka³¹meʔ⁵⁵ lɔm³¹ phən³¹phiaʔ⁵⁵.
昨晚　　　　我　做梦　　见　姑娘
昨晚我梦见姑娘了。

ʃɔʔ⁵⁵ pam⁵¹ ka³¹ʔaŋ³¹ tʃop³¹. 狗叼骨头跑。
狗　含　骨头　　跑

还可表两个或多个动作先后发生，如：
ʔɔʔ⁵⁵ ʃɤŋ³¹khok³¹ tʃein³¹ ta³¹ ʃa³¹moʔ⁵⁵ tɤŋ³¹pak⁵⁵ lak⁵⁵.
我　绊　　　脚　介　石头　　扑趴　　摔倒
我的脚绊了石头，一扑趴摔了一跤。
ʃɔʔ⁵⁵ lɔm³¹ ʔa³¹ʃea⁵¹ xuɔm³¹ ɣɤp³³ kak⁵⁵. 狗看见野猫，扑过去咬。
狗　见　野猫　　追　扑　咬
ʔa³¹khlaŋ³¹ ʃa³¹pluŋ⁵¹ khle⁵¹ ʃip⁵⁵ khuɔn³¹ʔiea³¹ phəa⁵¹ phol³¹.
老鹰　　俯冲　　掉落　捡　小鸡　　　飞　开去
老鹰俯冲下来抓起小鸡飞走了。
khuɔn³¹thiʔ⁵⁵ kuat⁵⁵ ntʌt⁵⁵ lɤŋ⁵¹ ʔiŋ⁵¹la³¹ʃok³¹. 指头挖耳屎弹掉。
指头　　　掏　弹　扔　耳屎
ʔɤn⁵¹ leʔ³³ khon³¹ʃa³¹moʔ⁵⁵ lɤŋ⁵¹ ta³¹ ʔɔʔ³¹. 他向我扔石头。
他　拿　石块　　　　扔　介　我
pa³¹θiŋ⁵¹ pum⁵¹ nplet³¹ ʔa³¹θek³¹. 蛇吞鼠。
蛇　含　吞　鼠
laʔ⁵⁵⁻³¹θeʔ⁵⁵ kua⁵¹ khle⁵¹. 树叶掉下来。
树叶　　脱落　掉
ʔɔʔ⁵⁵ pʌk³³⁻³¹ ʔom³¹ tɔʔ⁵⁵ van⁵¹ nok³¹ ʔɔai³¹. 我把水加满了。
我　取　水　加　助　满　助
ʔa³¹ʃim⁵¹ pam⁵¹⁻³¹ nal⁵¹ pliŋ³¹ nlɔŋ³¹. 麻雀衔草做窝。

麻雀 　含 　　草 盖 窝

ŋai³¹nŋiʔ⁵⁵ li⁵¹ thɔŋ³¹ pat³¹ ɣim⁵¹ puŋ³⁵thaŋ³³.

太阳 　出 照 亮 　寨子 曼蚌汤

太阳出来照亮曼蚌汤寨子。

ʔɔʔ⁵⁵ ɣɣ³¹ θa³¹vaŋ³¹ ʔɤn⁵¹. 我去问他。

我 　去 问 　　他

meʔ⁵⁵ ɣɣ³¹ pʌk⁵⁵ van⁵¹⁻³¹ pʌm⁵¹! 你去拴牢！

你 　去 捆 　助 　稳

meʔ⁵⁵ li⁵¹⁻³¹ puɔm³¹ khuŋ⁵¹ka³¹jaŋ³¹ taŋ³³ ʔɔʔ⁵⁵. 你代替我去勐养开会。

你 下去 开会 勐养 　　介 我

ʔɔʔ⁵⁵ leʔ³³ vait³¹ hlɔk³⁵ ʔɤn⁵¹⁻³¹. 我拿刀吓唬他。

我 拿 刀 吓唬 他

leʔ³³ ʔɤn⁵¹ ɣɣ³¹ pa³¹kɣaŋ⁵¹ ta³¹ kɔk³¹! 把他关起来！

拿 他 去 关 　　介圈

ʔɤn⁵¹ tʃop³¹ ɣɣ³¹ pa³¹θɔk³¹ ta³¹ pɣiʔ⁵⁵. 他跑进林子躲藏。

他 跑 去 躲藏 介山林

有些连谓结构可分析为其他语义关系，如：

meʔ⁵⁵ ①pup³¹ tʃɔŋ³³ ②ɣɣ³¹! 你打伞去！（①是②的方式）

你 　　顶 伞 　　去

meʔ⁵⁵ ①khai³¹ ②ʔem³¹. 你尝尝。（②是①的方式）

你 　　吃 试

θa³¹lɔp³¹ ①pa³¹ ʔɑn⁵¹ ②pa³¹ tek⁵⁵. 衣服不大不小。（①和②表正反关系）

衣服 　不 大 　不 小

nn̩ɔm³¹ ʔe⁵¹ ①pa³¹ tʃap⁵⁵⁻³¹ nɐi³¹ ②pa³¹ tʃap⁵⁵⁻³¹ ʔuiŋ⁵¹ te³¹.

娃娃 这 不 像 　妈 不 像 　爸 助

这娃娃不像爹不像妈。（①和②表正反关系）

（2）兼语句

兼语句的谓语部分由兼语短语结构充当，兼语短语一般包含两个谓词结构，前谓词结构的宾语作后谓词结构的主语（用下划线标示）。通常而言，句子主语发出前谓语动词所表示的动作行为，从而致使前谓语动词的宾语发出后谓词结构所表示的动作行为或出现后谓词结构所表示的状态。如：

me?⁵⁵ va⁵¹⁻³¹ ?ɔ?⁵⁵ ?ot³¹ khlɔk³¹ me?⁵⁵ ma³¹khɤŋ³³nŋi?⁵⁵.

你 给 我 在 等 你 半天

你让我等你等了半天。

?uiŋ⁵¹ ?ɔ?⁵⁵⁻³¹ pa³¹ va⁵¹⁻³¹ ?ɔ?⁵⁵ ?iau³⁵. 爸爸不许我玩耍。

爸爸 我 不 给 我 玩

?ɤn⁵¹ phap³¹ n̠n̠ɔm³¹ num⁵¹ te³¹. 他给娃娃把尿。

他 抱 娃娃 撒尿 助

θa³¹ma?⁵⁵⁻³¹ ?ɑn⁵¹ phut³³ θe?⁵⁵ khɤ?⁵⁵ɤɤ³¹khɤ?⁵⁵?i³¹.

风 大 吹 树 动 去 动 回

大风把树吹得摇来摇去。

?ɔ?⁵⁵ ŋiŋ³¹ n̠n̠ɔm³¹ van⁵¹ nŋai⁵¹. 我叫醒娃娃。

我 叫 娃娃 助 醒

?ɔ?⁵⁵ phɔ⁵¹ ?ɤɤ⁵¹⁻³¹ pil⁵¹təŋ³¹?i?⁵⁵ ?ɔai³¹. 我把他打昏厥了。

我 打 他 昏厥 助

?ɔ?⁵⁵ hlɔk³⁵ ?ɤn⁵¹⁻³¹ jam³¹ ?ɔai³¹. 我把他吓哭了。

我 吓唬 他 哭 助

me?⁵⁵ tʌit⁵⁵ ?ɔ?⁵⁵ ?ot³¹ tɤŋ³¹kan⁵¹. 你把我落下了。

你 落下 我 在 后面

mɔ⁵⁵?ia⁵⁵ ?ia³¹ lek³¹ ?im⁵¹ ?ɔai³¹. 医生把猪救活了。

医生 医 猪 活 助

?ɔ?⁵⁵ ham³¹ ?ɤn⁵¹ pa³¹ van⁵¹ ɤɤ³¹. 我劝他不要去。

我 劝 他 不 助 去

?ɤn⁵¹ tʃam⁵¹⁻³¹ va⁵¹⁻³¹ ?ɔ?⁵⁵ ɤɤ³¹ le³³ phle?⁵⁵⁻³¹ ?i?⁵⁵.

他 派 给 我 去 拿 果子 人

他唆使我去拿别人的果子。

nəi³¹ va⁵¹⁻³¹ khuɔn³¹ te³¹ pu?⁵⁵ ?ot³¹. 妈妈在给孩子喂奶。

妈妈 给 孩子 助 吃奶 在

me?⁵⁵ lai³⁵ va⁵¹⁻³¹ kha³¹ ?ɤn⁵¹ van⁵¹⁻⁵⁵ khiem³¹! 你给他说明白！

你 说 给 介 他 助 明白

有时，句子主语要参与后一谓语所表示的动作行为，如：

ʔɔʔ⁵⁵ tʃɔt³¹ me̱ʔ⁵⁵ tʃi̱ʔ⁵⁵⁻³¹ vek³¹. 我帮你做事。

我 帮 你 做 事

ʔɔʔ⁵⁵ juŋ³¹ ʔɤṉ⁵¹ van⁵¹ ʔi³¹ ta³¹ kaŋ³¹ ʔɔai³¹. 我扶他回家了。

我 扶 他 助 回 介 家 助

keʔ⁵⁵ θɔn⁵¹ ʔɔʔ⁵⁵ thai³¹ khuŋ⁵¹. 他们教我犁田。

他们 教 我 犁 田

meʔ⁵⁵ ʔua³¹/pʌt³³ ʔɔʔ⁵⁵ ɤɣ³¹. 你领我去。

你 领 背 我 去

ʔɔʔ⁵⁵ ʔua³¹ nŋɔm³¹ ʔɔʔ⁵⁵⁻³¹ ɤɣ³¹ (van⁵¹) vai⁵¹. 我带孩子快走。

我 领 孩子 我 走 助 快

ʔɔʔ⁵⁵ thun⁵¹⁻³¹ ʔɤṉ⁵¹ ɤuɔt³⁵ na³¹pan⁵¹. 我送他到纳板。

我 送 他 到 纳板

（3）双宾语句

昆格语有一种特别的双宾语结构，在一个宾语之后的另外一个宾语往往用来表示某一动作行为的指向对象，第一个宾语可视为"直接宾语"，第二个宾语可视为"指向宾语"。如：

lok³¹ ①ʔom³¹ ②thu̱ʔ⁵⁵ 给菜浇水

浇 水 菜

更多例子如：

lok³¹ ①ʔom³¹ ②θe̱ʔ⁵⁵ 给树浇水

浇 水 树

me̱ʔ⁵⁵ ɤɣ³¹ ʃam⁵¹ ①θa³¹ma̱ʔ⁵⁵ ②tʃein³¹mo³¹tho³¹ van⁵¹⁻⁵⁵ nok³¹!

你 去 装 气 摩托脚 助 满

你去把摩托轮胎加满气！

ʔɔʔ⁵⁵ pa³¹ʃʌm⁵¹ ①ŋai³¹ ②khuɔn³¹ (te³¹) van⁵¹ ɤɣʔ⁵⁵ ʔa³¹kiau³¹.

我 栽 名 儿子 助 助 是 岩叫

我给儿子取名岩叫。

nəi³¹ va⁵¹⁻⁵⁵ ①ʔup⁵⁵⁻³¹ ②khuɔn³¹ te³¹. 妈妈给孩子喂饭。

妈妈　　给　　　饭　　　孩子　　助
ʔɔʔ⁵⁵ va⁵⁵⁻³¹ ①θa³¹khai³¹ ②lek³¹. = ʔɔʔ⁵⁵ va⁵⁵⁻³¹ lek³¹ te³¹. 我喂猪。
我　　给　　　食　　　猪　　　我　　给　　　猪　　助

需要注意的是，汉语中典型的"给予"类双宾语句在昆格语里全部为单宾语句，"给予对象"须用介词kha³¹或ta³¹引出。如：

keʔ⁵⁵ θɔn⁵¹ mɔn³¹xuʔ⁵⁵ va⁵¹ kha³¹/ta³¹ ʔɔʔ⁵⁵. 他们教我昆格语。

他们　教　　昆格语　　给　介　　　我

这句话也可以说成：

keʔ⁵⁵ θɔn⁵¹ va⁵¹ kha³¹/ta³¹ ʔɔʔ⁵⁵　mɔn³¹xuʔ⁵⁵.

他们　教　　给　介　　　我　　昆格语

但不能说成：

keʔ⁵⁵ θɔn⁵¹ va⁵¹ ʔɔʔ⁵⁵　mɔn³¹xuʔ⁵⁵.

他们　教　　给　我　　昆格语

keʔ⁵⁵ θɔn⁵¹ ʔɔʔ⁵⁵　mɔn³¹xuʔ⁵⁵.

他们　教　我　　昆格语

类似的例子如：

ʔɤn⁵¹ va⁵¹ phleʔ⁵⁵ ma³¹ ʃak⁵⁵ kha³¹/ta³¹ ʔɔʔ⁵⁵. 他给我一个果子。

他　给　果子　一　个　介　　　我

或：ʔɤn⁵¹ va⁵¹ kha³¹/ta³¹ ʔɔʔ⁵⁵ phleʔ⁵⁵ ma³¹ ʃak⁵⁵.

他　给　介　　　我　果子　一　　个

ʔɔʔ⁵⁵ viet³¹ va⁵¹ kha³¹/ta³¹ ʔɤn⁵¹ haʔ³¹ɣɔi³¹. 我还他五百块。

我　还　给　介　　　他　五百

或：ʔɔʔ⁵⁵ viet³¹ va⁵¹ haʔ³¹ɣɔi³¹ kha³¹/ta³¹ ʔɤn⁵¹.

我　还　给　五百　介　　　他

ʔɤn⁵¹ thun⁵¹ va⁵¹ kha³¹/ta³¹ ʔɔʔ⁵⁵ ma³¹ phən³¹ pap³³. 他送我一本书。

他　送　给　介　　　我　一　本　书

或：ʔɤn⁵¹ thun⁵¹ va⁵¹ ma³¹ phən³¹ pap³³ kha³¹/ta³¹ ʔɔʔ⁵⁵.

他　送　给　一　本　书　介　　　我

ʔɤn⁵¹ pu⁵⁵⁻³¹ va⁵¹ kha³¹/ta³¹ ʔɔʔ⁵⁵ haʔ³¹θip⁵⁵ jɛn³¹. 他补给我五十元。

他　补　给　介　　　我　五十　　元

或：ʔɤn⁵¹ pu⁵⁵⁻³¹ va⁵¹ haʔ³¹θip⁵⁵ jɛn³¹ kha³¹/ta³¹ ʔɔʔ⁵⁵.

    他   补   给 五十   元 介   我

以上各句均不能说成：

ʔɤn⁵¹ va⁵¹ ʔɔʔ⁵⁵ phleʔ⁵⁵ ma³¹ ʃak⁵⁵.

 他 给 我 果子 一 个

ʔɔʔ⁵⁵ viet³¹ va⁵¹ ʔɤn⁵¹ haʔ³¹ɣɔi³¹.

 我 还 给 他 五百

ʔɔʔ⁵⁵ viet³¹ ʔɤn⁵¹ haʔ³¹ɣɔi³¹.

 我 还 他 五百

ʔɤn⁵¹ thun⁵¹ va⁵¹ ʔɔʔ⁵⁵ ma³¹ phən³¹ pɑp³³.

 他 送 给 我 一 本 书

ʔɤn⁵¹ thun⁵¹ ʔɔʔ⁵⁵ ma³¹ phən³¹ pɑp³³.

 他 送 我 一 本 书

ʔɤn⁵¹ pu⁵⁵⁻³¹ va⁵¹ ʔɔʔ⁵⁵ haʔ³¹θip⁵⁵ jɛn³¹.

 他 补 给 我 五十   元

ʔɤn⁵¹ pu⁵⁵⁻³¹ ʔɔʔ⁵⁵ haʔ³¹θip⁵⁵ jɛn³¹.

 他 补 我 五十   元

表示"借"、"欠"的情况一样，不能用双宾语句，借欠对象需用介词ta³¹引出，此时不能再用介词kha³¹。如：

ʔɔʔ⁵⁵ ʔot³¹ ɣam⁵¹ ta³¹ meʔ⁵⁵ θip⁵⁵ jɛn³¹. 我欠你十元。

 我 在 借 介 你 十 元

或：ʔɔʔ⁵⁵ ʔot³¹ ɣam⁵¹ θip⁵⁵ jɛn³¹ ta³¹ meʔ⁵⁵.

    我 在 借 十 元 介 你

但不能说成：

ʔɔʔ⁵⁵ ʔot³¹ ɣam⁵¹ meʔ⁵⁵ θip⁵⁵ jɛn³¹.

我 在 借 你 十 元

（4）存在句

①领有存在

领有存在表示领有关系，其句法结构为：领有者＋领有动词khoi³¹"有"＋领有对象。如：

ʔɔʔ⁵⁵ khoi³¹ nnɔm³¹ pa³¹θan³⁵ ʔiʔ⁵⁵. 我有五个娃娃。

我　　有　　娃娃　　五　　　　个

ʔɤn⁵¹ khoi³¹ khuiŋ⁵¹ ʔɔai³¹. 她有男人了。

她　　有　　男人　　助

ʔɔʔ⁵⁵ khoi³¹ kan⁵¹⁻⁵⁵ ʔot³¹. 我有事做。

我　　有　　事　　在

ʔe³¹ ʔiea³¹ ʔɔʔ⁵⁵⁻³¹ khoi³¹ pəl³¹mɔ³¹ kin³¹? 我这只鸡有多少斤?

这　　鸡　　我　　　　有　　多少　　斤

动词khoi³¹有时不宜理解为领有，这种现象属于一词多义。如：

ʔɤn⁵¹ khoi³¹ θɔ³⁵ ʔɔai³¹. 他犯错了。

他　　有　　错　　助

khuɔn³¹ meʔ⁵⁵⁻³¹ khoi³¹ nnʌm⁵¹⁻³¹mɔʔ³¹? 你娃娃哪年出生的?

娃娃　　你　　　　有　　哪年

②非领有存在

非领有存在表示什么地方存在什么人或物，其句法结构是：处所名词＋存在动词＋存在者。昆格语的非领有存在分为有生存在和无生存在，有生存在表示什么地方存在着有生命的人或动物，存在动词是ʔot³¹ "在"。如：

pyiʔ⁵⁵⁻³¹ ʔɑn⁵¹ ʔot³¹ ʃaŋ³¹ ma³¹ mu³⁵. 大森林里有一群大象。

森林　　大　　在　　象　　一　　群

nthuʔ⁵⁵ ʔe⁵¹ ʔot³¹ pa³¹θiŋ³¹. 这个洞里有蛇。

洞　　这　　在　　蛇

kɔ³¹θɣɣŋ⁵¹ ʔe⁵¹ ʔot³¹ nkaŋ³¹ ma³¹ nthuʔ⁵⁵. 这蓬竹下面有一窝竹鼠。

竹蓬　　　这　　在　　竹鼠　一　　洞

ka³¹luŋ³¹θeʔ⁵⁵ ʔe⁵¹ ʔot³¹ pa³¹θiŋ³¹ ma³¹ to³¹. 这个树洞里有一条蛇。

树洞　　　　这　　在　　蛇　　一　　条

kɔk³¹lek³¹ ʔot³¹ khuɔn³¹lek³¹ tek⁵⁵ ʔa³¹phon³¹ to³¹. 猪圈里有四头猪崽。

猪圈　　　在　　猪崽　　小　　四　　头

nlɔŋ³¹ʔiea³¹ ʔot³¹ ʔa³¹phon³¹ ʃak⁵⁵ ntham⁵¹. 鸡窝里有四枚蛋。

鸡窝　　　　在　　四　　　只　　蛋

无生存在表示什么地方存在着无生命的物，分为两种情况：一种是外力致使无生存在，存在动词用 ʔot³¹ "在"；另一种是自然无生存在，存在动词用khoi³¹ "有"。如：

tvŋ³¹pan³¹kon³¹ ʔot³¹ pɑp³³ ma³¹ phən³¹. 桌上有一本书。

桌面　　　　　在　书　一　本

（书是人放的，而不是自然存在于桌面上的。）

npiea³¹lən⁵¹ ʔot³¹ ʔa³¹phon³¹ pie³³. 河边有四个竹排。

河边　　　　　在　四　　　竹排

（竹排是人放的，而不是自然存在于河边的。）

thɑŋ⁵¹pie³¹ ʔvn⁵¹⁻³¹ ʔot³¹ phleʔ⁵⁵phin³¹ko⁵¹ ma³¹ ʃak⁵⁵.

衣兜　　　他　　　在　苹果　　　　一　个

他衣兜里有一个苹果。

（苹果是人放进衣兜的，而不是自然存在于衣兜的。）

pɣiʔ⁵⁵⁻³¹ ʔɑn⁵¹ khoi³¹ θa³¹ʔia³¹nal⁵¹. 大森林里有草药。

森林　　　大　有　　草药

（草药是自然生长的。）

nthuʔ⁵⁵ ʔe⁵¹ khoi³¹ ʔom³¹. 这个洞里有水。（水是自然存在的。）

洞　　　这　有　水

pɣiʔ⁵⁵ naʔ³¹ɣe⁵¹ khoi³¹ ma³¹ tɔ³¹/lɔŋ³¹. 那山林里有一条箐沟。

山林　那　　　有　一　箐沟

（箐沟是自然存在的。）

二　复句

复句由两个或两个以上的单句构成，单句之间意义相关，句法上互不作句法成分。复句可通过两种途径结合在一起：一是关联法，二是意合法。关联法使用关联词语，包括连词和具有关联功能的副词（加下划线表示）；意合法不使用关联词语。从单句与单句之间的逻辑关系来看，复句可以分为联合复句与偏正复句，前者的构成分句之间意义平等，无主从之分；后者的构成分句之间有主从关系。从复句的结构层次看，一个复句可为单重复句，只包含一个层次；也可为多重复句，包含两个或多个层次。昆格语的复句多使用意合法连接，较少使用关联法。

1. 联合复句

联合复句的各分句之间的逻辑关系包括并列、顺承、选择、递进、解说等类型。

并列关系包括平列和对举。表平列关系的如：

ntʃəa⁵¹ nkuʔ³³, ‖ vəi³¹ leŋ³¹. 下坡长，上坡陡。

下坡 深　　　上坡 高

keʔ⁵⁵ θa³¹kɣap⁵⁵ xui⁵¹ θa³¹kɣap⁵⁵ fuɔn³¹jeiŋ³⁵.

他们 一边　　唱 一边　　　跳舞

他们边唱歌边跳舞。

表对举关系的如：

ʔɔʔ⁵⁵ tʃɣʔ⁵⁵ naʔ³¹ li⁵¹ khuŋ⁵¹ka³¹jaŋ³¹, ‖ meʔ⁵⁵ pa³¹ li⁵¹ kɔ³¹ pen³¹.

我 就 得 下去 劢养　　　　 你 不下去也 得

我必须去劢养，你不必去。

lom³¹ ʔɣn³¹ ɣɣʔ⁵⁵ ʔiʔ⁵⁵⁻³¹xet⁵⁵, ‖ ma³¹neu⁵⁵ ɣɣʔ⁵⁵ ʔiʔ⁵⁵⁻³¹kɣan³¹.

历来 他 是 勤快人　　　 现在 是 懒人

他从来是勤快人，现在成了懒汉。

ʔiʔ⁵⁵ ɣim⁵¹ ʔeʔ⁵⁵ ɣuɔt³⁵ kɣl⁵¹⁻⁵⁵ ʔɔai³¹, ‖ ɣim⁵¹ ʔiʔ⁵⁵ pa³¹ ʔal³¹ ɣuɔt³⁵.

人 寨子 我们 到 完　　 助 寨子 别人 不 还 到

我们寨子的人到齐了，其他寨子的人还未到。

tham³¹ɳaʔ⁵⁵ lɔm³¹ ʔot³¹, ‖ ʔe⁵⁵tʃup³³ pa³¹ tʌm³¹ lɔm³¹ ʔɔai³¹.

刚刚　　 见 在 现在　 不 再 见 助

刚刚还见到，现在不见了。

ʔa³¹ʔe⁵¹ ɣɣʔ⁵⁵⁻³¹ pi³¹, ‖ ʔa³¹haʔ⁵⁵ ɣɣʔ⁵⁵ ŋal⁵¹⁻³¹mak⁵⁵ta⁵¹ho⁵¹tɕi⁵⁵.

这个 是 笔 那个 是 打火机

这个是笔，那个是打火机。

ʔɣn⁵¹ nɳat³¹ ʔot³¹, ‖ thu⁵⁵ pa³¹θem³¹ ʔɣn⁵¹⁻³¹ la³¹lui⁵¹ ʔot³¹.

他 笑 在 介 心 他 生气 在

他笑在脸上，愁在心里。

pa³¹ɣɣʔ⁵⁵ meʔ⁵⁵ θɔ³⁵, ‖ ɣɣʔ⁵⁵⁻³¹ ʔɔʔ⁵⁵ θɔ³⁵. 不是你错了，而是我错了。

不是 你 错 是 我 错

表顺承关系的如：

ʔɔʔ⁵⁵ ŋiŋ³¹ ʔɤn⁵¹, ‖ ʔɤn⁵¹ jet⁵⁵ ʔɔai³¹. 我叫他，他答应了。
我 喊 他 他 答应 助

ʔɔʔ⁵⁵ ʔot³¹ ta³¹ nthuʔ⁵⁵ hu⁵¹, ‖ la³¹lɔʔ⁵⁵ khɤl³¹van³¹ vʌt⁵⁵.
我 在 介 洞 吼 声音 传 倒回

我在洞口喊，声音传回来。

pɣiʔ⁵⁵ man³¹θi³¹ pat³¹, ‖ ʔɔʔ⁵⁵ tʃɤʔ⁵⁵ ɣuɔt³⁵ ta³¹ ma³¹ ʔɔai³¹.
山林 刚 亮 我 就 到 介 地 助

天刚亮，我就到地里了。

表选择关系的如：

ɣɤʔ⁵⁵⁻³¹ meʔ⁵⁵ θɔ³⁵, ‖ ɣɤʔ⁵⁵⁻³¹ ʔɔʔ⁵⁵ θɔ³⁵. 要么你错，要么我错。
是 你 错 是 我 错

ɣɤʔ⁵⁵⁻³¹ meʔ⁵⁵ li⁵¹, ɣɤʔ⁵⁵⁻³¹ ʔɔʔ⁵⁵ li⁵¹. 要么你去，要么我去。
是 你 去 是 我 去

表递进关系的如：

ʔɔʔ⁵⁵ pa³¹ɣɤʔ⁵⁵ pa³¹ʃʌm⁵¹ ka³¹nuŋ⁵¹, nɔl³¹tu³¹ pa³¹ʃʌm⁵¹ men³¹kiau⁵¹.
我 不仅 种 苞谷 而且也 种 红薯

我不仅种苞谷，还种红薯。

meʔ⁵⁵ pa³¹ tʃaŋ³³⁻³¹ tʃiʔ⁵⁵, nȵɔm³¹ man³¹ tʃaŋ³³⁻³¹ tʃiʔ⁵⁵.
你 不会 做 娃娃 连 会 做

你不会，连娃娃都会。

表解说关系的如：

la³¹van³¹ ʔe⁵¹ ka³¹theʔ⁵⁵ pa³¹ jɔŋ³¹, ‖ pa³¹ʃʌm⁵¹ θa³¹mɔʔ⁵⁵ pa³¹ li⁵¹
块 这地 不好 种 无论什么 不 出

θa³¹mɔʔ⁵⁵. 这块地很差，种什么都没有收成。
无论什么

ʃaŋ³¹ ʔe⁵⁵tʃup³³ lup⁵⁵ thuʔ⁵⁵⁻³¹ phɣiʔ⁵⁵, ‖ xai⁵¹ vet⁵⁵ təl³¹mɔʔ⁵⁵ ʔɔai³¹.
大象 现在 进 介 森林 消失掉 无论哪里 助

大象到森林里了，不知消失在哪里了。

ʔɔʔ⁵⁵ θa³¹than⁵¹, ‖ ʔɔ⁵¹ŋai³¹ ʃa³¹vɔt³¹ vet⁵⁵ ʔɔai³¹. 我老了，脸消瘦了。

我　老　　　面庞　凋谢　掉　助

jau⁵¹ phɔ⁵¹⁻³¹ poʔ⁵⁵te³¹, ‖ ʔɔʔ⁵⁵ kan³¹ ta³¹ ʔɤn⁵¹ ʔɔai³¹.

我俩打　　相互　　我　输　介　他　助

我俩打架，我输给了他。

2. 偏正复句

偏正复句包括时间、因果、假设、条件、目的、转折等类型。

表时间的偏正复句由表时间的偏句和正句构成，偏句一般在正句之前。如：

ʔɤn⁵¹ ɣuɔt³⁵, ‖ ʔɔʔ⁵⁵ khai ʔup⁵⁵ hɔit³¹ ʔɔai³¹⁻³³.

他　到　　我　吃　饭　好　助

他来的时候，我吃好饭了。

puɔm³¹ hɔit³¹, ‖ mɔʔ⁵⁵haʔ⁵⁵ ʔi³¹ ta³¹ ɣim⁵¹ te³¹.

开会　好　　各自　　回　介　寨子　助

散会后，各自回到寨子。

fai³¹fa³¹ khle³¹ viɛn⁵⁵, ‖ npal³¹ vʌt⁵⁵ tɤŋ³¹kan⁵¹.

手电　照　镜子　　光　倒回　后

手电筒照镜子，光要折回来。

表因果的偏正复句由表原因的偏句和表结果的正句构成。偏句多在正句之前，也有在正句之后的。如：

ŋainŋiʔ⁵⁵ kat⁵⁵ luŋ³³, ‖ thuʔ⁵⁵ thap³¹ ʃa³¹vɔt³¹ ʔɔai³¹.

太阳　烫　极其　菜　晒　蔫　　助

太阳太辣，菜晒蔫了。

ʔɔʔ⁵⁵ nŋaŋ⁵¹ pa³¹ khiem³¹, ‖ meʔ⁵⁵ lai³⁵ tɔʔ⁵⁵ ma³¹ vaŋ⁵¹.

我　听　不　明白　　你　说　添　一　次

我没听清楚，你再说一遍。

ʃɔʔ⁵⁵ ɣuɔt³⁵ ve³¹la³¹lek³¹, ‖ ʔɤn⁵¹ ɣɤ³¹ pan⁵¹ khɤn⁵¹. 狗发情，找母狗。

狗　到　发情期　　　它　去　找　女

kap⁵⁵ meʔ⁵⁵ thɔt³¹ mau³¹, ‖ vɤŋ³¹ʔe⁵¹ lat⁵⁵ ʃa³¹leʔ⁵⁵ ʔɔai³¹⁻³³.

怪　你　抽　烟　　今天　来　雨　　助

就怪你抽烟了，今天下雨了。

pa³¹ tʌm³¹ khoi³¹ θa³¹mɔʔ⁵⁵, ‖ ʔɔʔ⁵⁵ ʔi³¹ ʔiet³¹ ʔɔai³¹⁻³³.

不　再　有　无论什么　我　回　睡　助

不再有什么事了，我回家睡觉了。

tʌŋ³¹ɣuɔŋ³¹ hlum⁵¹ khle⁵¹, ‖ lot³³ pa³¹ tʌm³¹ tʃaŋ³³⁻³¹ ɣɤ³¹.

路　　凹陷　掉落　车　不　再　能　　去

道路凹陷，车过不了。

jau⁵¹ lot³¹ poʔ⁵⁵te³¹, ‖ ʔɤn⁵¹ ka³¹tʃoʔ⁵⁵ ta³¹ ʔɔʔ⁵⁵.

我俩　吵架　助　　　他　冷落　　介　我

我俩吵了架，他不理我了。

ʔɔʔ⁵⁵ lɔm³¹ keʔ⁵⁵ khai³¹ nn̥eʔ⁵⁵, ‖ ʔɔʔ⁵⁵ li⁵¹ ʔom³¹paiŋ³¹ te³¹ ʔot³¹.

我　看见　他们　吃　　肉　　我　出　清口水　　助　在

看见他们吃肉，我便垂涎三尺。

ʔɤn⁵¹ khoi³¹ θɔ³⁵ʔɑn⁵¹, ‖ ʔiʔ⁵⁵ pʌk⁵⁵ leʔ³³　ɣɤ³¹ phiem⁵¹ ʔɔai³¹.

他　有　大错　　　人　绑　拿　去　枪毙　助

他犯了大错，被绑走拿去枪毙了。

ʔɔʔ⁵⁵ tʃɣʔ⁵⁵θi³¹ khoi³¹ nm̥ul⁵¹ ha³¹ jɛn³¹, ‖ khai³¹ θa³¹mɔʔ³¹ nʌm³¹

我　仅　　有　钱　五　元　吃　什么　要

θa³¹mɔʔ³¹? 我有五块钱，吃什么？要什么？

什么

（正句是疑问句，暗指结果）

vɤŋ³¹haʔ⁵⁵ pa³¹ lɔm³¹ meʔ³¹, ‖ ma⁵⁵ ɣɤʔ⁵⁵⁻³¹ ʃuʔ⁵⁵khat⁵⁵ meʔ³¹!

前天　不见　你　原来　是　疼病　你

前天没见到你，原来因为你生病了！

（正句在前，偏句表后来知晓的原因）

mak³³　ɣep³³ ʔɔʔ⁵⁵⁻⁵¹, ‖ ʔɔʔ⁵⁵ khoi³¹ kan⁵¹⁻⁵⁵ ʔot³¹.

莫　打扰　我　　我　有　事　在

别打扰我，我有事做。（正句在前，偏句补充原因）

表假设的偏正复句由表假设条件的偏句和表结果的正句构成，偏句一般位于正句之前。如：

meʔ⁵⁵ pa³¹ li⁵¹, ‖ va⁵¹ ʔa³¹mɔʔ³¹ li⁵¹? 如果你不去，叫谁去？

你　不　去　　给谁　　去

lup$^{55-31}$　lən^{51}　θa^{31}　naŋ^{51}, ‖ ʔɔʔ^{55}　kɔ^{31}　ɣɤ^{31}. 哪怕是下河翻山，我也去。

进　　河　上　山　　我　也　去

tɤŋ^{31}ɣuɔŋ^{31}　nŋai^{31}, ‖ ʔɤn^{51}　pa^{31}　lat^{31}. 即使路远，他也不怕。

路　　　　远　　他　　不　怕

meʔ^{55} (kɔ^{31}) pa^{31} ɣɤ^{31}, ‖ ʔɔʔ^{55}　kɔ^{31} pa^{31} ɣɤ^{31}. 如果你不去，我也不去。

你　　也　不　去　　我　　也　不　去

po^{31}　pa^{31}　lat^{55} ʃa^{31}leʔ^{55}, ‖ tʃɣʔ^{55} ɣɤʔ$^{55-31}$ θoʔ^{55}.

如果　不　来　雨　　　就　　是　　暴风

如果不下雨，就是刮暴风。

po^{31} pa^{31}vaŋ^{51} lat^{55} ʃa^{31}leʔ^{55}, ‖ ʔɔʔ^{55} pa^{31} ɣɤ^{31}.

如果 明天　　来　雨　　　我　　不　去

如果明天下雨，我就不去。

phan^{51} ʃɤŋ^{31}khoʔ^{55} meʔ^{55} ɣuɔt^{35}, ‖ meʔ^{55}　kɔ^{31} lɔm^{31}　ʔɤn^{51}　ʔɔai^{31}.

如果 昨天　　　你　到　　　你　也　见　他　助

如果昨天你到了，你就见到他了。

phan^{51} ʃɤŋ^{31}khoʔ^{55} nʌm^{31} ɣaŋ^{51}, ‖ n̡ʌ^{55} ʔɔʔ^{31}　kɔ^{31} θa^{31}ʔɔiŋ^{31} ʔɔai^{31}.

如果 昨天　　　要　阳光　　茶叶 我　也　干　　　助

如果昨天有太阳，我的茶叶就干了。

可见，昆格语表假设条件的关联语有两个：一个是po^{31}，另一个是phan^{51}。需要注意的是：phan^{51}只用来对已经出现的事态进行假设，因此是一种虚拟假设，而po^{31}用于其他场合，其引出的假设条件是可能实现的。

表条件的偏正复句由表条件的偏句和表结果的正句构成，偏句一般位于正句之前。如：

ʃa^{31}leʔ^{55} tek^{55} ʃa^{31}leʔ^{55} ʔan^{51}, ‖ ʔɔʔ^{55} tʃɣʔ^{55} naʔ^{31} ʔi^{31}.

雨　　　小　雨　　大　　我　就　得　回

不管雨大雨小，我必须回去。

ʔɤn^{51}　ɣuɔt^{35}　təl^{31}mɔʔ^{55}, ‖ tʃɣʔ^{55} thein^{51} ntɔl^{31} nmɔŋ^{31}.

他　到　　无论哪里　　就　　喝　酒　醉

他到哪里就醉到哪里。

jam³¹moʔ⁵⁵ ʔɔʔ⁵⁵ puŋ³¹ ʔɤn⁵¹, ‖ ʔɤn⁵¹ tʃɤʔ⁵⁵ tʃiʔ⁵⁵⁻³¹ vek³¹ ʔot³¹.
无论何时　我　遇见他　　他　　就　　做　　事情　在
我不管什么时候遇见他，他都在做事。

表转折的如：

puɔ³¹ pɣiʔ⁵⁵ ʔɔai³¹, ‖ meʔ⁵⁵ khɤn³¹ pa³¹ ʔal³¹ ʔi³¹.
晚　　山林　助　　你　肯　不　还　回
天晚了，可你还不肯回去。

ʔiʔ⁵⁵⁻³¹　ʔe⁵¹ kam⁵¹ lɔm³¹ θa³¹than⁵¹ tʃɤ³¹, ‖ that³¹nə³¹ jɔŋ³¹.
人　　这　虽然　见　老　　　这　身体　　好
虽然这个人看上去这么老，可身体很好。

kam⁵¹ ʔɤn⁵¹ ʃuʔ⁵⁵khat⁵⁵, ‖ tu³¹ ɣɤ³¹ ta³¹ ma³¹ tʃiʔ⁵⁵⁻³¹ vek³¹ ʔot³¹.
虽然　他　　疼病　　　又　去　介　地　做　　事　　在
虽然他病了，又到地里劳动了。

ʔe⁵¹ θaʔ⁵⁵θa³¹ʔe⁵¹ kam⁵¹ ɣɤʔ⁵⁵⁻³¹ ŋɔt³¹, ‖ ʔɤn⁵¹ kɔ³¹ θa³¹vai³¹ ʔot³¹.
这　东西　　　　虽然　是　贵　　　他　也　买　　在
这东西虽然贵，他还是买下了。

3. 多重复句

多重复句可由多重联合复句构成，也可由多重联合复句与偏正复句构成。如：

　　　　　　　　并列　　　　　并列
ntʃəa⁵¹ nkuʔ³³, ‖ vəi³¹ leŋ³¹, ‖ tɤŋ³¹ɣuɔŋ³¹ nŋai³¹.
下坡　深　　　上坡　高　　路　　　　远
下坡长，上坡陡，路途遥远。

　　　　　　　　　并列　　　　　　　并列
meʔ⁵⁵　ɣɤ³¹ tɤŋ³¹ʔua³¹, ¦ ʔɔʔ⁵⁵ ɣɤ³¹ tɤŋ³¹kan⁵¹, ‖ mak³³ khlɔk³¹ ʔɔʔ⁵⁵!
你　　走　先　　　　　我　走　后　　　　莫　等　　　我
你先走，我后走，别等我！

　　　　　　　并列　　　　　　并列
ɣɤʔ⁵⁵⁻³¹ meʔ⁵⁵ li⁵¹, ¦ ɣɤʔ⁵⁵⁻³¹ ʔɔʔ⁵⁵ li⁵¹, ‖ ma³¹ ʔiʔ⁵⁵ li⁵¹.

是　　你　下去　是　　我　下去　一　人　下去
要么你去，要么我去，去一个。

　　　　　　　　　　　　　　　　并列
jam³¹phɣim⁵¹ ʔɔʔ⁵⁵ pa³¹ ʃa³¹ʔel³¹ meʔ⁵⁵⁻³¹, ¦ ma³¹neu³⁵ ʔai⁵¹ ʃa³¹ʔel³¹
以前　　　　我　不　认识　你　　　　现在　　我俩　认识
　　　　　并列
poʔ⁵⁵te³¹, ‖ ɣɣʔ⁵⁵ ʔiʔ⁵⁵⁻³¹kviɛn³⁵ ʔɔai³¹.
相互　　　是　朋友　　　　助
　以前我不认识你，现在我们认识了，是朋友了。

　　　　　并列　　　　　　因果
ʔɣn⁵¹ nn̥am⁵¹, ¦ ʔɔʔ⁵⁵ pa³¹ nn̥am⁵¹, ‖ ʔɔʔ⁵⁵ khiel⁵¹ ta³¹ ʔɣn⁵¹.
她　美丽　　我　不　美丽　　我　嫉妒　介　她
她漂亮，我丑陋，我嫉妒她。

　　　　　　并列　　　　　　　　　　因果
jam³¹phɣim⁵¹ thein⁵¹ ntɔl³¹, ¦ ma³¹neu³⁵ pa³¹ tʌm³¹ thein⁵¹ ntɔl³¹, ‖
以前　　　喝　酒　　现在　　不再　喝　酒
ʔɔʔ⁵⁵ khoi³¹ khat⁵⁵. 以前喝酒，现在不喝了，因为我有病。
我　有　病

　　　　　　　并列　　　　　因果
ŋai³¹nŋiʔ⁵⁵ pa³¹ lɔm³¹, ¦ muŋ³¹mo³¹ taʔ⁵⁵, ‖ ʃʌm³¹ lat⁵⁵ ʃa³¹leʔ⁵⁵ ʔa³¹.
太阳　　不见　云　　遮　要　来　雨　助
太阳不见了，被云遮挡住了，要下雨了。

　　　　　　　时间　　　　　　　　因果
ʔɔʔ⁵⁵ ɣɣ³¹ ɣɣ³¹ tɣn³¹ɣuɔn³¹, ¦ ka³¹vai³¹ phat⁵⁵ lat⁵⁵ ta³¹ ʔɔʔ⁵⁵, ‖
我　走　走　路　　　　老虎　跳　来　介　我

ɔʔ⁵⁵ ʔtut⁵⁵ʃa³¹lɑn⁵¹.

我　　惊恐

我在路上走着走着的时候，老虎朝我跳来，我惊恐万分。

　　　　　　　　　　　　　　　　　并列　　　　　　假设

thuʔ³⁵ meʔ⁵⁵ li⁵¹ puɔm³¹ khuŋ⁵¹ka³¹jaŋ³¹; ‖ meʔ⁵⁵ pa³¹ li⁵¹, ¦ va⁵¹

该　　你　去　开会　勐养　　　　你　不　去　给

ʔa³¹mɔʔ³¹ li⁵¹? 该你去勐养开会。你不去，叫谁去？

谁　　　　去

　　　　　　　　并列　　　　　　　　　假设

mien³³ meʔ⁵⁵ ɣuɔt³⁵, ‖ phan⁵¹ meʔ⁵⁵ pa³¹ ɣuɔt³⁵, ¦ kan⁵¹ ʔɔʔ⁵⁵ tʃiʔ⁵⁵

幸好　你　到　　如果　你　不　到　　事情　我　做

pa³¹ hɔit³¹. 幸亏你来了，如果你不来，我的事情就做不好了。

不　好

　　　　　　　　　　　　转折　　　　　　并列

nȵɔm³¹ ʔe⁵¹ kam⁵¹ lɔm³¹ tek⁵⁵ tʃɣ³¹, ‖ pa³¹θem³¹ ʔan⁵¹, ¦ θa³¹mɔʔ⁵⁵

娃娃　这　虽然　见　小　这　胆子　大　无论什么

ʔɣn⁵¹ jin³⁵ tʃiʔ⁵⁵.

他　敢　做

这个娃娃看上去虽然这么小，但是胆子大，什么都敢做。

　　　　　　假设　　　　　并列　　　　　　　假设

meʔ⁵⁵ thuʔ³⁵ lai³⁵, ¦ nʌm³¹ lai³⁵; ‖ po³¹ pa³¹ thuʔ³⁵ lai³⁵, ¦ meʔ⁵⁵ mak³³

你　该　说　要　说　如果不　该　说　你　莫

lai³⁵. 你该说就要说，不该说就不要说。

说

并列   并列   转折   并列

ntʃəa⁵¹ nkuʔ³³, ¦ vəi³¹ leŋ³¹, ¦ tɤŋ³¹ɣuɔŋ³¹ nŋai³¹, ‖ ʔɤn⁵¹ pa³¹ lat³¹, ¦

下坡 深　　上坡 高　　　路　　远　　他 不 怕

ʔɤn⁵¹ tam⁵⁵to⁵⁵ to³¹ʔɤn⁵¹ ɣɤ³¹.

他　　亲自　　他自己　去

下坡长，上坡陡，路途遥远，但他不怕，他亲自去。

第五节　疑问与祈使

一　疑问

表达疑问语气的句类叫疑问句。昆格语的疑问包括是非问与正反问、特指问、选择问和反义问。

1. 是非问与正反问

是非问要求受话人根据句子内容给出肯定或者否定回答。是非疑问句有肯定式、否定式两种。昆格语的否定式是非疑问句，相当于正反疑问句的省略，因此可把正反疑问句与是非疑问句视为一类。如：

θa³¹ʔia³¹nal⁵¹ meʔ⁵⁵⁻³¹ tɑm⁵¹ hɔit³¹ ʔɔai³¹⁻³⁵? 你熬好草药没有？

草药　　你　熬　好　助

khuŋ⁵¹ meʔ⁵⁵⁻³¹ pa³¹ʃʌm⁵¹ hɔit³¹ ʔɑiʔ³¹⁻³⁵? 你栽秧栽好没有？

田　你　栽　　好　助

ʔom³¹fai⁵¹ meʔ⁵⁵ jin³⁵ lup⁵⁵⁻³¹ θum⁵¹　ʔə³⁵? 你敢下水库洗澡吗？

水库　你　敢　进　洗澡　助

pa³¹ʃiʔ⁵⁵ (pa³¹) ʔal³¹ pʌm⁵¹ ʔɑiʔ³¹⁻³⁵? 绳子紧没紧？

绳子　不　还　稳　助

ŋai³¹nŋiʔ⁵⁵ li⁵¹, (pa³¹) ʔal³¹ ɣɤi⁵¹ ʔa⁵⁵? 太阳都出来了，还不起床吗？

太阳　　出　不　还　起床 助

meʔ⁵⁵ khai³¹ ʔem³¹, (pa³¹) ʔal³¹ ʃin⁵¹ ʔa⁵⁵? 你尝尝，熟没有？

你　吃　试　不　还　熟　助

ʔom³¹ nkuʔ³³ pa³¹ nkuʔ³³? tɑŋ³¹ pen³¹ pa³¹ pen³¹?

水　深　不深　　过　得　不　得

水深不深？能不能过？

ʔɔʔ⁵⁵　pa³¹　ʃa³¹ʔel³¹　tɤŋ³¹ɣuɔŋ³¹　pa³⁵lau⁵¹, me²⁵⁵　ʔua³¹/pʌt³³　ʔɔʔ⁵⁵　ɣɤ³¹,

我　不　知道　路　　　曼巴老　你　领　背　我　去

jɔŋ³¹　pa³¹　jɔŋ³¹? 我不认识去曼巴老的路，你领我去，好吗？

好　不　好

me²⁵⁵　pam⁵¹　ʔem³¹　ma³¹　mɔn³¹　ntɔl³¹, jɔŋ³¹thein⁵¹⁻⁵⁵　pa³¹　jɔŋ³¹thein⁵¹⁻⁵⁵?

你　含　试　一　口　酒　好喝　　　不　好喝

你尝一口，看酒好不好喝？

ʔa³¹hla³¹ (ʔot³¹) pa³¹　ʔot³¹　ta³¹　kaŋ³¹　ʔa⁵⁵ ? 岩腊在不在家？

岩腊　　在　不　在　介　家　助

plu?⁵⁵ (khap⁵⁵) pa³¹ khap⁵⁵? 盐够不够？

盐　够　　不　够

me²⁵⁵ (ʃʌm³¹)　pa³¹　ʃʌm³¹　ɣɤ³¹　kʌm⁵¹　ʔɔ?⁵⁵　ʔa⁵⁵? 你要不要和我去？

你　要　不　要　去　跟　我　助

me²⁵⁵ (tʃaŋ³³)　pa³¹　tʃaŋ³³　pɔk³¹　ʔa⁵⁵? 你会不会写字？

你　会　不　会　写字　助

ntam³¹　ʔe⁵¹ (tʃaŋ³³)　pa³¹　tʃaŋ³³　phle?⁵⁵　ʔa⁵⁵? 这棵树会结果吗？

棵　这　会　不　会　结果　助

2. 特指问

特指问利用疑问代词或代词性疑问短语提问，发话人希望受话人对具体的疑问细节做出回答。

（1）ʔa³¹mɔ?³¹："谁"、"哪一"、"哪些"

θa?⁵⁵ me²⁵⁵ ɣɤ?⁵⁵ ʔa³¹mɔ?³¹? 你究竟是谁？

到底　你　是　谁

me²⁵⁵　pa³¹　li⁵¹, va⁵¹　ʔa³¹mɔ?³¹　li⁵¹? 你不去，叫谁去？

你　不　去给　谁　　去

ɣɤ?⁵⁵　ʔa³¹mɔ?³¹　lai³⁵　kʌm³¹　me²⁵⁵⁻⁵¹? 是谁告诉你的？

是　谁　　说　介　你

me²⁵⁵ ku⁵⁵ ʔa³¹mɔ?³¹ ta³¹ ke?⁵⁵? 你喜欢她们中的哪一个？

你　喜欢　谁　　介　她们

phin³¹ko⁵¹ meʔ⁵⁵ ku⁵⁵ ʔa³¹mɔʔ³¹ ta³¹ keʔ⁵⁵ʔ

苹果　　你喜欢　哪　　介　这些

你喜欢这些苹果里的哪一个？

ʔɔʔ⁵⁵ θa³¹ na³¹pan⁵¹. ɣɤʔ⁵⁵ tɤŋ³¹ɣuɔŋ³¹mɔʔ³¹①ʔ 我去纳版，走哪条路？

我　上去　纳版　　是　哪条路

khuɔn³¹ meʔ⁵⁵⁻³¹ khoi³¹ nn̥ʌm⁵¹⁻³¹mɔʔ³¹②ʔ 你娃娃哪年出生的？

娃娃　你　　有　　哪年

（2）θa³¹mɔʔ³¹："什么"

keʔ⁵⁵ ʔot³¹ tʃiʔ⁵⁵ θa³¹mɔʔ³¹ʔ 他们在做什么？

他们　在　做　　什么

ʔɔʔ⁵⁵ tʃɣʔ⁵⁵θi³¹ khoi³¹ nmul⁵¹ haʔ³¹ jɛn³¹, khai³¹ θa³¹mɔʔ³¹ nʌm³¹

我　仅　　有　钱　五　元　吃　什么　　要

θa³¹mɔʔ³¹ʔ 我仅有五块钱，吃什么？要什么？

什么

ʔa³¹haʔ⁵⁵ ɣɤʔ⁵⁵ θa³¹mɔʔ³¹ʔ 那是什么？

那　　是　什么

meʔ⁵⁵ lai³⁵ θa³¹mɔʔ³¹ʔ 你说什么？

你　说　什么

打火机 mɔn³¹xuʔ⁵⁵ ŋiŋ³¹ θa³¹mɔʔ³¹ʔ "打火机"昆格语怎么叫？

　　　昆格语　叫　什么

vɤŋ³¹haʔ⁵⁵ meʔ⁵⁵ pa³¹ lat⁵⁵ puɔm³¹, tʃiʔ⁵⁵ θa³¹mɔʔ³¹ʔ

前天　　你　不　来　开会　做　什么

你前天没来开会，做什么呀？

（3）təl³¹mɔʔ³¹："哪里"

ɣim⁵¹kaŋ³¹ meʔ⁵⁵ ʔot³¹ təl³¹mɔʔ³¹ʔ 你的家乡在哪里？

① tɤŋ³¹ɣuɔŋ³¹mɔʔ³¹=tɤŋ³¹ɣuɔŋ³¹ ʔa³¹mɔʔ³¹

　　　　　路　　　哪一

② nn̥ʌm⁵¹⁻³¹mɔʔ³¹=nn̥ʌm⁵¹⁻³¹ ʔa³¹mɔʔ³¹

　　　　年　　　哪一

家乡　　　你　在　　哪里

tɤŋ³¹ɣuɔŋ³¹ ʔe⁵¹ ɣuɔt³⁵ təl³¹mɔʔ³¹? 这条路通到哪里?

路　　　　这　到达　哪里

（4）pəl³¹mɔʔ³¹："多少"

eʔ⁵⁵ʧup³³ ve³¹la³¹ pəl³¹mɔʔ³¹ ta⁵⁵? 现在几点钟了?

现在　　　时间　多少　　　点

meʔ⁵⁵ pəl³¹mɔʔ³¹ nn̥ʌm⁵¹ ʔai³¹⁻³³? 你多大了?

你　多少　　　年　助

khuɔn³¹ meʔ⁵⁵⁻³¹ khoi³¹ pəl³¹mɔʔ³¹ ʔiʔ⁵⁵⁻³¹? 你有几个娃娃?

娃娃　你　　　有　多少　　　人

meʔ⁵⁵ ʔot³¹ nne⁵¹ tɔʔ⁵⁵ pəl³¹mɔʔ³¹ nŋiʔ⁵⁵? 你还要在这里待几天?

你　　在　这里　加　多少　　　天

（5）jam⁵¹⁻³¹mɔʔ³¹："何时"

θaʔ⁵⁵ meʔ⁵⁵ jam⁵¹⁻³¹mɔʔ³¹ ɣɤ³¹? 你到底何时去?

到底　你　　何时　　　去

meʔ⁵⁵ jam³¹mɔʔ³¹ ɣuɔt³⁵? 你什么时候到?

你　　何时　　　到

（6）ɣɤʔ⁵⁵ʧɤ³¹mɔʔ³¹："为什么"

meʔ⁵⁵ ʔi³¹, tu³¹ vʌt⁵⁵; ɣɤʔ⁵⁵ʧɤ³¹mɔʔ³¹ tu³¹ vʌt⁵⁵?

你　回去　又　倒回　为什么　　　又　倒回

你回去了又倒回来。为什么又倒回来?

meʔ⁵⁵ ɣɤʔ⁵⁵ʧɤ³¹mɔʔ³¹ man³¹θi³¹ ɣuɔt³⁵? 你为什么才到?

你　为什么　　　才　　到

ɣɤʔ⁵⁵ʧɤ³¹mɔʔ³¹ meʔ⁵⁵ jam³¹? 你为什么哭?

为什么　　　你　哭

ʔɔʔ⁵⁵ jam³¹ʃok³¹, ɣɤʔ⁵⁵ʧɤ³¹mɔʔ³¹? 我耳鸣，怎么回事啊?

我　耳鸣　　　为什么

meʔ⁵⁵ kɔm³¹ ʔai³¹, ɣɤʔ⁵⁵ʧɤ³¹mɔʔ³¹ ? ɣɤʔ⁵⁵⁻³¹ khat⁵⁵?

你　瘦　助　为什么　　　　是　生病

你瘦了，为什么呀? 生病了吗?

（7）(tʃiʔ⁵⁵)tʃɤ³¹mɔʔ³¹：“怎么（办）”

lat⁵⁵ ʃa³¹leʔ⁵⁵ mɔʔ⁵⁵ ʃa³¹ʔel³¹, (tʃiʔ⁵⁵)tʃɤ³¹mɔʔ³¹ʔ?

来　雨　　不　知　　　怎么办

万一天下雨，怎么办啊？

ma³¹ɣeiŋ⁵¹ (tʃiʔ⁵⁵)tʃɤ³¹mɔʔ³¹ khai³¹? 螃蟹怎么吃法？

螃蟹　　　怎么　　　　　　吃

mo³¹tho³¹ (tʃiʔ⁵⁵)tʃɤ³¹mɔʔ³¹ pak⁵⁵? 摩托怎么骑？

摩托　　　怎么　　　　　　骑

（8）men⁵¹mɔk³¹mɔʔ³¹：“多久”

meʔ⁵⁵ ʔot³¹ nne⁵¹ men⁵¹mɔk³¹mɔʔ³¹? 你在这里多久了？

你　　在　这里　多久

jaŋ⁵¹ men⁵¹mɔk³¹mɔʔ³¹ tʃaŋ⁵¹ ko⁵¹ ma³¹ vaŋ⁵¹? 橡胶多久割一次？

橡胶　多久　　　　　才　割　一　次

3. 选择问

选择问由发话人给出两种或两种以上选择项，受话人从中选出一种作为回答。如：

ɣɤʔ⁵⁵ ʃɔʔ⁵⁵⁻³¹khuiŋ⁵⁵, ɣɤʔ⁵⁵ ʃɔʔ⁵⁵⁻³¹khɤŋ⁵⁵? 是公狗还是母狗？

是　公狗　　　　　是　母狗

meʔ⁵⁵ theiŋ⁵¹ ntɔl³¹ ṇ̊aŋ³¹ ṇa⁵⁵, theiŋ⁵¹ ntɔl³¹ phɣiʔ⁵⁵ ṇa⁵⁵?

你　喝　酒　甜　助　喝　酒　辣　助

你喝饮料，还是喝白酒？

meʔ⁵⁵ kak⁵⁵ khliŋ⁵¹ ʔem³¹, ɣɤʔ⁵⁵ θa³¹ʔau³¹ ɣɤʔ⁵⁵ ṇ̊aŋ³¹⁻³⁵?

你　咬　舔　试　是　酸　是　甜

你尝尝，是酸是甜？

4. 反义问

反义问一般用来对某一事实进行强调，不用受话人作出回答。如：

pa³¹ ɣɤʔ⁵⁵⁻³¹ meʔ⁵⁵ θɔ³⁵ ʔa⁵⁵? 难道不是你错了吗？

不　是　　　你　错　助

kap⁵⁵ meʔ⁵⁵ thɔt³¹ mau³¹, vɤŋ³¹ʔe⁵¹ lat⁵⁵ ʃa³¹leʔ⁵⁵, pa³¹ ɣɤʔ⁵⁵ ʔa⁵⁵?

就怪你　抽　烟　今天　来　雨　不　是　助

就怪你抽烟了，今天下雨了，不是吗？①

ʔɔʔɕ⁵⁵ lai³⁵ va⁵¹ kha³¹ meʔ⁵¹, pa³¹ ɣɤʔ⁵⁵ ʔa⁵⁵? 我告诉你了，不是吗？

我　说　给　介　你　　不　是　助

meʔ⁵⁵ θɔ³⁵ net³¹ ʔɔai³¹, pa³¹ ɣɤʔ⁵⁵ ʔa⁵⁵? 你真错了，难道不是吗？

你　错　真　助　　不　是　助

二　祈使

表达命令、告诫、叮嘱、建议、请求、安慰等语气的句类叫祈使句。祈使句可以带主语，也可不带主语。否定祈使句的否定副词用mak³³“莫”、“别”、“勿”。如：

ʃən⁵¹ te³¹ npiet⁵⁵! 休息一下！

休息　助　一点

phieʔ⁵⁵ ɣɤ³¹ ʔiau³⁵! 你们去玩！

你们　　去　玩耍

mak³³ ʔot³¹ taʔ⁵⁵ ʔɔʔ⁵⁵⁻³¹! 别挡住我！

莫　　在　阻挡　我

meʔ⁵⁵ ʔi³¹ ta³¹ kaŋ³¹ te³¹! 你回家去！

你　回　介　家　助

meʔ⁵⁵ lai³⁵ θa³¹ɣɤʔ⁵⁵! 你要讲道理！

你　讲　道理

vait³¹ pat³¹ van⁵¹⁻⁵⁵ lʌp⁵⁵! 把刀磨快！

刀　磨　助　快

mak³³ yip³³, ŋɔm³¹ tʃiʔ⁵⁵! 别急，慢慢做！

别　急　慢　做

mak³³ ȵau³¹ nȵɔm³¹ van⁵¹ jam³¹! 莫把娃娃逗哭了！

莫　逗　娃娃　助　哭

tɤŋ³¹ʔe³¹, tɤŋ³¹ʔe³¹, ʔot³¹theʔ⁵⁵ kʌm³¹ ʔɔʔ⁵⁵! 过来，过来，挨着我坐！

这里　　这里　　坐　　和　我

---

① 幽默话。指从来不抽烟的人抽烟，碰巧下大雨了。

meʔ⁵⁵ ȵun⁵¹ pʌm⁵¹, mak³³ plɔi³¹! 你按住，不要松开！

你　　按　　牢　　莫　　松开

meʔ⁵⁵ ʔam⁵¹, mak³³　lai³⁵ kʌm³¹ ʔiʔ⁵⁵! 保密，莫告诉别人！

你　保密　莫　　说　介　人

nȵɔm³¹ lɑk⁵⁵ ʔɔai³¹, meʔ⁵⁵ ɣɤ³¹ tʃek⁵⁵ van⁵¹ tʃəa⁵¹!

娃娃　摔倒　助　　你　去　牵　　助　站

娃娃摔倒了，你去牵他起来！

meʔ⁵⁵ ɣa⁵¹, mak³³ tʌm³¹ ʔut⁵⁵, phol³¹, mak³³ tʌm³¹ ʔut⁵⁵!

你　　停　莫　再　　吵　　让步　莫　　再　　吵

你停下来让一让，不要再吵了！

lat⁵⁵ ʃa³¹leʔ⁵⁵ ʔɔai³¹, meʔ⁵⁵ pup³¹ tʃɔŋ³³ ɣɤ³¹! 下雨了，你打伞去！

来　雨　　　助　　你　顶　　伞　去

ŋai³¹nȵiʔ⁵⁵ lup⁵⁵ ʔɔai³¹, meʔ⁵⁵ yip³³ ɣɤ³¹ van⁵¹ vai⁵¹!

太阳　　　进　助　　你　急　走　助　快

太阳下山了，你赶快走！

ŋal⁵¹⁻³¹ kat⁵⁵ pɣiʔ⁵⁵, ʔeʔ⁵⁵ ɣɤ³¹ phiet⁵⁵ van⁵¹⁻⁵⁵ jet⁵⁵!

火　　着　山林　我们　去　扑　　助　　熄灭

森林着火了，我们去灭火！

kau³¹/tʃiʔ⁵⁵ θaʔ⁵⁵θa³¹ʔe⁵¹ lu⁵¹, van⁵¹⁻⁵⁵ viet³¹! 损坏东西要赔！

搞　做　东西　　　坏　助　　赔

附录一　昆格语长篇语料

艾杜尕达娶白鹇蛋姑娘的故事

ʔiʔ⁵⁵ʔa³¹khoʔ⁵⁵ <u>ʔai³¹tuk³¹ka³¹taʔ⁵⁵</u> nʌm⁵¹ <u>phən⁵¹tham⁵¹thoi³¹</u>①
故事　　　　　艾杜尕达　　　　要　　白鹇蛋姑娘

jam³¹phɣim⁵¹, nȵɔm³¹ khuɔn³¹joa³¹ ka³¹ʔa³¹ ʔiʔ⁵⁵ ʔot³¹ kʌm³¹② ʔuiŋ³¹than⁵¹ te³¹.
从前　　　孩子　孤儿　　两　人　在　介　爷爷　　助
ʔuiŋ³¹than⁵¹ lai³⁵ va⁵¹ ʔun⁵¹ ta³¹ kau⁵¹: "po³¹ ʔɔʔ⁵⁵ jam⁵¹, kʌt³¹ khiŋ⁵¹ ʔɔʔ⁵⁵, pʌk⁵⁵ khu⁵¹
爷爷　　说　给　留　介　他俩　如果　我　死　砍　头　我　拴　拉
ɣɤ³¹, θɣak⁵⁵ təl³¹mɔʔ⁵⁵, phau⁵⁵ nʌm³¹ ma³¹ nȵaʔ⁵⁵." khiŋ³¹thaʔ⁵⁵ kau³¹ θɣak⁵⁵ ta³¹
去　阻隔　无论哪里　你俩　要　地　那　先人的头　他俩　阻隔　介
ɣɤ³³ ʔa³¹tʃɔiʔ³¹ khal⁵¹ pa³¹ tʌm³¹ ɣai³¹ ʔa³¹ʃea⁵¹ pa³¹ tʌm³¹ ʔiŋ⁵¹, kau⁵¹ piek³¹ ma³¹ ʔɔai³¹.
贫地　蚂蚁　驼　不　再　爬　野猫　不　再　拉屎　他俩　砍　地　助

【译文】

以前，两个孤儿和爷爷生活在一起。爷爷给他俩留下话说："如果我

---

① ʔai³¹tuk³¹ka³¹taʔ⁵⁵本义是穷小子，在故事里是人物的专用称呼，所以音译为"艾杜尕达"。
② "介"表介词，"助"表助词，下同。整篇语料未标注声调变化。

死了，就砍下我的头，拴好拉出去。拉到哪里拉不动了，你俩就要那块地。"
他俩把爷爷的头拉到弓背蚂蚁不爬过、野猫不拉屎的不毛之地，拉不动了，
就在那里砍地。

kau⁵¹ piek³¹ ma³¹ nn̥aʔ⁵⁵ tʃɤʔ⁵⁵ ɣɤ³¹, ʃɔʔ⁵⁵ ɣɤ³¹ khual³¹ khual³¹ ka³¹ʔɔi³¹ nŋiʔ⁵⁵.
他俩 砍 地 那 就 去 狗 去 汪 汪 三 天
niem³¹ ʔɤn⁵¹ ʔut⁵⁵： "ʔe³¹ ʃɔʔ⁵⁵ khual³¹ khual³¹ nneʔ⁵⁵." niem³¹ ʔɤn³¹ tʃaŋ⁵⁵ ɣɤ³¹ muŋ³¹,
弟弟 他 说 这 狗 汪 汪 这里 弟弟 他 就 去 看
khɤn³¹ lɔm³¹ ɣɤʔ⁵⁵ ntham⁵¹ θa³¹thoi³¹, tʃaŋ⁵⁵ ʃip⁵⁵ ʔi³¹ va⁵¹ mai⁵¹ te³¹ muŋ³¹."ma⁵¹ ɣɤʔ⁵⁵
结果 见 是 蛋 白鹇 于是 捡 回 给 哥哥 助 看 原来 是
ntham⁵¹ θa³¹thoi³¹. leʔ³³ plɔi³¹ ʔun⁵¹, nmʌt⁵⁵ ʔai⁵¹ ko³¹ khai³¹ ŋa⁵¹ te³¹." kau⁵¹ khai³¹
蛋 白鹇 拿 放 留 等会儿 我俩 煮 吃 午饭 助 他俩 吃
ŋa⁵¹ te³¹ hɔit³¹, niem³¹ ʔɤn³¹ tu³¹ nthem³¹ ʃa³¹ʔel³¹： "ʔa³¹mai⁵⁵, θaʔ⁵⁵haʔ⁵⁵ ntham⁵¹
午饭 助 好 弟弟 他 又 想 知道 哥哥 那 蛋
θa³¹thoi³¹ ʔai⁵¹ tu³¹ pil⁵¹ vet⁵⁵ ʔɔai³¹." "nmʌt⁵⁵ pəl³¹puɔ³¹ nʌm³¹ ko³¹ khai³¹."
白鹇 我俩 又 忘 掉 助 等会儿 晚上 要 煮 吃
kau⁵⁵ ʔi³¹ ʔot³¹ ta³¹ kaŋ³¹ te³¹ tʃiʔ⁵⁵ vek³¹kaŋ³¹ hɔit³¹, tʃan³⁵ khai³¹ ʔup³¹puɔ³¹ hɔit³¹.
他俩 回 在 介 家 助 做 家务 好 做 吃 晚饭 好
niem³¹ ʔɤn³¹ tu³¹ nthem³¹ ʃa³¹ʔel³¹： "ʔa³¹mai⁵⁵, haʔ⁵⁵ ntham⁵¹ θa³¹thoi³¹ pil⁵¹ ʔɔai³¹."
弟弟 他 又 想 知道 哥哥 那 蛋 白鹇 忘 助
"tɔʔ⁵⁵ pa³¹vaŋ⁵¹ pəl³¹ŋal³¹ nʌm⁵¹ khai³¹." tu³¹ tʃan³⁵ khai³¹ ʔup³¹ŋal³¹ hɔit³¹. niem³¹ ʔɤn³¹
到 明天 早晨 要 吃 又 做 吃 早饭 好 弟弟 他
tu³¹ lai³⁵： "ʔa³¹mai⁵⁵, θaʔ⁵⁵haʔ⁵⁵ ntham⁵¹ θa³¹thoi³¹ tu³¹ pil⁵¹ ʔɔai³¹." "nmʌt⁵⁵ pəl³¹puɔ³¹
又 说 哥哥 那 蛋 白鹇 又 忘 助 等会儿 晚上
nʌm³¹ ʔi³¹ khai³¹."
要 回 吃

【译文】
　　他俩砍地的时候，狗去那里叫了三天。弟弟说："狗在这里叫。"弟
弟就去看，看到了白鹇蛋，就捡来给哥哥看。（哥哥说：）"原来是白鹇

蛋，留下来，等会儿午饭我俩煮来吃。"他俩把午饭吃好后，弟弟又想起了，（说：）"哥哥，我俩把白鹇蛋忘掉了。"（哥哥说：）"等会儿晚上煮来吃。"他俩在家做好了家务，吃好了饭，弟弟又想起了，（说：）"哥哥，那白鹇蛋又忘掉了。"（哥哥说：）"到明天早晨吃"。（第二天），把早饭做好吃好后，弟弟又说："哥哥，那白鹇蛋又忘掉了。"（哥哥说：）"等会儿晚上吃。"

tɔʔ⁵⁵ pəl³¹puɔ³¹ kau⁵⁵ ʔi³¹ ɣuɔt³⁵ ta³¹ kaŋ³¹ te³¹ lɔm³¹ vek³¹kaŋ³¹ tʃiʔ⁵⁵ hɔit³¹, tu³¹ kaŋ³¹
到 晚上 他俩回 到 介家 助见 家务 做 好又 家

ʔɔk³¹ mot⁵⁵θai⁵¹ vet⁵⁵. tɔʔ⁵⁵ pa³¹vaŋ⁵¹ pəl³¹n̪al³¹ kau⁵⁵ khai³¹ ʔup³¹n̪al³¹ te³¹ hɔit³¹, tu³¹
扫 干净 掉 到 明天 早晨 他俩 吃 早饭 助 好 又

ɣɤ³¹ ta³¹ ma³¹. tɔʔ⁵⁵ pəl³¹puɔ³¹ tu³¹ lɔm³¹ vek³¹kaŋ³¹ tʃiʔ⁵⁵ hɔit³¹, mot⁵⁵θai⁵¹ vet⁵⁵.
去 介 地 到 晚上 又 见 家务 做 好 干净 掉

niem³¹ ʔɤn³¹ ʔam³¹："vek³¹kaŋ³¹ tu³¹ tʃiʔ⁵⁵ hɔit³¹ ʔɔai³¹." lai³⁵ kʌm³¹ mai⁵¹ te³¹："ʔɔʔ⁵⁵
弟弟 他 纳闷 家务 又 做 好 助 说 介 哥哥 助 我

θa³¹ θa³¹vaŋ³¹ nəi³¹than⁵¹ kaŋ³¹thɔʔ⁵⁵."
上去 问 老奶奶 上面那家

"nəi³¹than⁵¹ ʔəi³¹, vek³¹kaŋ³¹ jau³¹ meʔ⁵⁵ na³³ li⁵¹ tʃiʔ⁵⁵ n̪aʔ⁵⁵?"
老奶奶 助 家务 我俩 你 得 下去 做 助

nəi³¹than⁵¹ thui⁵¹："pa³¹thɔ³¹ʔɤ³⁵, ʔa³¹mɔʔ⁵⁵ kɤŋ³⁵ tʃɔt³¹ phau³¹ tʃiʔ⁵⁵ vek³¹kaŋ³¹,
老奶奶 呸 哎呀 无论谁 会 帮 你俩 做 家务

ʔai³¹tuk³¹ka³¹taʔ⁵⁵!"
穷小子

【译文】

晚上，他俩回到家后，看见家务做好了，地也打扫干净了。第二天早晨，吃好早饭后便下地去了。到了晚上，又看见家务做好了，干干净净的。弟弟觉得很奇怪，（说：）"家务又做好了。"弟弟就对哥哥说："我上去问问上面那家的老奶奶。"

"老奶奶，我俩家务是你做的吗？"

老奶奶吐了一泡口水，（说：）"哎呀，谁会帮你俩做家务，穷小子！"

niem³¹ ʔɤn³¹ ʔi³¹ lai³⁵ kʌm³¹ mai⁵¹ ʔɤn³¹ te³¹: "van⁵¹ piek⁵⁵ nʌm⁵¹ ʔɔʔ³¹! ʔɤn⁵¹ lai³⁵
弟弟　他　回　说　介　哥　他　助　给　吐口水要　我　她　说
'ʔɔʔ⁵⁵ pa³¹ naʔ³³ tʃiʔ⁵⁵ vek³¹kaŋ³¹ phau³¹' ."
我　不得　做　家务　你俩

toʔ⁵⁵ pa³¹van⁵¹ pəl³¹n̪al³¹, tu³¹ khai³¹ ʔup³¹n̪al³¹, li⁵¹ ɣɤ³¹ ɣuɔt³⁵ ta³¹ ma³¹.
到　明天　早晨　又　吃　早饭　出　去　到　介　地

niem³¹ ʔɤn³¹ ɣɤ³¹ ta³¹ ma³¹, mai⁵¹ʔɤn³¹ ɣɤ³¹ ɣuɔt³⁵ ma³¹khɤŋ³³ tɤŋ³¹ɣuɔŋ³¹, vʌt⁵⁵ ʔot³¹
弟弟　他　去　介　地　哥　他　去　到　一半　路　倒回　在

nɔk³³kaŋ³¹, pɣuɔŋ³¹ muŋ³¹ lɔm³¹ khɤʔ⁵⁵ khɤʔ⁵⁵ ʔa³¹jul⁵¹, li⁵¹ ta³¹ ʔa³¹jul⁵¹ ɣɤʔ⁵⁵
屋外　悄悄　看见　动　动　葫芦　出　介　葫芦　是

phən³¹phiaʔ⁵⁵. ʔɤn⁵¹ ʃip⁵⁵ ʃɣɔk³¹ʔɔk³¹ ʔɔk³¹ kaŋ³¹, ʔɔk³¹ pa³¹lu⁵¹ thu³¹van³¹, ʃek³¹ thɑk⁵⁵
姑娘　她　捡　扫帚　扫　家　扫　灰尘　火塘　撮　倒

tɤŋ³¹nɔk³³. ʔɤn⁵¹ leʔ³³ nnat³¹ ʔot³¹ ka³¹ʔua³¹ khiŋ⁵¹ ntua³¹ nat³¹ θuk⁵⁵ te³¹. jam³¹haʔ⁵⁵
外面　她　拿　木梳　在　门　头　楼梯　梳　头发　助　那时

n̪əm³¹khuiŋ⁵¹ phat⁵⁵ θa³¹ n̪ap³³ θuk⁵⁵ haʔ⁵⁵ phən³¹phiaʔ⁵⁵.
男人　跳　上　抓　头发　那　姑娘

"ma⁵⁵ ɣɤʔ³¹ meʔ⁵⁵ tʃiʔ⁵⁵ vek³¹kaŋ³¹."
原来　是　你　做　家务

"xuɔ³¹ ʔa³¹mai³⁵, plɔi³¹ θuk⁵⁵ ʔɔʔ³¹, ɣɤ⁵⁵ ʔɔʔ⁵⁵ ʔɔai³¹, tʃiʔ⁵⁵ vek³¹kaŋ³¹ phau⁵¹
求　哥哥　放　头发　我　是　我　助　做　家务　你俩

ʔa³¹."
助

【译文】

弟弟回来对哥哥说："（老奶奶）吐我口水！她还说：'我才不得给俩做家务呢！'"

到了第二天早晨，吃过早饭又下地去。弟弟到了地里，哥哥半路返回，来到屋外。（哥哥）悄悄地看，发现葫芦在动，从葫芦里出来一个姑娘。

姑娘捡起扫帚扫地，把火塘里的灰撮起来倒在外面。（然后，） 姑娘拿起木梳，（坐）在楼梯上头靠近门口处梳头。这时，男人（哥哥）跳起来抓住姑娘的头发。

"原来是你做的家务。"

"求求哥哥，放了我的头发，是我呀，是我做的家务。"

ʔai³¹tuk³¹ka³¹taʔ⁵⁵ plɔi³¹ θuk⁵⁵ ʔɤn³¹, li³¹ muŋ³¹ ʔa³¹jul⁵¹, ʔot³¹ ntham⁵¹ θa³¹thoi³¹
艾杜尕达　　　　放　头发　她　　出　看　葫芦　在　蛋　　白鹇

θa³¹ʔuŋ³¹. ʔɤn⁵¹ ʃʌm³¹ leʔ³³ lɤŋ⁵¹.
空的　　　他　想　拿　扔

"xuɔ³¹, mak³³ lɤŋ⁵¹, ʔa³¹mai³⁵, θa³¹mɔʔ⁵⁵θa³¹mieʔ⁵⁵ tʃɤʔ⁵⁵ ʔot³¹ nɲaʔ⁵⁵ ʔɔai³¹."
求　莫　扔　哥哥　　各种东西　　　就　在　那里　助

ʔai³¹tuk³¹ka³¹taʔ⁵⁵ θa³¹vaŋ³¹: "meʔ⁵⁵ ɤɤʔ³¹ ʔiʔ⁵⁵ təl³¹mɔʔ⁵⁵ ɤuɔt³⁵ʔ?"
艾杜尕达　　　　问　　　你　是　人　无论哪里　到

ɲom³¹phən⁵¹ lai³⁵: "ʔɔʔ⁵⁵ ɤɤʔ³¹ ʔiʔ⁵⁵ ʔot³¹ ta³¹ puŋ⁵¹. muŋ³¹ lɔm³¹ meʔ⁵⁵, ʔɔʔ⁵⁵ tʃɤʔ⁵⁵
女人　　　说　我　是　人　在　介　天　看　见　你　我　就

kuʔ³¹ meʔ⁵⁵, ʔɔʔ⁵⁵ tʃaŋ⁵⁵ lɔk³³ te³¹ ɤɤʔ⁵⁵ ntham⁵¹ θa³¹thoi³¹, va³¹ phau⁵⁵ ʃip⁵⁵ pen³¹. phau⁵¹
喜欢你　我　就　变　助　是　蛋　白鹇　　给你俩　捡　得到　你俩

ʃʌm³¹ khai³¹ ʔɔʔ⁵⁵, ʔɔʔ⁵⁵ va³¹ phau⁵¹ pil⁵¹ vet⁵⁵, phau⁵⁵ pa³¹ naʔ³³ khai³¹, ʔɔʔ⁵⁵ kɤl³⁵ li⁵¹
想　吃　我　我　给　你俩　忘　掉　你俩　不　得　吃　我　生　出

ta³¹ ʔe⁵¹ ntham⁵¹ θa³¹thoi³¹. taŋ³¹ vɤŋ³¹ʔe⁵¹, ʔai³¹ van⁵¹ ɤɤʔ³¹ ʔiʔ⁵⁵ ma³¹ kaŋ³¹, ʔɔʔ⁵⁵ ɤɤʔ³¹
介　这　蛋　白鹇　从　今天　我俩　助　是　人　一　家　我　是

phən³¹ meʔ³¹ ʔɔai³¹. ʔai³¹ van⁵¹ naʔ³³ ɤop³¹tʃiʔ⁵⁵ɤop³¹pliŋ³¹, ɤop³¹khai³¹ɤop³¹nʌm⁵¹, ɤɤʔ³⁵
女人　你　助　我俩　助　得　同　做　同　制做　同　吃　同　用　是

ʔiʔ⁵⁵ ma³¹ kaŋ³¹."
人　一　家

ʔai³¹tuk³¹ka³¹taʔ⁵⁵ θa³¹vaŋ³¹ ɲom³¹phən⁵¹: "pa³¹ ɤɤʔ⁵⁵ ta³¹, meʔ⁵⁵ ɤɤʔ³¹ ʔiʔ⁵⁵ ʔot³¹ ta³¹
艾杜尕达　　　　问　姑娘　　　不　是　助　你　是　人　在　介

puŋ⁵¹, meʔ⁵⁵ tʃuʔ³¹ ʔɔʔ⁵⁵ ta³¹, ʔɔʔ⁵⁵ ɤɤʔ³¹ nɲom³¹ khuɔn³¹joa³¹ tuk³¹ɤai³¹, meʔ⁵⁵ pa³¹ nʌm³¹,
天　你　哄骗我　助　我　是　孩子　孤儿　　贫穷　你　不　要

me?⁵⁵ ʧu?³¹ ?ɔ?⁵⁵ ɣa⁵¹."
你 哄骗 我 助

　　ŋɔm³¹phən⁵¹ lai³⁵: "pa³¹ lat³¹, ?a³¹mai³⁵, me?⁵⁵ ɣɤ?³¹ khuɔn³¹joa³¹, ?ɔ?⁵⁵ ʧɤ?⁵⁵ ku?³¹
　　姑娘　　说　　不 怕　哥哥　　你 是　孤儿　　我 就 喜欢

me?⁵⁵, nʌm³¹ me?⁵⁵."
你 要 你

【译文】

　　艾杜尕达放开她的头发，出去看葫芦，（葫芦里）有一个空的白鹇蛋。他想拿起来扔掉。

　　"求求你，不要扔掉，哥哥。里面什么东西都有。"

　　艾杜尕达问："你到底是从哪里来的人？"

　　姑娘说："我住在天上，看见你后就喜欢上你了，于是我变成白鹇蛋，让你俩捡到。你俩想把我吃掉，我就让你俩忘掉，没有吃掉我。我从这个白鹇蛋里生出来的。从今往后，我俩就是一家人了，我就是你的女人了。我俩同劳动同做事，同吃同用，是一家人了。"

　　艾杜尕达问："不是吧。你是天上的人，你在骗我吧。我是穷孤儿，你不会要我的，你在骗我吧。"

　　姑娘说："别担心，哥哥。你是孤儿，但我就喜欢你，要嫁给你。"

kau⁵⁵ lai³⁵ po?⁵⁵te³¹ joŋ³¹, ɣop³¹ ?ot³¹ ma³¹ʧɤ³¹, ɣɤ?³¹ phən⁵¹ (kʌm³¹) nmie?⁵⁵ pen³¹
　　他俩 说 助 好 同 在 一起 是 妻 介 夫 得

ma³¹ nŋʌm⁵¹ ?ai³³. ?i?⁵⁵ lɔm³¹ kau⁵¹ ɣɤ?⁵⁵ ɳet³¹ ?ai⁵¹, ?i?³¹ ɣim⁵¹ khiel⁵¹ ta³¹ kau⁵¹.
一 年 助 人 见 他俩 是 富裕 助 人 寨子 嫉妒 介 他俩

ʧaŋ⁵¹ ɣet³³ kaŋ³¹ tha?³¹θə³¹, tha?³¹θə³¹ va³¹ ?i?⁵⁵ lup⁵⁵ ?ot³¹ thu?⁵⁵ θa³¹thuŋ⁵¹, le³³ ɣɤ³¹
就 拆 房 头人 头人 给 人 进 在 介 大鼓 拿 去

?un⁵¹ ta³¹ kaŋ³¹ <u>?ai³¹tuk³¹ka³¹ta?⁵⁵</u>, nɔm³¹nŋaŋ⁵¹ kau⁵⁵ lai³⁵ po?⁵⁵te³¹ θa³¹mɔ?⁵⁵.
留 介 房 艾杜尕达 偷听 他俩 说 助 无论什么

phən⁵¹ lai³⁵ kʌm³¹ khuiŋ⁵¹ te³¹: "nmʌt⁵⁵ ?i?⁵⁵ khai³¹ kaŋ³¹tha³¹mie?⁵⁵. ?i?⁵⁵ khai³¹
老婆 说 介 丈夫 助 过几天 人 吃 新房 人 吃

— 153 —

nku?⁵⁵, me?⁵⁵ mak³³ khai³¹, ?i?⁵⁵ khai³¹ ntham⁵¹, me?⁵⁵ mak³³ khai³¹. khai³¹ nku?⁵⁵, ?ɔ?⁵⁵

肉皮　你　莫　吃　人　吃　鸡蛋　你　莫　吃　吃　肉皮　我

hlu?⁵⁵, khai³¹ ntham⁵¹, ?ɔ?⁵⁵ θa³¹klal³¹."

发泡　吃　鸡蛋　我　热

　　?e⁵⁵tʃup³³, kaŋ³¹ tha?³¹θə³¹ pliŋ³¹ hɔit³¹ ?ɔai³¹. lai³⁵ ?i?⁵⁵ lam⁵¹ θa³¹thuŋ⁵¹ ?i³¹ ?un⁵¹

　　现在　房　头人　盖　好　助　说　人　抬　大鼓　回　留

kaŋ³¹ tha?³¹θə³¹, ?i?⁵⁵ ?ot³¹ thu?⁵⁵ θa³¹thuŋ⁵¹ li⁵¹ lai³⁵:"nŋaŋ⁵¹ kau⁵¹ lai³⁵ ?ɔai³¹. ʃa³¹?el³¹

房　头人　人　在　介　大鼓　出　说　听见　他俩　说　助　知道

?ɔai³¹, tʃeiŋ³¹ ka?³¹?a³¹ tʃa?³¹, nku?⁵⁵ ntham⁵¹."

助　忌口　两　种　肉皮　鸡蛋

　　ke?⁵⁵ le?³³ nku?⁵⁵ ʃam⁵¹, le?³³ ntham⁵¹ kɔ⁵⁵ ʃam⁵¹, klau⁵⁵ lup⁵⁵ ko³¹ ma³¹tʃɣ³¹.

　　他们　拿　肉皮　装　拿　鸡蛋　敲　装　搅拌　进　煮　一起

　　?i?⁵⁵ tʃa³⁵ thu?⁵⁵ ko³¹ kaŋ³¹ tha?³¹θə³¹, kɔ³¹ thu?⁵⁵ ʃin⁵¹ ?ɔai³¹. taŋ³¹ kɣe?⁵⁵, lai³⁵ ?i?⁵⁵

　　人　做　菜　煮　房　头人　煮　菜　熟　助　摆　桌子　说　人

li⁵¹ ŋiŋ³¹ ?ai³¹tuk³¹ka³¹ta?⁵⁵ θa³¹ khai³¹ kaŋ³¹tha³¹mie⁵⁵. ?ɣn⁵¹ khai³¹ tʃap⁵⁵ nku?⁵⁵ ntham⁵¹

去　喊　艾杜尕达　上来　吃　新房　他　吃　着　肉皮　鸡蛋

kat⁵⁵θa³¹klal³¹ ɣuɔt³⁵ ta³¹ phən⁵¹ ?ɣn³¹. ?em³¹ pa³¹ tʌm³¹ pen³¹, tʃaŋ⁵¹ lai³⁵ va⁵¹ niem³¹

烫热　到　介　老婆　他　忍　不　再　得　就　说　给　弟弟

te³¹:"θa³¹ ŋiŋ³¹ mai⁵¹ te³¹ ?i³¹." ?i?⁵⁵ tɣŋ³¹nu⁵¹ tu³¹ ȵau⁵¹ ?ɣn³¹:"me?⁵⁵ nthem³¹ phən⁵¹

助　上去　喊　哥哥　助　回　人　全部　又　逗　他　你　想　老婆

te³¹ ȵa⁵⁵? mak³³ ?i³¹, khai³¹ tiau³³."

助　助　莫　回　吃　赶紧

【译文】

他俩说好了，就住在一起。成为夫妻一年后，大家看见他们富裕了，寨子里的人就嫉妒他俩。等到头人拆房子，头人就派人躲在大鼓里，抬去放在艾杜尕达家里，好偷听他俩说些什么。

老婆对丈夫说："过段时间，大家吃新房①。你去吃饭时，人家吃肉皮，

---

① 指参加"上新房"宴席。

你不要吃；人家吃鸡蛋，你不要吃。（你）吃肉皮，我（身子）会发泡；（你）吃鸡蛋，我（身子）会发热。"

现在，头人的新房盖好了，（头人）就叫人把大鼓抬回来放在自己家里。（躲）在大鼓里的人出来说："听见他俩说的了，知道了，两样忌口，肉皮和鸡蛋。"

他们把肉皮拿来放好，把鸡蛋敲出来放好，（然后把肉皮和鸡蛋）搅拌在一起煮来吃。

给头人家做菜的人把菜煮熟了，饭桌摆好了，（头人）吩咐下去叫艾杜尕达上来吃新房。他吃到了肉皮和鸡蛋，他老婆（在家里）就发烫发热。（老婆）再也忍不住了，就对弟弟说："上去叫哥哥回来。"（弟弟上去说了，）大家又开他的玩笑，说："你想老婆了吗？别回去，赶紧吃。"

niem³¹ ʔɤn³¹ tu³¹ ʔi³¹ lai³⁵ kʌm³¹ mai³¹khɤn⁵¹ te³¹: "ʔiʔ⁵⁵ ȵau³¹ ʔɤn³¹, ʔal³¹① va⁵¹ ʔi³¹."
弟　他　又　回　说　介　嫂子　助人　逗　他　还　不　给　回

phən⁵¹ jiŋ³¹ ʔot³¹ jiŋ³¹ kat⁵⁵θa³¹klal³¹, tu³¹ lai³⁵ va⁵¹ niem³¹ te³¹ θa³¹ ŋiŋ³¹ khuiŋ⁵¹ te³¹.
老婆　越　在　越　烫热　　　又　说　给　弟弟　助　上去　叫　丈夫　助

niem³¹ ʔɤn³¹ ɣuɔt³⁵ ta³¹ mai⁵¹ te³¹, lai³⁵ va⁵¹: "meʔ⁵⁵ ʔi³¹ vai⁵¹, mai³¹khɤn⁵¹ ʔot³¹ pa³¹ pen³¹,
弟　他　到　介　哥哥　助　说　给　你　回　快　嫂子　在　不得

khai³¹ pa³¹ pen³¹. ʔɤn⁵¹ lai³⁵ teʔ⁵⁵ phol³¹ ʔɔai³¹."
吃　不　得　她　说　自己　离开　助

phən⁵¹ khlɔk³¹ tʌm³¹② pen³¹ ʔɔai³¹. phɤut⁵⁵ tʃɔp³⁵mɤ⁵¹ va⁵¹ ta³¹ niem³¹ te³¹, lai³⁵ ʔun⁵¹
老婆　等　不再　得　助　取下　戒指　给　介　弟弟　助　说　留

kʌm³¹ niem³¹ te³¹: "po³¹ mai⁵¹ meʔ³¹ ʔi³¹ ɣuɔt³⁵, meʔ⁵⁵ nʌm³¹ leʔ³³ va⁵¹ kha³¹ mai⁵¹ meʔ³¹
介　弟弟　助　如果　哥　你　回　到　你　要　拿　给　介　哥　你

lɔm³¹ ŋai³¹ʔɔʔ³¹. mak³³ tʌm³¹ van⁵¹ nthem³¹ ʔɔʔ⁵⁵, mak³³ tʌm³¹ van⁵¹ tʃɔm³¹ ʔɔʔ⁵⁵, pa³¹
见　我的脸　莫　再　助　想念　我　莫　再　助　追赶　我　不

---

① ʔal³¹是pa³¹ ʔal³¹ "还不"的省略形式。
② tʌm³¹是pa³¹ tʌm³¹ "不再"的省略形式。

t͡ʃaŋ³³ ɣuɔt³⁵. ʔom³¹ khoi³¹ t͡ʃet⁵⁵ ntaŋ³¹ʔom³¹, ʃɔʔ⁵⁵ khoi³¹ t͡ʃet⁵⁵ θa³¹thaʔ⁵⁵, ʃa³¹moʔ⁵⁵
能　到　水　有　七　河　　　狗　有　七　尾巴　　石头

ka³¹tam³¹ ʃa³¹moʔ⁵⁵, pʌp³³ ka³¹tam³¹ pʌp³³, ɣuɔt³⁵ ta³¹ nin⁵⁵θai³¹lai⁵⁵liŋ³¹, mak³³ van⁵¹
紧挨　石头　坎　紧挨　坎　到　介　烫沙地　　　莫　助

t͡ʃɔm³¹ ʔɔʔ⁵⁵ ʔɔai³¹."
追赶　我　助

　　ʔe⁵⁵t͡ʃup³³, khuiŋ⁵¹ ʔi³¹ ɣuɔt³⁵ ta³¹ kaŋ³¹, muŋ³¹ phən⁵¹ te³¹, (pa³¹) tʌm³¹ lɔm³¹ ʔɔai³¹.
　　现在　丈夫　回到　介　家　看　老婆　助　不再　见　助

niem³¹ ʔɤn³¹ leʔ³³ t͡ʃɔp³⁵mɤ⁵¹ va⁵¹ ta³¹ mai⁵¹ te³¹. niem³¹ ʔɤn³¹ lai³⁵: "mai³¹phən⁵¹ lai³⁵
弟　他拿　戒指　给　介　哥哥　助　弟　他　说　嫂子　　说

'meʔ⁵⁵ mak³³ tʌm³¹ nthem³¹ ʔɔʔ³¹; meʔ⁵⁵ ʃʌm³¹ lɔm³¹ ŋai³¹ʔɔʔ³¹, muŋ³¹ t͡ʃɔp³⁵mɤ⁵¹ ʔɔʔ⁵⁵.
你　莫　再　想念　我　你　想　见　我的脸　看　戒指　我

meʔ⁵⁵ mak³³ ɣɤ³¹, mak³³ t͡ʃɔm³¹, t͡ʃɔm³¹ pa³¹ t͡ʃaŋ³³ ɣuɔt³⁵. ʔom³¹ khoi³¹ t͡ʃet⁵⁵ ntaŋ³¹ʔom³¹,
你　莫　去　莫　追赶　追赶　不　能　到　水　有　七　河

ʃɔʔ⁵⁵ khoi³¹ t͡ʃet⁵⁵ θa³¹thaʔ⁵⁵, ʃa³¹moʔ⁵⁵ ka³¹tam³¹ ʃa³¹moʔ⁵⁵, pʌp³³ ka³¹tam³¹ pʌp³³, ɣuɔt³⁵
狗　有　七　尾巴　　石头　紧挨　石头　坎　紧挨　坎　到

ta³¹ nin⁵⁵θai³¹lai⁵⁵liŋ³¹, mak³³ t͡ʃɔm³¹ ʔɔʔ⁵⁵' ."
助　烫沙地　　　莫　追赶　我

【译文】

　　弟弟回来告诉嫂子："大家开他的玩笑，还不让他回来。"

　　老婆越来越热了，又叫弟弟上去叫丈夫。

　　弟弟找到哥哥，说："你快回去，嫂子待不住了，吃不下了，她说自己离开了。"

　　老婆等不住了，取下戒指，交给弟弟，留下话说："如果哥哥回来，你就拿给他，让他能够见物如见人。让他不要想念我，不要追赶我，追不到的。水有七条河，狗有七条尾巴。石头连着石头，岩坎挨着岩坎，（然后）才到烫沙地。不要让他追赶我。"

　　现在，丈夫回来了，没见着老婆。弟弟拿出戒指给他，说："嫂子说：'你不要再想念我。如果想见我，就看看我的戒指；你不要追，追不到的。

水有七条河，狗有七条尾巴。石头连着石头，岩坎挨着岩坎，（然后）才到烫沙地。不要让他追赶我。'"

mai⁵¹ ʔɤn³¹ lai³⁵ va⁵¹ ta³¹ niem³¹ te³¹: "meʔ⁵⁵ mak³³ tʌm³¹ nthem³¹ ʔɔʔ³¹, meʔ⁵⁵ mak³³
哥　他　说　给　介　弟弟　助　你　莫　再　想念　我　你　莫

tʌm³¹ mai³³ ta³¹ ʔɔʔ⁵⁵. ʔɔʔ⁵⁵ tʃɔm³¹ mai³¹phən⁵¹ meʔ³¹."
再　思念　介　我　我　追赶　嫂子　你

ʔɤn⁵¹ ŋiŋ³¹ ʃɔʔ⁵⁵ ɣɣ³¹ kʌm³¹ teʔ⁵⁵, ɣuɔt³⁵ ta³¹ ntaŋ³¹ʔom³¹. ʃɔʔ⁵⁵ lai³⁵ kʌm³¹
他　唤　狗　去　介　自己　到　介　河　狗　说　介

ʔɤn³¹: "meʔ⁵⁵ ȵap³³ θa³¹thaʔ⁵⁵ ʔɔʔ³¹. po³¹ ʔɔʔ⁵⁵ θʌm⁵¹, meʔ⁵⁵ mak³³ nȵat³¹." ʃɔʔ⁵⁵ pʌt³³
他　你　抓　尾巴　我　如果　我　放屁　你　莫　笑　狗　背

ʔɤn⁵¹ phat⁵⁵ taŋ³¹ ʔom³¹. ʃɔʔ⁵⁵ θʌm⁵¹: "mak³¹tʃak³¹ka³¹nit³⁵." ʔɤn⁵¹ nȵat³¹, phʌt⁵⁵ khle⁵¹
他　跳　过　水　狗　放屁　（狗屁响声）　他　笑　断　掉落

θa³¹thaʔ⁵⁵ ʃɔʔ⁵⁵ ʔɤn³¹.
尾巴　狗　他

ɣɣ³¹ tu³¹ puŋ³¹ tɔʔ⁵⁵ ma³¹ ntaŋ³¹ʔom³¹, ʃɔʔ⁵⁵ ʔɤn³¹ tu³¹ lai³⁵: "ʔe⁵⁵tʃup³³ meʔ⁵⁵ mak³³
去　又　碰　到　一　河　狗　他　又　说　现在　你　莫

tʌm³¹ nȵat³¹. po³¹ meʔ⁵⁵ nȵat³¹, θa³¹thaʔ⁵⁵ ʔɔʔ³¹ tu³¹ phʌt⁵⁵ khle⁵¹ ʔai³¹ni³¹. ȵap³³ pʌm⁵¹!"
再　笑　如果　你　笑　尾巴　我　又　断　掉落　助　抓稳

ʃɔʔ⁵⁵ pʌt³³ phat⁵⁵ ntaŋ³¹ʔom³¹, ʃɔʔ⁵⁵ tu³¹ θʌm⁵¹: "mak³¹tʃak³¹ka³¹nit³⁵." ʔɤn⁵¹ tu³¹
狗　背　跳　河　狗　又　放屁　（狗屁响声）　他　又

nȵat³¹, θa³¹thaʔ⁵⁵ ʃɔʔ⁵⁵ tu³¹ phʌt⁵⁵ khle⁵¹ ʔɔai³¹.
笑　尾巴　狗　又　断　掉落　助

θa³¹thaʔ⁵⁵ ʃɔʔ⁵⁵ ʔɤn³¹ khoi³¹ tʃet⁵⁵ θa³¹thaʔ⁵⁵, phʌt⁵⁵ khle⁵¹ kɤl⁵¹ ʔɔai³¹. ʃɔʔ⁵⁵
尾巴　狗　他　有　七　尾巴　断　掉落　完　助　狗

jam⁵¹ ʔɔai³¹. ʔɤn⁵¹ khu⁵¹ ʃɔʔ⁵⁵ jam⁵¹ te³¹ ɣɣ³¹ ɣuɔt³⁵ ta³¹ ʃa³¹mo⁵⁵ ka³¹tam³¹ ʃa³¹moʔ⁵⁵,
死　助　他　拉　狗　死　助　去　到　介　石头　紧挨　石头

pʌp³³ ka³¹tam³¹ pʌp³³, tʌm³¹ tʃaŋ³³ ɣɣ³¹, ʔot³¹ khlɔk³¹ nȵa⁵⁵ ʔɔai³¹. ʔa³¹ʔɔk³¹ ɣuɔt³⁵. ʔɤn⁵¹
坎　紧挨　坎　不再　能　去　在　等　那　助　猴子　到　他

tʃaŋ⁵¹ lai³⁵ va⁵¹: "khia³¹ phleʔ⁵⁵ ka³¹tʃəl⁵¹, ʃam⁵¹ ta³¹ ntuiŋ⁵¹ ʃa³¹moʔ⁵⁵."ntuiŋ⁵¹ ʃa³¹moʔ⁵⁵

就　　说　　给　摘果　(一种树)　　装　介　嘴　　石头　　嘴　石头
ʔaŋ³¹ khlop⁵⁵ ʔaŋ³¹ khlop⁵⁵. θa³¹ŋiŋ³¹ khein⁵¹ ʃa³¹moʔ⁵⁵, npɣaʔ⁵⁵ nan³¹. ʔɤn⁵¹ ʧaŋ⁵¹ naʔ³³
开　闭　　开　闭　　倒　　牙　石头　　嚼吃　　慢　他　就　　得
taŋ³¹ pun³¹, ʔa³¹ʔɔk³¹ tu³¹ jam⁵¹ ʔɔai³¹.

过去　　猴子　又　死　助
　　　tu³¹ khu⁵¹ ʃɔʔ⁵⁵ khu⁵¹ ʔa³¹ʔɔk³¹, tu³¹ ɣɣ³¹ ɣuɔt³⁵ nin⁵⁵θai⁵¹lai⁵⁵liŋ³¹, tʌm³¹ ʧaŋ³³ ɣɣ³¹

又　拉　狗　拉　猴子　　又　去　到　　烫沙地　　　不再　能　去
ʔɔai³¹, ʔot³¹ khlɔk³¹ ʃɔʔ⁵⁵ ʔa³¹ʔɔk³¹ te³¹ nŋa?⁵⁵ ʔɔai³¹. ʔa³¹ɣɔi³¹ ɣuɔt³⁵, ʃʌm⁵¹ khai³¹ ʃɔʔ⁵⁵

助　在　守候　狗　猴子　助　那　助　苍蝇　到　想　吃　狗
ʔa³¹ʔɔk³¹. ʔɤn⁵¹ kɔ³¹ pa³¹ va⁵¹ khai³¹. ʔot³¹ tu³¹ mie³¹ɣein³¹ ma³¹ nəi³¹ ma³¹ khuɔn³¹ ɣuɔt³⁵,

猴子　　他　也　不　给　吃　在　又　秃鹫　　一　妈　一　儿　到
ʃʌm⁵¹ khai³¹ ʃɔʔ⁵⁵ ʔa³¹ʔɔk³¹. ʔɤn⁵¹ kɔ³¹ pa³¹ va⁵¹ khai³¹. ʔɤn⁵¹ lai³⁵: "ʔan⁵¹ phau⁵¹ ʧaŋ³³

想　吃　狗　猴子　他　也　不　给　吃　他　说　　如果　你俩　能
leʔ³³ ʔɔʔ⁵⁵ pun³¹ ʔe⁵¹ nin⁵⁵θai³¹lai⁵⁵liŋ³¹, ʔɔʔ⁵⁵ ʧaŋ⁵⁵ va³¹ phau⁵¹ khai³¹ ʃɔʔ⁵⁵ ʔa³¹ʔɔk³¹

拿　我　过　这　烫沙地　　　我　就　给　你俩　吃　狗　猴子
te³¹."

助

【译文】

　　哥哥对弟弟说："你不要想念我，不要思念我。我去追赶我老婆了。"

　　他唤上狗和自己一起去。到了河边，狗对他说："你抓住我的尾巴。如果我放屁，你不要笑。"狗背着他跳过河。狗放了一个屁"mɑk³¹ʧɑk³¹kɑ³¹nit³⁵"。他一笑，狗就断掉了一条尾巴。

　　又碰到一条河，狗又对他说："现在，你不要笑；如果你笑，我的尾巴又会断掉。抓稳！"

　　狗背着他跳过河。狗又放了一个屁"mɑk³¹ʧɑk³¹kɑ³¹nit³⁵"。他又笑，狗又断掉了一条尾巴。

　　狗有七条尾巴，全部断掉了。狗死了。他拉着狗来到石头连着石头、岩坎挨着岩坎（的地方）。过不去了，就在那里等。来了一只猴子。他对猴子说："去把果子摘下来，放到石头嘴巴里。"石头嘴巴一开一合的。石头嘴巴（吃果子）倒牙，吃得很慢，（这样）他就（趁机）过去了。猴子（又）死掉了。

　　他拉着狗和猴子来到了烫沙地。过不去了，就在那里守着狗和猴子。来了一只苍蝇，想吃狗和猴子，他不给苍蝇吃。又来了（两只）秃鹫，秃鹫妈妈和秃鹫娃娃。秃鹫想吃狗和猴子，他也不给他们吃。他说："如果你俩能够送我过烫沙地，我就让你俩吃。"

　　"pa³¹ lat³¹, ʔɔʔ⁵⁵ nʌm³¹ leʔ³³ meʔ³¹ ɣɤ³¹." nəi³¹ ʔɤn³¹ mun³¹ ʔai³¹tuk³¹ka³¹taʔ⁵⁵ van⁵¹
　　不 怕 我 要 拿 你 去 妈妈 他 收缩 艾杜尕达 助
tek⁵⁵, ʃam⁵¹ ta³¹ θuk⁵⁵tɔŋ³¹ khuɔn³¹ te³¹. nəi³¹ ʔɤn³¹ lai³⁵ va⁵¹ khuɔn³¹ te³¹: "ʔa³¹mup⁵⁵
小 装 介 羽毛筒 娃娃 助 妈妈 他 说 给 娃娃 助 乖乖
ʔəi³¹, po³¹ ŋaʔ⁵⁵, meʔ⁵⁵ mak³³ kit⁵⁵, mak³³ vaʔ³¹ kua⁵¹ ma³¹ θuk⁵⁵phəi³¹ ma³¹ tɔŋ³¹ ʔiau⁵⁵."
助 如果 痒 你 莫 挠 莫 给 脱落 一 羽毛 一 筒 助
khuɔn³¹mie³¹ɣeiŋ³¹ thun⁵¹ ɣuɔt³⁵ ta³¹ ʔom³¹pɣaŋ⁵¹ phən⁵¹ ʔɤn³¹ ta³¹ puŋ⁵¹.
秃鹫娃娃 送 到 介 水井 老婆 他 介 天

　　ʔai³¹tuk³¹ka³¹taʔ⁵⁵ ʔot³¹ khlɔk³¹ ta³¹ ʔom³¹pɣaŋ⁵¹. ʔiʔ⁵⁵ ɣuɔt³⁵ ta³¹ ʔom³¹pɣaŋ⁵¹ lam³¹
　　艾杜尕达 在 等 介 水井 人 到 介 水井 挑
ʔom³¹. ʔɤn⁵¹ θa³¹van³¹: "phie⁵⁵ lam³¹ ʔom³¹ tʃiʔ⁵⁵ θa³¹mɔʔ³¹?"
水 他 问 你们 挑 水 做 什么

　　"lam³¹ ʔom³¹ θum³¹ naŋ³¹. naŋ³¹ vʌt⁵⁵ tham³¹ mɤŋ³¹lum³³, kat⁵⁵θa³¹klal³¹."
　　挑 水 洗 小姐 小姐 返回 介 人间 发热
ʔiʔ⁵⁵ ʔi³¹ ʔɔai³¹, klɤt⁵⁵ ʔot³¹ phən³¹phiaʔ⁵⁵ ma³¹ ʔiʔ⁵⁵. ʔai³¹tuk³¹ka³¹taʔ⁵⁵ lai³⁵: "leʔ³³
　　人 回 助 剩下 在 姑娘 一 人 艾杜尕达 说 拿
tʃɔp³⁵mɤ⁵¹ ʃam⁵¹ ta³¹ thuŋ³¹ʔom³¹ ʔɤn³¹. thuŋ³¹ ʔe⁵¹ meʔ⁵⁵ lok³¹ ta³¹ nthɔk³¹ ʔɤn³¹ khle⁵¹
戒指 装 介 水桶 她 桶 这 你 浇 介 头 她 掉落
ʔiau⁵⁵."
助

phən³¹phiaʔ⁵⁵ lam³¹ ʔom³¹ ʔi³¹ ɣuɔt³⁵ ta³¹ phən⁵¹ ʔɤn³¹. ʔom³¹ lok³¹ tham³¹ nthɔk³¹
姑娘 挑 水 回到 介 老婆 他 水 浇 从 头
khle⁵¹. thuʔ⁵⁵ ma³¹luɔŋ³¹, ʔɤn⁵¹ lɔm³¹ tʃɔp³⁵mɤ⁵¹ te³¹.
掉落 介 大腿间 她 见 戒指 助

"ɣɣʔ⁵⁵ nmo³¹ ʔɔʔ⁵⁵ ʔot³¹." phən⁵¹ ʔʋn³¹ θa³¹vaŋ³¹: "ʔʋn⁵¹ ʔot³¹ təl³¹mɔʔ³¹ʔ"

　是　信物　我　在　　老婆　他　问　　他　在　哪里

"ʔʋn⁵¹ ʔot³¹the⁵⁵ ta³¹ ʔom³¹pɣɑŋ⁵¹."

　他　坐　　介　水井

"phieʔ⁵⁵ ɣɣ³¹ ŋiŋ³¹ ʔʋn⁵¹ ʔi³¹ tʋŋ³¹ʔe⁵¹."

　你们　去　叫　他　回　这里

keʔ⁵⁵ ɣɣ³¹ ŋiŋ³¹ ʔʋn⁵¹ ʔi³¹ ɣɔʋt³⁵ npiea³¹ kaŋ³¹. ʔiʔ⁵⁵ θa³¹vaŋ³¹: "meʔ⁵⁵ ɣuɔt³⁵ nneʔ⁵¹

　他们　去　叫　他　回　到　　旁边　家　人　问　　你　到　这里

tʃiʔ⁵⁵ θa³¹mɔʔ³¹ʔ "

做　什么

ʔai³¹tuk³¹ka³¹taʔ⁵⁵ lai³⁵: "ʔɔʔ⁵⁵ tʃɔm³¹ phən⁵¹ te³¹."

　艾杜尕达　　　说　我　追　老婆　助

"ɣɣʔ⁵⁵ phən³¹ meʔ⁵⁵ ɳet³⁵?"

　是　老婆　你　果真

"ɣɣʔ⁵⁵ phən³¹ ʔɔʔ⁵⁵ ʔɔai³¹."

　是　老婆　我　助

ʔiʔ⁵⁵ lai³⁵: "po³¹ ɣɣ⁵⁵ phən³¹ meʔ⁵⁵ ɳet³⁵, meʔ⁵⁵ tai³¹ θaʔ⁵⁵θa³¹ʔe⁵¹ phən⁵¹ te³¹."

　人　说　　如果　是　老婆　你　果真　你　猜　东西　　　老婆　助

"jɔŋ!"

　好

【译文】

　　"别担心，我要背你去。"秃鹫妈妈把艾杜尕达缩小，然后把他放在秃鹫娃娃的羽毛筒里。秃鹫妈妈对秃鹫娃娃说："乖乖，如果你痒，你不要挠；不要脱落一片羽毛，不要飘落一根羽毛筒。（于是）秃鹫娃娃就把艾杜尕达送到了天上他老婆的水井那里。

　　艾杜尕达在水井那里等。有人到水井挑水。他问："你们挑水做什么？"（他们说：）"挑水来洗小姐。小姐从人间回来，全身发热。"

　　他们回去了，剩下一个姑娘。艾杜尕达（对这个姑娘）说："把戒指放在她的水桶里，你把这桶水从她的头上浇下去。"

姑娘把水挑到他老婆那里。水从她头上浇下去。在她的大腿间，她看到了戒指。

"这是我的信物。"他老婆问："他在哪里？"

"他坐在水井那里。"

"你们去叫他回到这里来。"

她们去把他叫到屋旁。有人问他："你到这里做什么？"

艾杜尕达说："我追随我老婆而来。"

"真是你老婆吗？"

"是我老婆。"

有人说："如果真是你老婆，你就猜猜你老婆的东西。"

"好的！"

"θeʔ⁵⁵nɣɔk⁵⁵ phən⁵¹ meʔ³¹ ɣɣʔ⁵⁵ ʔa³¹mɔʔ³¹ʔ？"
　柴堆　老婆　　　你　是　　哪一

"khai³¹ ʔom³¹puk⁵⁵ ʃɔʔ⁵⁵ khai³¹ ʔom³¹puk⁵⁵ ʔa³¹ʔɔk³¹ ʔot³¹ təl³¹mɔʔ⁵⁵ ɳa⁵¹ʔ？" ʔɣn⁵¹
　吃　尸水　　狗　吃　尸水　　猴子　在　无论哪里　助　　他

lɔm³¹ ʔa³¹θek³¹ tʃop³¹ lup⁵⁵ ta³¹ θeʔ⁵⁵nɣɔk⁵⁵. ʔɣn⁵¹ ɣɣ³¹ thip⁵⁵："ɣɣʔ⁵⁵ ʔa³¹ʔe⁵¹ ʔoai³⁵."
见　老鼠　跑　进介　柴堆　　他　去　指　　是　这　助

"kɔk³¹ ma³¹ɣaŋ⁵¹ phən⁵¹ meʔ³¹ ɣɣʔ⁵⁵ ʔa³¹mɔʔ³¹ʔ？"
　圈　马　　老婆　你　是　哪一

"khai³¹ ʔom³¹puk⁵⁵ ʃɔʔ⁵⁵ khai³¹ ʔom³¹puk⁵⁵ ʔa³¹ʔɔk³¹ ʔot³¹ təl³¹mɔʔ⁵⁵ ɳa⁵¹ʔ？" ʔɣn⁵¹
　吃　尸水　　狗　吃　尸水　　猴子　在　无论哪里　助　　他

lɔm³¹ ʔa³¹ɣɔi³¹ phəa⁵¹ kɔp³¹. ʔɣn⁵¹ ɣɣ³¹ thip⁵⁵："ɣɣʔ⁵⁵ ʔa³¹ʔe⁵¹ ʔoai³⁵."
见　苍蝇　飞　停　他　去　指　　是　这　助

ʔiʔ⁵⁵ tu³¹ lai³⁵ va⁵¹ ʔɣn⁵¹ tai³¹ ntua³¹："ntua³¹ phən⁵¹ meʔ³¹ ɣɣ⁵⁵ ʔa³¹mɔʔ³¹ʔ？"
人　又　说　给　他　猜　楼梯　　楼梯　老婆　你　是　哪一

"khai³¹ ʔom³¹puk⁵⁵ ʃɔʔ⁵⁵ khai³¹ ʔom³¹puk⁵⁵ ʔa³¹ʔɔk³¹ ʔot³¹ təl³¹mɔʔ⁵⁵ ɳa⁵¹ʔ？" ʔɣn⁵¹
　吃　尸水　　狗　吃　尸水　　猴子　在　无论哪里　助　　他

lɔm³¹ ʔa³¹mut⁵⁵ phəa⁵¹ kɔp³¹. ʔɣn⁵¹ ɣɣ³¹ thip⁵⁵："ɣɣʔ⁵⁵ ʔa³¹ʔe⁵¹ ʔoai³⁵."
见　蚊子　飞　停　他　去　指　　是　这　助

ʔiʔ⁵⁵ tu³¹ lai³⁵ va⁵¹ ʔɤn³¹ tai³¹ ka³¹ʔua⁵¹, nkeiŋ³¹, kɤeʔ³¹ʔup⁵⁵, kun³¹ʔiet³¹. ʔai³¹tuk³¹ka³¹
人 又 说 给 他 猜 门 凳子 饭桌 床 艾杜尕达

taʔ⁵⁵ tɤŋ³¹pʌk⁵⁵ tai³¹ ɤɤʔ⁵⁵ kɤl⁵⁵.
全部 猜 是 完

ʔuiŋ⁵¹ ȵɔm³¹phən⁵¹ ŋiŋ³¹ tʃet⁵⁵ khuɔn³¹phən⁵¹ va⁵¹ ʔot³¹ ma³¹ti³³. ʔuiŋ⁵¹ tu³¹ lai³⁵ va³¹
爸爸 姑娘 叫 七 女儿 给 在一起 爸爸 又 说 给

ʔai³¹tuk³¹ka³¹taʔ⁵⁵：“phən⁵¹ me³¹ ɤɤʔ⁵⁵ ʔa³¹mɔʔ³¹? me⁵⁵ ɤɤ³¹ ȵap³³ thi⁵⁵ ʔɤn³¹ va³¹ ʔɔʔ⁵⁵
艾杜尕达 老婆 你 是 谁 你 去 抓 手 她 给 我

muŋ³¹.”
看

ʔai³¹tuk³¹ka³¹taʔ⁵⁵ ɤɤ³¹ ȵap³³ thi⁵⁵ ʔɤn³¹ te³¹, ɤɤʔ⁵⁵ ȵet³⁵ ʔɔai³⁵.
艾杜尕达 去 抓 手 她 助 是 果真 助

【译文】

"你老婆的柴堆是哪一堆？"

"吃狗尸水、猴子尸水的到底在哪里？" 他看见老鼠跑进一堆柴，用手一指，说："是这堆。"

"你老婆的马圈是哪一个？"

"吃狗尸水、猴子尸水的到底在哪里？" 他看见苍蝇飞过去停住，用手一指，说："是这个。"

大家又让他猜楼梯。"你老婆的楼梯是哪一个？"

"吃狗尸水、猴子尸水的到底在哪里？" 他看见蚊子飞过去停住，用手一指，说："是这个。"

大家又让他猜门、凳子、饭桌和床。艾杜尕达全部猜对了。

姑娘的父亲把七个女儿叫在一起，对艾杜尕达说："谁是你的老婆？你去抓住她的手给我看看。"

艾杜尕达走过去抓住她的手。果真是啊！

ʔai³¹tuk³¹ka³¹taʔ⁵⁵ kau⁵¹ khuɔn³¹phən⁵¹ ʔɤn³¹ ku³³ po⁵⁵te³¹, ɤop³¹ʔot³¹ɤop³¹khai³¹.
艾杜尕达 他俩 姑娘 他 爱 相互 同 在 同 吃

phe?⁵⁵ ?ɤn³¹ pa³¹ ʃʌm³¹ lɔm³¹ nmɔn³¹ te³¹, lɔk³³ te³¹ ɣɤ?⁵⁵ θa?⁵⁵θa³¹?e⁵¹, ʃʌm³¹ phiem⁵¹
岳父　他　不　想　见　女婿　助　变　助　是　东西　　想　杀

nmɔn³¹ te³¹. ɣɤ?⁵⁵ phən⁵¹ ?ɤn³¹ ɣɤ?⁵⁵ pa³¹θem³¹ kʌm³¹ khuiŋ⁵¹ te³¹.
女婿　助　是　老婆　他　是　心　　介　丈夫　助

phe?⁵⁵ ?ɤn³¹ ?iet³¹ ɣɣi³¹, ?ɤn⁵¹ lai³⁵ kʌm³¹ nmɔn³¹: "po³¹ me?⁵⁵ ko³¹ ?up⁵⁵ thu⁵⁵ ʃin⁵¹,
岳父　他　睡　起床　他　说　介　女婿　　如果　你　煮　饭　菜　熟

me?⁵⁵ ɣɤ³¹ ŋiŋ³¹ ?ɔ?³¹ ?i³¹ khai³¹."
你　去　叫　我　回　吃

?ɤn⁵¹ θa³¹vaŋ³¹ phən⁵¹ te³¹: "θa?⁵⁵ va³¹ ?ɔ?⁵⁵ ɣɤ³¹ ŋiŋ³¹ təl³¹mɔ?³¹?"
他　问　老婆　助　究竟　给　我　去　叫　哪里

"ŋiŋ³¹ ta³¹ θa³¹nklua³¹ ?ɔ?³¹."①
叫　介　针线　我

?ɤn⁵¹ ŋiŋ³¹: "?a³¹phe?⁵⁵, ?i³¹ khai³¹ ?up⁵⁵ ?ɔai³¹! "
他　叫　岳父　回　吃　饭　助

phe?⁵⁵ ?ɤn³¹ ?i³¹ ɣuot³⁵. nmɔn³¹ taŋ³¹ kɣe?⁵⁵, tʃak³¹ ?up⁵⁵ tʃak³¹ thu?⁵⁵, ɣop³¹ khai³¹
岳父　他　回　到　女婿　摆　桌子　盛　饭　盛　菜　同　吃

?up⁵⁵ ?ɔai³¹.
饭　助

tɔ?⁵⁵ pa³¹vaŋ⁵¹, ?up⁵⁵ thu⁵⁵ ko³¹ ʃin⁵¹ ?ɔai³¹. ?ɤn⁵¹ tu³¹ θa³¹vaŋ³¹ phən⁵¹ te³¹: "θa?⁵⁵
到　明天　饭　菜　煮　熟　助　他　又　问　老婆　助　到底

va³¹ ?ɔ?⁵⁵ ɣɤ³¹ ŋiŋ³¹ təl³¹mɔ?³¹?"
给　我　去　叫　哪里

"me?⁵⁵ ɣɤ³¹ tɤŋ³¹ɣuɔŋ³¹, lɔm³¹ θa³¹mɔ?⁵⁵, me?⁵⁵ ŋiŋ³¹ ?a³¹ha?⁵⁵. "
你　去　路　　见　无论什么　你　叫　那

lɔm³¹ thiak³¹paiŋ³¹ ma³¹ to³¹②. "?a³¹phe?⁵⁵, ?i³¹ khai³¹ ?up⁵⁵ ?ɔai³¹! "
见　白牛　一　头　岳父　回　吃　饭　助

?i³¹ ɣuɔt³⁵ ta³¹ kaŋ³¹. nmɔn³¹ ?ɤn³¹ taŋ³¹ kɣe?⁵⁵, ploi³¹ thu³¹, tʃak³¹ ?up⁵⁵ tʃak³¹

---

① 这里指岳父变成了针线。

② 这里指岳父变成了白牛。

回 到 介 家 女婿 他 摆 桌子 摆 筷子 盛 饭 盛
thuʔ⁵⁵, leʔ³³ nkeiŋ³¹ taŋ⁵¹ va³¹ pheʔ⁵⁵ te³¹ ʔot³¹theʔ⁵⁵ khai³¹ ʔup⁵⁵.
菜 拿 凳子 递 给 岳父 助 坐 吃 饭
　　toʔ⁵⁵ ka³¹ʔɔi³¹ nŋiʔ⁵⁵, ʔɤn⁵¹ tu³¹ θa³¹vaŋ³¹ phən⁵¹ te³¹: "θaʔ⁵⁵ va³¹ ʔɔʔ⁵⁵ ɣɤ³¹ ŋiŋ³¹
　　到 三 天 他 又 问 老婆 助 到底 给 我 去 叫
təl³¹mɔʔ³¹ʔ?"
哪里
　　"meʔ⁵⁵ ɣɤ³¹ tʋŋ³¹ɣuɔŋ³¹, lɔm³¹ θa³¹mɔʔ⁵⁵, meʔ⁵⁵ ŋiŋ³¹ ʔa³¹haʔ⁵⁵."
　　你 去 路 见 无论什么 你 叫 那
　　lɔm³¹ pha³¹nʌm⁵¹①. "ʔa³¹pheʔ⁵⁵, ʔi³¹ khai³¹ ʔup⁵⁵ ʔɔai³¹!"
　　见 蚂蚁谷堆 岳父 回 吃 饭 助
　　ʔi³¹ ɣuɔt³⁵ ta³¹ kaŋ³¹. nmɔn³¹ ʔɤn³¹ keʔ⁵¹ ʔom³¹ taŋ⁵¹ va³¹ pheʔ⁵⁵ te³¹ ʃaʔ³¹ thiʔ⁵⁵
　　回 到 介 家 女婿 他 端 水 递 给 岳父 助 洗 手
θəi³¹ ŋai³¹ te³¹. khai³¹ ʔup⁵⁵ ʔɔai³¹.
洗 脸 助 吃 饭 助
　　toʔ⁵⁵ ʔa³¹phon³¹ nŋiʔ⁵⁵, ʔiet³¹ ɣvi³¹, phən⁵¹ ʔɤn³¹ lai³⁵ va⁵¹ ta³¹ khuiŋ⁵¹ te³¹:
　　到 四 天 睡 起床 老婆 他 说 给 介 丈夫 助
　　"vʋŋ³¹ʔe⁵¹, meʔ⁵⁵ pat³¹ vait³¹ van⁵⁵ lʌp⁵⁵, kʌt⁵⁵ θuk⁵⁵ van⁵⁵ phʌt⁵⁵ khle⁵¹ tʃet⁵⁵ nnən⁵¹.
　　今天 你 磨 刀 助 锋利 砍 头发 助 断 掉落 七 根
meʔ⁵⁵ ɣɤ³¹ lɔŋ³¹ liŋ³¹, lɔm³¹ pa³¹ʃiʔ⁵⁵ma³¹lin⁵¹② khvŋ³¹vʋŋ⁵¹ ʔot³¹, meʔ⁵⁵ piek⁵⁵ ʔom³¹paiŋ³¹
你 去 沟 干 见 血藤 盘绕 在 你 吐 口水
ta³¹ thiʔ⁵⁵ te³¹, leʔ³³ ka³¹kat³¹ te³¹ mak⁵⁵ van⁵¹ phʌt⁵⁵ khle⁵¹ tʃet⁵⁵ tuan³³. tʋŋ³¹kan⁵¹ mak³³
介 手 助 拿 力气 助 砍 助 断 掉落 七 段 后面 莫
vʌt⁵⁵ muŋ³¹, meʔ⁵⁵ ʔi³¹ tiau³³."
转身看 你 回 赶紧
　　ʔɤn⁵¹ ɣɤ³¹ ɣuɔt³⁵ ta³¹ lɔŋ³¹ liŋ³¹, mak⁵⁵ pa³¹ʃiʔ⁵⁵ma³¹lin⁵¹ van⁵⁵ phʌt⁵⁵ khle⁵¹ tʃet⁵⁵
　　他 去 到 介 沟 干 砍 血藤 助 断 掉落 七

---

① 指像谷堆一样的蚂蚁窝。这里指岳父变成了蚂蚁谷堆。
② 这里指岳父变成了血藤。

tuan³³, mak⁵⁵ li⁵¹ nnam³¹. pa³¹ʃiʔ⁵⁵ma³¹lin⁵¹ xʏak³¹ ntein³¹："ooooo!" ʔi³¹ ʏuot³⁵ ta³¹ kaŋ³¹,

　段　　砍　出血　　血藤　　　　呻吟　大　　　嗷　回到　介家

lai³⁵ kʌm³¹ phən⁵¹ te³¹："ʔɔʔ⁵⁵ mak⁵⁵ phʌt⁵⁵ khle⁵¹ tʃet⁵⁵ tuan³³ ʔɔai³¹."

　说　介　老婆　助　我　砍　断　掉落　七　段　　助

　　"jɔŋ³¹ ʔɔai³¹."

　　　好　　助

kau⁵⁵ phən⁵¹nmieʔ⁵⁵ ʏop³¹ʔot³¹ʏop³¹khai³¹ ta³¹ puŋ⁵¹.

　他俩　夫妻　　　　同　在　同　吃　介　天

【译文】

艾杜尕达和他的老婆相互爱慕，同住同吃。他岳父不想看到女婿，就变成东西想害他。是他老婆的心和他在一起。

岳父起床后对女婿说："做好饭菜后，你就来叫我回家吃饭。"

他问老婆："究竟到哪里去叫岳父呢？"

"在我放针线的地方去叫。"

他就去叫："岳父啊，回家吃饭了！"

岳父回来，他就盛饭添菜，大家一起吃饭。

第二天，饭菜做好了。他又问老婆："我究竟到哪里去叫岳父呢？"

"你去路上，见到什么就叫。"

见到一头白牛，（他叫：）"岳父啊，回家吃饭了！"

回到家后，女婿摆好桌子、筷子，盛饭添菜，还给岳父放好凳子坐下来吃饭。

第三天，他又问老婆："我究竟到哪里去叫岳父呢？"

"你去路上，见到什么就叫。"

见到蚂蚁谷堆，（他叫：）"岳父啊，回家吃饭了！"

回到家后，女婿端水给岳父洗手洗脸，然后吃饭。

第四天，起床后，老婆对丈夫说："今天你把刀磨锋利，砍断七根头发。（然后）你就去干沟，看见一根盘绕的血藤，你就往手里吐上口水，用力把血藤砍成七段。不要回头看，你就赶紧回来。"

他去了干沟，把血藤砍成了七段，砍出了血。血藤大吼："嗷……！"

回到家里，对老婆说：“我把血藤砍成七段了。”

“好的。”

夫妻俩（从此）在天上同住同吃。①

① 这里指女儿与丈夫一起杀死了父亲。

附录二　昆格语基础词汇

一　天文、地理

天　puŋ⁵¹

太阳　ŋai³¹nŋiʔ⁵⁵
　　　ɣaŋ⁵¹（用于"晒太阳"）

日出　ŋai³¹nŋiʔ⁵⁵li⁵¹

日落　ŋai³¹nŋiʔ⁵⁵lup⁵⁵

月亮　nkhia³¹

月食　ʔa³¹ɣok³¹kak⁵⁵nkhia³¹
　　　癞蛤蟆　咬　月亮

星星　nməiŋ⁵¹

岩倒星　nməiŋ⁵¹ʔa³¹tau³¹①
　　　星星　　岩倒

小姐星　nməiŋ⁵¹⁻³¹naŋ³¹②
　　　星星　　小姐

恋人星　nməiŋ⁵¹ʔa³¹tau³¹kau⁵¹naŋ³¹③
　　　星星　岩倒　他俩小姐

星河　ʃa³¹noŋ³¹ʔa³¹thɣuʔ⁵⁵taʔ⁵⁵④
　　　木头　毛毛树　阻隔

流星　nməiŋ⁵¹phəiŋ⁵¹⁻³¹poʔ⁵⁵te³¹
　　　星星　射击　相互

晴天　nŋiʔ⁵⁵ɣaŋ⁵¹

热天　nŋiʔ⁵⁵θa³¹klal³¹

阴天　nŋiʔ⁵⁵nmɑt³³

雨天　nŋiʔ⁵⁵ʃa³¹leʔ⁵⁵

冷天　nŋiʔ⁵⁵khat⁵⁵ka³¹viɛm⁵¹

云　muŋ³¹mo³¹

白云　muŋ³¹mo³¹paiŋ³¹

乌云　muŋ³¹mo³¹laŋ⁵¹

雷　kha³¹nʌm³¹puŋ³¹

闪电　pa³¹lek⁵⁵⁻³¹puŋ⁵¹

落地闪电　tha³¹ʃat³¹

空气　θa³¹maʔ⁵⁵

风　θa³¹maʔ⁵⁵
　　　（同"空气"）

---

① 传说是名叫岩倒的男子。
② 传说是一位美丽的小姐。
③ 传说岩倒和一位小姐相恋。

---

④ 传说毛毛树木头阻隔了一对恋人。

微风	θa³¹maʔ⁵⁵⁻³¹tek⁵⁵	上坡	vəi³¹
大风	θa³¹maʔ⁵⁵⁻³¹ʔɑn⁵¹	下坡	ntʃəa⁵¹
暴风	θoʔ⁵⁵nteiŋ³¹	山谷	lɔŋ³¹
龙卷风	θa³¹maʔ⁵⁵ʔa³¹tʃɔik³¹	山阳	van³¹tɔŋ³⁵（傣）
雨	ʃa³¹leʔ⁵⁵	山阴	van³¹lap³³（傣）
小雨	ʃa³¹leʔ⁵⁵⁻³¹tek⁵⁵	崖	vak⁵⁵
大雨	ʃa³¹leʔ⁵⁵⁻³¹ʔɑn⁵¹	洞	nthuʔ⁵⁵
暴雨	ʃa³¹leʔ⁵⁵nteiŋ³¹	山洞	nthuʔ⁵⁵⁻³¹mal⁵¹
暴风雨	θoʔ⁵⁵ʃa³¹leʔ⁵⁵nteiŋ³¹	地洞	nthuʔ⁵⁵ka³¹theʔ⁵⁵
雪	θa³¹thap³¹	龙洞	tɤŋ³¹ɣuɔŋ³¹piɔŋ³¹
冰	θa³¹thap³¹（同"雪"）	路　　龙	
霜	θa³¹thap³¹（同"雪"）	石头	ʃa³¹moʔ⁵⁵
冰雹	phlea³¹	石块	ʃa³¹moʔ⁵⁵⁻³¹khon³¹
雾	ʔom³¹puŋ⁵¹		khon³¹ʃa³¹moʔ⁵⁵
露水	ʔom³¹puŋ⁵¹（同"雾"）	石粒	ʃa³¹moʔ⁵⁵⁻³¹khɔik³¹
彩虹	θa³¹ʔep³¹		khɔik³¹ʃa³¹moʔ⁵⁵
地	ka³¹theʔ⁵⁵	裂缝	pa³¹tat⁵⁵
天地	puŋ⁵¹ka³¹theʔ⁵⁵	烂泥坑	nthuʔ⁵⁵⁻³¹hlum⁵¹
地面	npan³¹ka³¹theʔ⁵⁵	洞　　下陷	
	tɤŋ³¹pan³¹ka³¹theʔ⁵⁵	坑洼	ʔɤŋ³⁵lɤŋ³⁵
地下	tɤŋ³¹ɣum⁵¹ka³¹theʔ⁵⁵	地震	khɤʔ⁵⁵ka³¹theʔ⁵⁵
山地	naŋ⁵¹	动　　地	
山区	tɤŋ³¹naŋ⁵¹	滑坡	θɣuk⁵⁵⁻³¹mal⁵¹
坝子	tɤŋ³¹khuŋ⁵¹	垮塌　　山	
山	mal⁵¹	水	ʔom³¹
昆格山	xuʔ⁵⁵⁻³¹naŋ⁵¹	波浪	ʔom³¹la³¹plap⁵⁵
山顶	tʃɔk³¹mal⁵¹	旋涡	ʔom³¹tʃuan³⁵（昆+汉）
山腰	tai³¹mal⁵¹	水泡	ʔom³¹puit³¹
山脚	tʃein³¹mal⁵¹	水滴	ʔom³¹θɤŋ³¹tʃɔt³¹
山坡	mal⁵¹⁻³¹vəi³¹	海	ʔom³¹θa³¹mut³⁵θa³¹pau⁵¹

江	ʔom³¹xuɔŋ³¹		田埂	te³¹khuŋ⁵¹
澜沧江	ʔom³¹xuɔŋ³¹（同"江"）		坎	pʌp³³
河	lən⁵¹		田坎	pʌp³³⁻³¹khuŋ⁵¹
水塘	ʔom³¹nɔŋ⁵¹		土坎	pʌp³³⁻³¹ka³¹theʔ⁵⁵
湖泊	ʔom³¹nɔŋ⁵¹（同"水塘"）		路坎	pʌp³³⁻³¹tɤŋ³¹ɣuɔŋ³¹
水沟	ʔom³¹mɤŋ⁵¹		房屋堡坎	pʌp³³⁻³¹kaŋ³¹
水库	ʔom³¹fai⁵¹		地界	mua⁵¹
堤坝	ntɤŋ⁵¹		泥	tʃak⁵⁵
水井	ʔom³¹pɣɑŋ⁵¹		沙	nθait³¹
瀑布	ʔom³¹vak⁵⁵		灰尘	pa³¹lu⁵¹
	水　崖		火灰	pa³¹lu⁵¹⁻³¹ŋal⁵¹
火	ŋal⁵¹		垃圾	θa³¹kiep⁵⁵
火星	khuɔn³¹ʔiea³¹ŋal⁵¹			θa³¹kiep⁵⁵θa³¹kɣam³¹
	小鸡　　　火	东		tɤŋ³¹ŋai³¹nŋiʔ⁵⁵li⁵¹
火炭	pluŋ³¹ŋal⁵¹（有火）			van³¹ʔɔk³⁵（傣）
	kha³¹ʃet⁵⁵（无火）	西		tɤŋ³¹ŋai³¹nŋiʔ⁵¹lup⁵⁵
火烟	mut³¹ŋal⁵¹			van³¹tok⁵⁵（傣）
锅烟子	lɑŋ⁵¹kan⁵¹ka³¹ʔɔl³¹	上		tɤŋ³¹thɔʔ⁵⁵
	黑　锅底			tɤŋ³¹leŋ³¹
蒸汽	ʔom³¹mul⁵¹			tɤŋ³¹pan³¹
气味	ʔom³¹θa³¹ŋe⁵¹	下		tɤŋ³¹theʔ⁵⁵
香味	hɔm⁵¹			tɤŋ³¹tien³¹
臭味	ʔui⁵¹			tɤŋ³¹ɣum⁵¹
烂臭味	ʔui⁵¹⁻³¹puk⁵⁵	前		tɤŋ³¹ŋai³¹
煳味	ʔui⁵¹θa³¹muʔ⁵⁵	后		tɤŋ³¹kan⁵¹
鱼腥味	ʔui⁵¹θa³¹ŋek⁵⁵	左		tɤŋ³¹ʔa³¹veʔ⁵⁵
旱地	ma³¹	右		tɤŋ³¹ʔa³¹θiam⁵¹
水田	khuŋ⁵¹	里		tɤŋ³¹nəi⁵¹
田地	ma³¹khuŋ⁵¹	外		tɤŋ³¹nɔk³³
土	ka³¹theʔ⁵⁵（同"地"）	中		təl³¹ɣuɔŋ³¹

周围	khɔp³⁵khau⁵⁵	本月	nkhia³¹ʔe⁵¹
角落	tʃeiŋ⁵⁵tʃɑk³¹	下月	nkhia³¹ɣe⁵¹
金	θa³¹lea⁵¹	日	nŋiʔ⁵⁵
银	nmul̥⁵¹⁻³¹khau⁵¹	白天	pəl³¹ŋiʔ⁵⁵
	钱　硬	上午	pəl³¹n̥al³¹
铜	tɔŋ³¹	中午	vai³¹ŋai³¹
铁	ka³¹ŋaŋ⁵¹	下午	vai³¹liŋ³¹
铝	xɣek³⁵	晚上	pəl³¹puɔ³¹
盐	pluʔ⁵⁵	大前天	vɣŋ³¹haʔ⁵⁵⁻³¹haʔ⁵⁵
锈	ɣa⁵⁵	前天	vɣŋ³¹haʔ⁵⁵
		昨天	ʃɣŋ³¹khoʔ⁵⁵

二　时令、天时

		今天	vɣŋ³¹ʔe⁵¹
雨季	jam⁵¹⁻³¹nɔŋ³¹	明天	pa³¹vaŋ⁵¹
旱季	jam⁵¹⁻³¹liŋ³¹	后天	tha³¹kheʔ⁵⁵
长季	jam⁵¹⁻³¹ŋai³¹nŋiʔ⁵⁵⁻³¹lan³¹	大后天	tha³¹khɑk⁵⁵
	季节　太阳　　长	前晚	puɔ³¹vɣŋ³¹haʔ⁵⁵
短季	jam⁵¹⁻³¹ŋai³¹nŋiʔ⁵⁵⁻³¹tot³¹	昨晚	puɔ³¹ʃɣŋ³¹khoʔ⁵⁵
	季节　太阳　　短	今晚	puɔ³¹vɣŋ³¹ʔe⁵¹
年	nn̥ʌm⁵¹	明晚	puɔ³¹pa³¹vaŋ⁵¹
大前年	nn̥ʌm⁵¹⁻³¹mie³¹	后晚	puɔ³¹tha³¹kheʔ⁵⁵
前年	nn̥ʌm⁵¹⁻³¹mo³¹	时间	ve³¹la³¹
去年	nn̥ʌm⁵¹⁻³¹khoʔ⁵⁵	钟点	ta⁵⁵
今年	nn̥ʌm⁵¹⁻³¹ʔe⁵¹	刚才	tham³¹n̥aʔ⁵⁵
明年	nn̥ʌm⁵¹⁻³¹tʃa⁵¹	现在	ʔe⁵⁵tʃup³³
后年	nn̥ʌm⁵¹⁻³¹ɣe⁵¹	过去	jam⁵¹⁻³¹phɣim⁵¹
大后年	nn̥ʌm⁵¹⁻³¹ɣe⁵¹⁻³¹ɣe⁵¹	古代	jam⁵¹⁻³¹phɣim⁵¹jam⁵¹⁻³¹phɣak⁵⁵
大年	nn̥ʌm⁵¹⁻³¹ʔɑn⁵¹（闰月）	今后	kʌm³¹vaŋ⁵¹
小年	nn̥ʌm⁵¹⁻³¹tek⁵⁵（不闰月）		
月	nkhia³¹	**三　植物**	
上月	nkhia³¹vɣŋ³¹haʔ⁵⁵	根	ɣet³¹

茎/杆	ntam³¹	青树	phəl³¹θəl⁵¹
枝	taŋ⁵¹		ʔa³¹mat³³
叶	laʔ⁵⁵		thak³¹ʃɔʔ⁵⁵①
叶芽	muit⁵⁵		舌头 狗
花	ɣaŋ³¹		ʔa³¹tʃɣiʔ⁵⁵
花蕾	muit⁵⁵⁻³¹ɣaŋ³¹		ma³¹ɣai⁵⁵kham³¹
果实	phleʔ⁵⁵	芭蕉树	ka³¹tɔk⁵⁵
果皮	nkuʔ⁵⁵⁻³¹phleʔ⁵⁵	芭蕉花	jal⁵¹ka³¹tɔk⁵⁵（含苞）
果壳	θa³¹klɔk⁵⁵⁻³¹phleʔ⁵⁵		lap⁵⁵ka³¹tɔk⁵⁵（开放）
籽/核	ʃak⁵⁵	香蕉树	ka³¹tɔk⁵⁵⁻³¹hɔm⁵¹
种子	ʃa³¹mal³¹	竹	θɣɤŋ⁵¹
穗	θa³¹kuɔŋ³¹	竹林	pa³⁵θɣɤŋ⁵¹
刺	θɣaŋ³¹	竹根	ɣet³¹θɣɤŋ⁵¹
森林	pɣiʔ⁵⁵	竹叶	laʔ⁵⁵⁻³¹θɣɤŋ⁵¹
树	θeʔ⁵⁵	竹花	phleʔ⁵⁵⁻³¹θɣɤŋ⁵¹
树苗	khuɔn³¹θeʔ⁵⁵		果实 竹子
小树	θeʔ⁵⁵⁻³¹tek⁵⁵	笋	nput³³ka³¹tʃɔʔ⁵⁵
大树	θeʔ⁵⁵⁻³¹ʔɑn⁵¹	笋壳	ma³¹ɣak³¹ka³¹tʃɔʔ⁵⁵
树根	ɣet³¹θeʔ⁵⁵	笋壳毛	kha³¹pɔi³¹ka³¹tʃɔʔ⁵⁵
树干	ntam³¹θeʔ⁵⁵	草	nal⁵¹
树枝	taŋ⁵¹⁻³¹θeʔ⁵⁵	笔管草	tiŋ³⁵piɔŋ³¹
树皮	nkuʔ⁵⁵⁻³¹θeʔ⁵⁵		二胡 龙
树浆	ʔom³¹θeʔ⁵⁵	扫把草	ʔa³¹lai³¹
树叶	laʔ⁵⁵⁻³¹θeʔ⁵⁵	香茅草	laʔ⁵⁵nŋat³¹
树桩	nŋɣl⁵¹	飞机草	nal⁵¹⁻³¹ʔɑn⁵¹
松树	nkiʔ⁵⁵		nal⁵¹⁻³¹ʔa³¹hɔʔ⁵⁵⁻³¹ʔɑn⁵¹
松针	laʔ⁵⁵nkiʔ⁵⁵		草 汉族 大
松球	phleʔ⁵⁵nkiʔ⁵⁵	薄荷	hɔm⁵⁵non³⁵
松脂	phɣiŋ⁵¹nkiʔ⁵⁵		
松明子	nkiʔ⁵⁵npuʔ⁵⁵		

① 树叶像狗舌头。

芦苇	mai³¹ʔɔ³¹		苞谷秆	ntam³¹ka³¹nuŋ⁵¹
日本草	nal⁵¹⁻³¹paiŋ³¹		棉花	pa³¹tai³¹
解放草	lɑk³³ŋɑk³³①		棉桃	liep³¹tʃak³¹
甘蔗	ntam³¹khɤl³¹mieʔ⁵⁵		棉籽	ʃak⁵⁵pa³¹tai³¹
	茎　糖			

四　动物

藤	pa³¹ʃiʔ⁵⁵
水青苔	ʔa³¹θok³¹

动物	θiet⁵⁵
家畜	θiet⁵⁵⁻³¹ɣim⁵¹

地青苔	θok³¹nol³¹
庄稼	θa³¹khuk³¹ma³¹
	θa³¹khuk³¹khuŋ⁵¹
	khuk³¹ma³¹khuk³¹khuŋ⁵¹

	动物　寨子	
野兽	θiet⁵⁵⁻³¹pɣiʔ⁵⁵	
	动物　森林	

稻种	ʃa³¹mal³¹khuŋ⁵¹
稻谷	θak⁵⁵
水稻	θak⁵⁵⁻³¹khuŋ⁵¹
旱稻	θak⁵⁵⁻³¹naŋ⁵¹
稻秧	ka³¹
稻穗	θa³¹kuɔŋ³¹ma³¹
稻花	ɣaŋ³¹ma³¹
稻草	ma³¹ɣeʔ⁵⁵
稗子	ɲa³¹vaŋ⁵¹
苞谷	ka³¹nuŋ⁵¹
糯苞谷	ka³¹nuŋ⁵¹⁻³¹ɳʌk⁵⁵
苞谷种	ʃa³¹mal³¹ka³¹nuŋ⁵¹
苞谷籽	ʃak⁵⁵ka³¹nuŋ⁵¹
苞谷花	ɣaŋ³¹ka³¹nuŋ⁵¹
苞谷棒子	po⁵¹ka³¹nuŋ⁵¹
苞谷须	θui³¹ka³¹nuŋ⁵¹
苞谷心	θeʔ⁵⁵ka³¹nuŋ⁵¹

角	kɣɤŋ⁵¹	
蹄	ma³¹θɤŋ³¹liet⁵⁵	
壳	θa³¹klɔk⁵⁵	
	ntap⁵⁵	
皮	nkuʔ⁵⁵	
毛	θuk⁵⁵	
羽毛	θuk⁵⁵⁻³¹phel³¹	
	毛　　翅膀	
尾巴	θa³¹thaʔ⁵⁵	
翅膀	phel³¹	
趾	nkhuɔn³¹tʃein³¹	
爪	nθim⁵¹	
蛋	ntham⁵¹	
屎	ʔiŋ⁵¹	
尿	ʔom³¹num⁵¹	
	水　　撒尿	
牛	thiak³¹	
野牛	thiak³¹pɣiʔ⁵⁵	
黄牛	mɔi³¹	

---

① 新中国成立前没有这种草。

水牛	thiak³¹	蛋壳	θa³¹pɣaŋ³¹ntham⁵¹
公牛	thiak³¹khuiŋ⁵¹	蛋清	ntəa³¹ntham⁵¹
母牛	thiak³¹khɤn⁵¹	蛋黄	khuɔt³¹ntham⁵¹
配种公牛	thiak³¹ŋ̊an⁵¹	鸭	ʔa³¹kap³¹
阉牛	thiak³¹tɔn⁵¹	野鸭	ʔa³¹kap³¹pɣiʔ⁵⁵
牛犊	khuɔn³¹thiak³¹	鹅	han³⁵
牛皮	nkuʔ⁵⁵thiak³¹	鸽子	kak⁵⁵ke⁵¹
马	ma³¹ɣaŋ⁵¹	兔子	n̥u⁵⁵kiau³¹（傣）
马鬃	θuk⁵⁵ka³¹lɑk³³ma³¹ɣaŋ⁵¹	老虎	ka³¹vai³¹
马驹	khuɔn³¹ma³¹ɣaŋ⁵¹	豹子	ka³¹vai³¹（同"老虎"）
驴子	ma⁵⁵le⁵⁵	狼	ma³¹θuŋ³¹yok³¹
羊	pieʔ⁵⁵	黄鼠狼	θa³¹khau³¹
公羊	pieʔ⁵⁵⁻³¹khuiŋ⁵¹	熊	ʔa³¹xet³¹
母羊	pieʔ⁵⁵⁻³¹khɤn⁵¹	熊胆	ɣuŋ³¹ʔom³¹ʔa³¹xet³¹
羊羔	khuɔn³¹pieʔ⁵⁵	熊掌	phəl³¹tak³¹tʃein³¹ʔa³¹xet³¹
配种公羊	pieʔ⁵⁵⁻³¹ŋ̊an⁵¹	貂熊	ʔa³¹xet³¹ʔup⁵⁵⁻³¹n̠ʌk⁵⁵①
猪	lek³¹		熊　　糯米
公猪	lek³¹khuiŋ⁵¹	果子狸	ʔa³¹ʃea⁵¹ʔup⁵⁵⁻³¹n̠ʌk⁵⁵
母猪	lek³¹khɤn⁵¹		野猫　　糯米
配种公猪	lek³¹ŋ̊an⁵¹	大象	ʃaŋ³¹
阉割公猪	lek³¹tɔn⁵¹	象牙	ŋa³¹ʃaŋ³¹
阉割母猪	lek³¹θiau³⁵	象鼻	thiʔ⁵⁵ʃaŋ³¹
猪崽	khuɔn³¹lek³¹		手　大象
野猪	pɣat³¹	猴子	ʔa³¹ʔɔk³¹
狗	ʃɔʔ⁵⁵	马鹿	phot³¹
猫	ʔa³¹ŋiau³¹	麂子	θɔt³¹
野猫	ʔa³¹ʃea⁵¹	穿山甲	kha³¹piʔ⁵⁵
鸡	ʔiea³¹	大食蚁兽	tak⁵⁵khe³¹
野鸡	ʔiea³¹pɣiʔ⁵⁵		
鸡蛋	ntham⁵¹⁻³¹ʔiea³¹		

---

① 肉有糯米味。

豪猪	ʔa³¹phɣui⁵¹	黑头翁	ʔa³¹khiʌl⁵¹
老鼠	ʔa³¹θek³¹	蝙蝠	ʔa³¹khit³¹
竹鼠	nkaŋ³¹	鱼	ʔa³¹plau⁵¹
松鼠	θa³¹lɔl³¹thuʔ⁵⁵	黄鳝	ʔa³¹tʃɛn³¹
蛇	pa³¹θiŋ⁵¹	泥鳅	ʔa³¹ʃut⁵⁵
蟒蛇	ʃa³¹lən⁵¹	螃蟹	ma³¹ɣiŋ⁵¹
蚂蚁谷堆蛇	pa³¹θiŋ⁵¹pha³¹nʌm⁵¹	蟹黄	ʔiŋ⁵¹ma³¹ɣiŋ⁵¹
马鬃蛇	koi³¹ma³¹ɣaŋ⁵¹		屎 螃蟹
四脚蛇	ʔa³¹ləa⁵¹（同"水蚂蝗"）	蟹壳	θa³¹klɔk⁵⁵ma³¹ɣiŋ⁵¹
壁虎	tʃaŋ³³ ɣɣn³¹	蟹螯	tʃeiŋ³¹khɣn⁵¹ma³¹ɣiŋ⁵¹
蜈蚣	ʔa³¹tat³¹		（同"蝎子"）
草履虫	khai³¹phot³¹	蟹背印痕	
蝎子	tʃeiŋ³¹khɣn⁵¹ma³¹ɣiŋ⁵¹		θa³¹klɔk⁵⁵ma³¹ɣiŋ⁵¹vum³⁵
鸟	ʔa³¹ʃim⁵¹		vam³⁵[①]
鸟窝	nlɔŋ³¹ʔa³¹ʃim⁵¹	乌龟	pu³¹ɣut⁵⁵
斑鸠	ʔa³¹phloi³¹	龟壳	ntap⁵⁵pu³¹ɣut⁵⁵
啄木鸟	nɲai³¹		盖子 乌龟
老鹰	ʔa³¹khlaŋ³¹	虾	ʔiea³¹tʃek⁵⁵
	ka³¹lak³¹	虾皮	θa³¹klɔk⁵⁵ʔiea³¹tʃek⁵⁵
猫头鹰	vak³¹pho⁵¹	虾仁	nɲe̝ʔ⁵⁵ʔiea³¹tʃek⁵⁵
秃鹫	mie³¹ɣeiŋ³¹	虾须	θuk⁵⁵ʔiea³¹tʃek⁵⁵
绿斑鸠	npol³¹	螺蛳	ʔa³¹lil³¹
孔雀	ʔa³¹pɣak³¹	蜗牛	vak³¹klɔk⁵⁵
瓦雀	nɔk³⁵tʃɔk³⁵	蚌	tap⁵⁵liep⁵⁵
燕子	ʔiea³¹ʔek³¹	贝	tap⁵⁵liep⁵⁵tek⁵⁵
画眉	ʔa³¹khua³¹tʃau³¹tʃiau⁵¹	贝壳	θa³¹klɔk⁵⁵tap⁵⁵liep⁵⁵
乌鸦	ʔa³¹lɔk³¹	蛙	ʔa³¹ʃek⁵⁵
鹌鹑	ʔa³¹ʔut³¹	青蛙	ʔa³¹ʃek⁵⁵nthɑ⁵¹
鹦鹉	ʔa³¹lai⁵¹		
八哥	ʔa³¹n̩au³¹		

---

① 传说铁匠用烧红的夹子夹螃蟹留下的印迹。

黄蛙	ʔa³¹lak³¹	水蚂蟥	ʔa³¹ləa⁵¹（同"四脚蛇"）
石蚌	ʔa³¹ʃek⁵⁵⁻³¹tuok³¹	蚯蚓	ʔa³¹lua³¹（同"蛔虫"）
癞蛤蟆	ʔa³¹ɣok³¹	蚂蚁	ʔa³¹tʃɔiʔ³¹
蛤蟆	ʔa³¹ʃek⁵⁵ɣɔk³¹ʔɔ⁵¹	酸蚂蚁	ʔiŋ³¹ma³¹
蝌蚪	ʔa³¹plɔt³¹	蚂蚁谷堆	pha³¹nʌm⁵¹
虫	ʔa³¹kɔŋ³¹	蚂蚁谷堆蚂蚁	
蛆虫	pliʔ⁵⁵		ma³¹ɣuiŋ⁵¹pha³¹nʌm⁵¹
蛔虫	ʔa³¹lua³¹	白蚁	ma³¹ɣuiŋ⁵¹paiŋ³¹
蛀虫	ʔa³¹vak³¹	蚂蚁蛋	ntham⁵¹⁻³¹ma³¹ɣuiŋ⁵¹
毛虫	ʔa³¹kɔŋ³¹pieʔ⁵⁵	蚂蚁包	ka³¹θum⁵¹ʔa³¹tʃɔiʔ³¹
	虫　羊	苍蝇	ʔa³¹ɣɔi³¹
菜粉蝶	ʔa³¹kɔŋ³¹ve⁵¹	绿头蝇	ʔa³¹ɣɔi³¹tʃa³¹ŋal³¹
屎壳郎	tua³¹ʔiŋ⁵¹	牛蝇	ʔa³¹khɔp³¹
尺蠖	ʔa³¹kɔŋ³¹thua³¹	蚊子	ʔa³¹mut⁵⁵
	ʔa³¹kɔŋ³¹ʃiau³¹	蠓/墨蚊	ʔa³¹ŋaʔ⁵⁵
竹节虫	tʃat³¹ka³¹tɤʔ⁵⁵①	长脚蚊	ʔa³¹mut⁵⁵⁻³¹ʃaŋ³¹②
	捅　鼻子		蚊　　大象
蚱蜢	ʔa³¹ŋɔŋ³¹	萤火虫	ʔɔk³¹le³¹
蝈蝈	ʔa³¹ŋɔŋ³¹via³¹	蝴蝶	phai³¹laʔ⁵⁵
螳螂	ʔa³¹ŋɔŋ³¹tok³¹	蜻蜓	tɔŋ³¹maŋ³¹
蜘蛛	ʔa³¹piŋ³¹	知了	ʔa³¹ʔau⁵¹
蟋蟀	ʔa³¹ʃel³¹	蝉蜕	pa³¹θəa⁵¹ʔa³¹ʔau⁵¹
蟑螂	ma³¹liet³¹	竹象	ʔa³¹kot³¹
跳蚤	θa³¹kviŋ⁵¹	竹蛹	ʔa³¹thiɛn³¹tut⁵⁵
头虱	nʃiʔ⁵⁵	蜂	ʔa³¹ʔɔŋ³¹
体虱	ma³¹liʔ⁵⁵		pha³¹θea³¹（蜜蜂）
牛虱	ʔa³¹khiʔ⁵⁵	蜂窝	ka³¹θum⁵¹ʔa³¹ʔɔŋ³¹
旱蚂蟥	ʔa³¹phlem³¹		ka³¹θum⁵¹ka³¹ʔaiŋ³¹

---

① 据说会捅人的鼻子。　　　　② 据说会叮大象。

蜂箱	ka³¹luŋ³¹pha³¹θea³¹		ʔa³¹tau³¹（岩倒）
蜂饼	hliap³⁵khuʔ⁵⁵pha³¹θea³¹		ʔa³¹mu⁵¹（岩木）
蜂王	ʔuiŋ⁵¹nəi³¹pha³¹θea³¹		ʔa³¹piŋ⁵¹（岩丙）
	父母　　蜜蜂		ʔa³¹tʃɔi³¹（岩甩）
蜂儿	khuʔ⁵⁵pha³¹θea³¹		ʔa³¹mun³³（岩温）
蜂蜜	ʔom³¹nn̊aŋ³¹pha³¹θea³¹		ʔa³¹nɔ³⁵（岩糯）
	甜水　　　蜜蜂		ʔa³¹kham⁵¹（岩坎）
蜂蜡	ȵoa³¹pha³¹θea³¹		ʔa³¹θən³¹（岩成）
蜂刺	θa³¹nuiʔ⁵⁵		ʔa³¹pie³¹（岩别）
			ʔa³¹lun⁵¹（岩论）

五　称谓

人	ʔiʔ⁵⁵		ʔi³¹θiŋ⁵¹（玉香）
昆格人	xuʔ⁵⁵（自称）		ʔi³¹tʃɔi³¹（玉甩）
	khuɔn³³kɤt⁵⁵（傣族称）		ʔi³¹kham⁵¹（玉坎）
汉族	ʔa³¹hɔʔ⁵⁵		ʔi³¹tʃum⁵¹（玉忠）
			ʔi³¹na³¹（玉那）①
傣族	ʃɛm⁵¹	男人	ȵɔm³¹khuiŋ⁵¹
水傣	ʃɛm⁵¹⁻³¹lɤ³¹	女人	ȵɔm³¹khɤn⁵¹
旱傣	ʃɛm⁵¹⁻³¹mɔ³⁵		ȵɔm³¹phən⁵¹
花腰傣	ʃɛm⁵¹⁻³¹nə⁵¹	老人	ʔiʔ⁵⁵θa³¹than⁵¹
布朗族	θa³¹laŋ⁵¹	老头	ȵɔm³¹khuiŋ⁵¹θa³¹than⁵¹
爱妮族	ʔa³¹kɔ³¹	老太	ȵɔm³¹khɤn⁵¹θa³¹than⁵¹
基诺族	ma³¹ɣen³¹	中年人	ʔiʔ⁵⁵⁻³¹təiŋ⁵¹θa³¹kiʔ⁵⁵
姓氏¹	tʃum³¹kuan³¹	年轻人	ʔiʔ⁵⁵⁻³¹mak⁵⁵
姓氏²	tʃa³¹θə³¹		人　　嫩
姓氏³	tʃa³¹pan³¹	小伙	ȵɔm³¹mau³⁵
姓氏⁴	pi³¹leiŋ³¹	姑娘	phən⁵¹⁻³¹phiaʔ⁵⁵
姓氏⁵	tʃum³¹θeiŋ³¹	少年	ʔiʔ⁵⁵⁻³¹thau³⁵
名字	ŋai³¹	孩子	nȵɔm³¹
常见名字	ʔa³¹kum⁵¹（岩公）		
	ʔa³¹θiŋ⁵¹（岩香）		

---

① ʔa³¹表男性，ʔi³¹表女性。

婴儿	nȵɔm³¹ʃɣiŋ⁵¹	舅妈	nəi³¹ʔan⁵¹
	孩子　红		母亲　大
	nȵɔm³¹tha³¹mieʔ⁵⁵	姑父	ʔa³¹ȵoʔ⁵⁵
	孩子　新	大姑妈	nəi³¹thau⁵¹
胎儿	khuɔn³¹	小姑妈	nəi³¹tek⁵⁵
双胞胎	khuɔn³¹ka³¹ʔa³¹	养父	ʔuiŋ⁵¹⁻³¹ʃip⁵⁵ʔuiŋ⁵¹⁻³¹ɣoʔ⁵⁵
老光棍	ʔiʔ⁵⁵⁻³¹jɤŋ⁵¹		父　捡　父　养
老姑娘	ʔiʔ⁵⁵⁻³¹jɤŋ⁵¹	养母	nəi³¹ʃip⁵⁵nəi³¹ɣoʔ⁵⁵
离异未婚男	pɔ³¹ɣaŋ³¹	继父	ʔuiŋ³¹ȵoʔ⁵⁵
离异未婚女	me³¹ɣaŋ³¹	继母	nəi³¹tek⁵⁵
丧偶者	ʔiʔ⁵⁵⁻³¹m̥ai³¹	岳父	ʔa³¹pheʔ⁵⁵
丧偶未婚男	pɔ³¹m̥ai³¹	岳母	ʔa³¹maʔ⁵⁵
	khuiŋ⁵¹⁻³¹m̥ai³¹	公公	ʔa³¹pheʔ⁵⁵
丧偶未婚女	me³¹m̥ai³¹	婆婆	ʔa³¹maʔ⁵⁵
	phən⁵¹⁻³¹m̥ai³¹	丈夫	khuiŋ⁵¹
祖宗	tʃɤ³¹nam³¹thaʔ⁵⁵jaʔ⁵⁵	妻子	phən⁵¹
子孙后代	khuɔn³¹ʃuʔ⁵⁵khuɔn³¹ʃeʔ⁵⁵	夫妻	phən⁵¹nmieʔ⁵⁵
爷爷/外公	ʔuiŋ⁵¹⁻³¹than⁵¹		妻　夫
奶奶/外婆	nəi³¹than⁵¹	前妻	phən⁵¹⁻³¹phɣim⁵¹
父亲	ʔa³¹ʔuiŋ⁵¹		妻　旧
母亲	ʔa³¹nəi³¹	前夫	khuiŋ⁵¹⁻³¹phɣim⁵¹
父母	ʔuiŋ⁵¹nəi³¹		夫　旧
伯父	ʔuiŋ⁵¹⁻³¹thau⁵¹	情妇	phən⁵¹⁻³¹tek⁵⁵
伯母	nəi³¹thau⁵¹		妻　小
叔父	ʔa³¹ȵoʔ⁵⁵	情夫	khuiŋ⁵¹⁻³¹tek⁵⁵
叔母	nəi³¹tek⁵⁵		夫　小
姨父	ʔa³¹pheʔ⁵⁵	哥哥	mai⁵¹
姨妈	ʔa³¹maʔ⁵⁵	姐姐	mai⁵¹
舅舅	ʔuiŋ⁵¹⁻³¹ʔan⁵¹	弟弟	niem³¹
	父亲　大	妹妹	niem³¹

— 177 —

堂兄	mai⁵¹	近亲	mai⁵¹niem³¹
堂姐	mai⁵¹	远亲	mai³¹niem³¹
堂弟	niem³¹	邻居	nau³¹niɛn⁵¹thiɛn⁵⁵ti³³（古）
堂妹	niem³¹	朋友	ʔiʔ⁵⁵⁻³¹nap³¹
表兄	mai⁵¹		ʔiʔ⁵⁵⁻³¹kviɛn³⁵
表姐	mai⁵¹		ʔiʔ⁵⁵⁻³¹nap³¹ʔiʔ⁵⁵⁻³¹kviɛn³⁵
表弟	niem³¹	老庚	pa³¹kɔ³¹
表妹	niem³¹	亲家	pa³¹nɔŋ⁵¹
嫂子	ʔa³¹mai⁵¹	男朋友	ntuʔ⁵⁵⁻³¹khuiŋ⁵¹
弟媳	ʔa³¹niem³¹	女朋友	ntuʔ⁵⁵⁻³¹khɤn⁵¹
姐夫	ʔa³¹kɔʔ⁵⁵	旧好	ntuʔ⁵⁵⁻³¹phɤim⁵¹
妹夫	ʔa³¹kɔʔ⁵⁵		ɣaŋ³¹ʔa³¹muʔ⁵⁵
儿子	khuɔn³¹khuiŋ⁵¹	新娘	ʔiʔ⁵⁵tha³¹mieʔ⁵⁵
养子	khuɔn³¹ʃip⁵⁵	主人	kam³¹kaŋ³¹
	孩子　捡	客人/外人	ʔiʔ⁵⁵⁻³¹nɔk³³
继子	khuɔn³¹tʃɔm³¹nəi³¹	孕妇	khɤn⁵¹ma³¹ʔiaŋ³¹
	娃　跟　妈	孤儿	khuɔn³¹joa³¹
儿媳	ʔa³¹naŋ³¹（在家称呼）		khuɔn³¹jɑt⁵⁵
	ŋak³¹（对人介绍）		khuɔn³¹joa³¹khuɔn³¹jɑt⁵⁵
女儿	khuɔn³¹khɤn⁵¹	匠人	ʔiʔ⁵⁵tʃaŋ³³lai³¹mai³¹lai³¹tɔʔ³⁵
养女	khuɔn³¹ʃip⁵⁵	徒弟	ʔiʔ⁵⁵⁻³¹fuk³³ʔiʔ⁵⁵⁻³¹ɣen³¹
继女	khuɔn³¹tʃɔm³¹nəi³¹	木匠	ʔiʔ⁵⁵tʃaŋ³³θeʔ⁵⁵
女婿	nmɔn³¹		人　会　木
富人	ʔiʔ⁵⁵⁻³¹ȵet³¹	泥瓦匠	ʔiʔ⁵⁵tʃaŋ³³ɣɤn³¹
	ʔiʔ⁵⁵ka³¹maŋ³¹		ʔiʔ⁵⁵tʃaŋ³³pliŋ³¹kaŋ³¹
	ʔiʔ⁵⁵ka³¹maŋ³¹khoi³¹	铁匠	ʔiʔ⁵⁵tʃaŋ³³tham⁵¹ka³¹ŋaŋ⁵¹
	ʔiʔ⁵⁵⁻³¹ȵet³¹ʔiʔ⁵⁵ka³¹maŋ³¹	篾匠	ʔiʔ⁵⁵tʃaŋ³³khiok⁵⁵tʃaŋ³³khion³¹
穷人	ʔiʔ⁵⁵⁻³¹phʌt⁵⁵	骟牛匠	ʔiʔ⁵⁵tʃaŋ³³pi⁵¹ʃa³¹khla³¹thiak³¹
	ʔiʔ⁵⁵⁻³¹ɣai³¹		人　会　骟牛卵
	ʔiʔ⁵⁵⁻³¹phʌt⁵⁵ʔiʔ⁵⁵⁻³¹ɣai³¹	骟母猪	ʔiʔ⁵⁵tʃaŋ³³θiau³⁵lek³¹khɤn⁵¹

	人 会 劓 母猪
石匠	ʔiʔ⁵⁵tʃaŋ³³tɔŋ³¹ʃa³¹moʔ⁵⁵
补锅匠	ʔiʔ⁵⁵tʃaŋ³³lop³¹ka³¹ʔɔl³¹
磨刀匠	ʔiʔ⁵⁵tʃaŋ³³pat³¹vait³¹
理发匠	ʔiʔ⁵⁵tʃaŋ³³kʌt⁵⁵⁻³¹θuk⁵⁵
鞋匠	ʔiʔ⁵⁵tʃaŋ³³lop³¹khiep⁵⁵
猎人	ʔiʔ⁵⁵tʃaŋ³³ʔiau³⁵pɣi⁵⁵
	人 会 串 山
生意人	ʔiʔ⁵⁵tʃaŋ³³ka³¹tʃaŋ³³khai⁵⁵
马帮	ʔa³¹hɔʔ⁵⁵⁻³¹ka³¹
	汉人 生意
老师	lau³¹θə³⁵（汉）
学生	θɔ³¹θən³³（汉）
兵/部队	tha³¹han⁵¹（傣）
	ʔa³¹hɔʔ⁵⁵⁻³¹liɛn³⁵（古）
农民	nuŋ³¹min³¹（汉）
工人	kuŋ³³jən³¹（汉）
头人	thaʔ³¹θə³¹
庙官	kam³¹miau³⁵（汉）
和尚	ʔa³¹θɣuŋ³¹
讲道理的人	ʔiʔ⁵⁵⁻³¹yu⁵¹ʔiʔ⁵⁵⁻³¹jɔŋ³¹
	人 直 人 好
守规矩的人	ʔiʔ⁵⁵⁻³¹nim⁵¹
有文化的人	ʔiʔ⁵⁵ʃa³¹ʔel³¹pɔk³¹
	人 知道 字
	ʔiʔ⁵⁵tʃaŋ³³pɔk³¹
	人 会 字
聪明人	ʔiʔ⁵⁵⁻³¹hiŋ⁵¹
笨蛋	ʔiʔ⁵⁵⁻³¹n̠ʌm⁵¹
吝啬鬼	ʔiʔ⁵⁵⁻³¹ŋek⁵⁵

大方的人	ʔiʔ⁵⁵⁻³¹yu⁵¹ʔiʔ⁵⁵⁻³¹ʔa⁵¹
节约的人	ʔiʔ⁵⁵tʃaŋ³³⁻³¹θɣŋ³¹liŋ³¹
好人	ʔiʔ⁵⁵⁻³¹jɔŋ³¹
勤快人	ʔiʔ⁵⁵⁻³¹xet⁵⁵
懒汉	ʔiʔ⁵⁵kɣan³¹
酒鬼	ʔiʔ⁵⁵phuŋ³¹ntɔl³¹
	人 贪 酒
骗子	ʔiʔ⁵⁵tʃaŋ³³ tʃuʔ⁵⁵⁻³¹ʔiʔ⁵⁵
	人 会 骗 人
小偷	ʔiʔ⁵⁵⁻³¹tʃon⁵¹
乞丐	ʔiʔ⁵⁵xuɔ³¹ʔup⁵⁵
	人 讨 饭
爱吹嘘的人	ʔiʔ⁵⁵tʃaŋ³³ʔop³¹
胆小鬼	ʔiʔ⁵⁵pa³¹θem³¹tek⁵⁵
	人 胆 小
胆大的人	ʔiʔ⁵⁵pa³¹θem³¹ʔan⁵¹
嘴巴多的人	ʔiʔ⁵⁵phaŋ⁵¹ntuiŋ⁵¹
	人 多 嘴
俊男	ʔa³¹mau⁵¹nnam⁵¹
美女	phən³¹phiaʔ⁵⁵nnam⁵¹
瞎子	ʔiʔ⁵⁵ka³¹tap³¹ŋai³¹
	ʔiʔ⁵⁵liep³¹ŋai³¹
独眼龙	ʔiʔ⁵⁵liep³¹ŋai³¹ma³¹lak⁵⁵
	人 眯 眼 一 边
跛子	ʔiʔ⁵⁵tʃein³¹ka³¹ʃeʔ³³
聋子	ʔiʔ⁵⁵la³¹ʃok³¹lut⁵⁵
驼子	ʔiʔ⁵⁵⁻³¹khul⁵¹
疯子	ʔiʔ⁵⁵⁻³¹mo⁵¹
麻子	ʔiʔ⁵⁵⁻³¹puɔt³¹
结巴	ʔiʔ⁵⁵pap⁵⁵⁻³¹tho³¹pap⁵⁵⁻³¹klɣt⁵⁵

哑巴 　ʔiʔ⁵⁵ʔa³¹ʔo³¹

大脖子 　ʔiʔ⁵⁵pa³¹lɔk³¹lul⁵¹

断手 　ʔiʔ⁵⁵phʌk⁵⁵⁻³¹thiʔ⁵⁵

断脚 　ʔiʔ⁵⁵phʌk⁵⁵⁻³¹tʃein³¹

左撇子 　ʔiʔ⁵⁵ʔa³¹veʔ⁵⁵
　　　　 　人　左

罗圈腿 　ʔiʔ⁵⁵θaŋ⁵¹va³¹vuŋ³³

赖毛 　ʔiʔ⁵⁵θuk⁵⁵⁻³¹tʃiau³¹
　　　　 　人　毛发　稀

六指 　ʔiʔ⁵⁵tan³¹thiʔ⁵⁵

缺嘴 　ʔiʔ⁵⁵veʔ⁵¹ntuiŋ⁵¹

六　人体

身体 　to³¹ɣaŋ³¹

皮肤 　nkuʔ⁵⁵

毛发 　θuk⁵⁵

头 　nthɔk³¹
　　 　khiŋ⁵¹①

头皮 　nkuʔ⁵⁵nthɔk³¹

颅骨 　ka³¹ʔaŋ³¹nthɔk³¹

额头 　na³¹phak³⁵

头旋 　npan³¹nthɔk³¹

太阳穴 　pa³¹nɑn⁵¹

鬓角 　nɣein³¹

头发 　θuk⁵⁵nthɔk³¹

白发 　θuk⁵⁵ʃa³¹pul⁵¹

辫子 　θuk⁵⁵⁻³¹phan⁵¹

发髻 　θuk⁵⁵⁻³¹thɔ⁵¹

鬓毛 　θuk⁵⁵nɣein³¹

脑髓 　khuɔn³¹nthɔk³¹

脸庞 　ʔɔ⁵¹

面容 　ʔɔ⁵¹ŋai³¹
　　 　脸　眼

额头皱纹 　nput³¹na³¹phak³⁵

酒窝 　nthuʔ⁵⁵⁻³¹ʔɔ⁵¹
　　 　洞　　脸庞
　　 　ʔɔ⁵¹nthuʔ⁵⁵

颧骨 　kɤŋ³¹ʔɔ⁵¹
　　 　ka³¹ʔaŋ³¹ʔɔ⁵¹

眉毛 　θuk⁵⁵npuʔ⁵⁵⁻³¹ŋai³¹

眼睛 　ʃa³¹ŋai³¹

眼珠 　ʃak⁵⁵ʃa³¹ŋai³¹
　　 　籽　眼睛

眼皮 　nkuʔ⁵⁵⁻³¹ŋai³¹

单眼皮 　nkuʔ⁵⁵⁻³¹ŋai³¹khliet³¹

双眼皮 　nkuʔ⁵⁵⁻³¹ŋai³¹nphau⁵¹

睫毛 　θuk⁵⁵ʃa³¹ŋai³¹

耳朵 　la³¹ʃok³¹

耳垂 　ma³¹jɑl³¹la³¹ʃok³¹

耳孔 　nthuʔ⁵⁵la³¹ʃok³¹

鼻子 　ka³¹tɤʔ⁵⁵

鼻孔 　nthuʔ⁵⁵ka³¹tɤʔ⁵⁵

鼻毛 　θuk⁵⁵ka³¹tɤʔ⁵⁵

嘴 　ntuiŋ⁵¹

嘴唇 　nthoi³¹

上唇 　nthoi³¹tɤŋ³¹thɔʔ⁵⁵

下唇 　nthoi³¹tɤŋ³¹theʔ⁵⁵

人中 　ma³¹ɣɔk³¹nthoi³¹

---

① khiŋ⁵¹用于头疼。

八字胡	θuk⁵⁵ntuiŋ⁵¹	指甲	nθim⁵¹
下巴	khap³¹	指甲月白	ŋom³¹nθim⁵¹
胡须	θuk⁵⁵⁻³¹khap³¹	掌纹	pɔk³¹thiʔ⁵⁵
牙齿	kheiŋ⁵¹		字　手
上齿	kheiŋ⁵¹tɤŋ³¹thɔʔ⁵⁵	拳头	npiem⁵⁵⁻³¹thiʔ⁵⁵
下齿	kheiŋ⁵¹tɤŋ³¹theʔ⁵⁵	指甲倒刺	ŋai³¹met³¹thiʔ⁵⁵
门牙	kheiŋ⁵¹nkhɔi³¹	手腕	ta⁵¹pu⁵¹thiʔ⁵⁵
大牙	kheiŋ⁵⁵⁻³¹ŋom³¹	手臂	nphak⁵⁵⁻³¹thiʔ⁵⁵
假牙	kheiŋ⁵⁵⁻³¹ʃam⁵¹	肘拐	nʃaŋ⁵¹⁻³¹thiʔ⁵⁵
	牙齿　装	腋窝	ka³¹lek⁵⁵
牙缝	nnak³¹kheiŋ⁵¹	腋毛	θuk⁵⁵ka³¹lek⁵⁵
牙床	nθiŋ³¹kheiŋ⁵¹	腿	tʃeiŋ³¹
舌头	nthak³¹	大腿	tʃa³¹luʔ⁵⁵
舌尖	toi³¹nthak³¹	小腿	nȵɑŋ⁵¹
脖子	lul⁵¹	腿肚子	khlal⁵⁵nȵɑŋ⁵¹
后颈	ka³¹lɑk³³	腿窝	ka³¹lɑk³¹ʃəa⁵¹
喉结	ʃak⁵⁵⁻³¹maŋ³¹	膝盖	khiŋ³¹kuŋ³¹
喉	θɣuŋ³¹（同"黄"）	膝盖骨	ka³¹ʔaŋ³¹ntap⁵⁵ʔa³¹liep⁵⁵
食道	θɣuŋ³¹ʔup⁵⁵θɣuŋ³¹ʔom³¹	脚	tʃeiŋ³¹（同"腿"）
	喉　饭　喉　水	脚背	tɤŋ³¹pan³¹tʃeiŋ³¹
手	thiʔ⁵⁵	脚掌	phəl³¹tak³¹tʃeiŋ³¹
左手	thiʔ⁵⁵ʔa³¹veʔ⁵⁵	脚趾	nkhuɔn³¹tʃeiŋ³¹
右手	thiʔ⁵⁵ʔa³¹θiam⁵¹	脚趾甲	nθim⁵⁵⁻³¹tʃeiŋ³¹
手心	phəl³¹tak³¹thiʔ⁵⁵	脚尖	nkhɔi³¹tʃeiŋ³¹
手背	tɤŋ³¹pan³¹thiʔ⁵⁵	脚跟	ʔa³¹ləi³¹tʃeiŋ³¹
手指	nkhuɔn³¹thiʔ⁵⁵	脚腕子	ta⁵¹pu⁵¹tʃeiŋ³¹
拇指	nkhɤn³¹thiʔ⁵⁵	脚孤拐	ntham⁵¹⁻³¹ʔiea³¹tʃeiŋ³¹
食指	nkhuɔn³¹ʃɤŋ³¹kul⁵¹		鸡蛋　　　脚
中指	nkhuɔn³¹nʃau³¹	扁平足	phəl³¹tak³¹tʃeiŋ³¹θa³¹mɤ⁵¹
小指	nkhuɔn³¹kan⁵¹		脚掌　　平

	phəl³¹tak³¹tʃeiŋ³¹ɣu⁵¹	软骨	ka³¹ʔaŋ³¹mɑk⁵⁵
	脚掌　　　　直	内脏	khuŋ³¹nəi⁵¹
胸口	tɑl⁵¹	心脏	ʃak⁵⁵⁻³¹nɔt³¹
乳房	thut⁵⁵	肺	θɤŋ³¹phup⁵⁵
乳头	nkhɤn⁵¹thut⁵⁵	肝	ka³¹thɔm³¹
肚子	ka³¹tu⁵¹	胆	ɣuŋ³¹ʔom³¹
肚脐	ʃa³¹toʔ⁵⁵	肾	ʃa³¹khiel⁵¹
背	ŋʌt³³	脾	θɤŋ³¹pau³¹
肩膀	ʃa³¹plaŋ³¹	胃	ka³¹təl³¹ʔɑn⁵¹
腰	tai³¹	肠	ka³¹tu³¹tek⁵⁵
屁股	kan⁵¹	苦肠/盲肠	ɣuɔiŋ³¹
肛门	thuʔ⁵¹⁻³¹kan⁵¹	阴茎	liʔ⁵⁵
汗毛	θuk⁵⁵nmɑt³³	阴囊	ʃa³¹khla³¹
肉	nn̥ẹʔ⁵⁵	睾丸	ʃak⁵⁵ʃa³¹khla³¹
脂肪	nn̥ẹʔ⁵⁵⁻³¹phɣiŋ⁵¹	女生殖器	kheʔ⁵⁵
	肉　　　油	阴毛	θuk⁵⁵⁻³¹liʔ⁵⁵（男）
血	nnam³¹		θuk⁵⁵⁻³¹kheʔ⁵⁵（女）
血脉	θai⁵¹nnam³¹	胎盘	ka³¹θum⁵⁵⁻³¹khuɔn³¹
脉	pa³¹θem³¹thiʔ⁵⁵①	膀胱	ʃa³¹num⁵¹
	精气神　手	脐带	ʃa³¹toʔ⁵⁵（同"肚脐"）
筋	pa³¹θiʔ⁵⁵	乳汁	ʔom³¹puʔ⁵⁵
骨	ka³¹ʔaŋ³¹		水　　哺乳
骨髓	phɣiŋ⁵¹ka³¹ʔaŋ³¹	屁	θʌm⁵¹
	油　　　骨	汗水	ʔom³¹mul⁵¹（同"蒸汽"）
锁骨	ka³¹ʔaŋ³¹pɑk⁵⁵ʔa³¹hɔʔ⁵⁵②	眼屎	lak³¹ŋai³¹
	骨头　　卡　汉人	眼泪	ʔom³¹ŋai³¹
肋骨	ka³¹ʔaŋ³¹phɣek³¹	耳屎	ʔiŋ⁵¹la³¹ʃok³¹
脊椎骨	ka³¹ʔaŋ³¹ŋʌt³³	鼻涕	ʔiŋ⁵¹ka³¹tɣʔ⁵⁵
		鼻屎	ʔiŋ⁵¹ka³¹tɣʔ⁵⁵khau⁵¹

① 用于"号脉"。
② 据说汉人卡住锁骨致人死亡。

口水	ʔom³¹paiŋ³¹

	ʔom³¹ʔua³¹	午饭	ʔup⁵⁵⁻³¹ŋɤa⁵¹
痰	θa³¹khuʔ³¹lul⁵¹	晚饭	ʔup⁵⁵⁻³¹puɔ³¹
精液	ʔom³¹ŋan⁵¹	零食	khuɔŋ⁵⁵man⁵⁵khuɔŋ⁵⁵ɣɔi³¹
卵	ʔom³¹lek³¹	谷子	θak⁵⁵
指甲垢	ʔiŋ⁵⁵⁻³¹nθim⁵¹	米	nkhoʔ⁵⁵
头苟	muk³¹nthɔk³¹	饭米	(nkhoʔ⁵⁵)ʔup⁵⁵⁻³¹θai³¹
体垢	nlʌm⁵¹xɤat³¹	糯米	(nkhoʔ⁵⁵)ʔup⁵⁵⁻³¹ȵʌk⁵⁵
牙垢	ʔaŋ⁵¹⁻³¹kheiŋ⁵¹	红米	(nkhoʔ⁵⁵)ʔup⁵⁵⁻³¹ʃɣiŋ⁵¹
	霉 牙齿	紫米	(nkhoʔ⁵⁵)ʔup⁵⁵⁻³¹lɑŋ⁵¹
	kheiŋ⁵⁵⁻³¹ʔaŋ⁵¹	小米	θa³¹khɔi³¹
月经	ŋai³¹nkhia³¹	碎米	nkhoʔ⁵⁵ka³¹lɔit³¹
声音	la³¹lɔʔ⁵⁵	米汤	ʔom³¹nkhoʔ⁵⁵
命	tʃo³³	糯米团	ʔup⁵⁵⁻³¹ȵʌk⁵⁵⁻³¹lɔn³¹
人命	tʃo³³ʔiʔ⁵⁵	硬饭	ʔup⁵⁵⁻³¹khau⁵¹
尸体	ʔiʔ⁵⁵⁻³¹jam⁵¹	软饭	ʔup⁵⁵⁻³¹mɑk⁵⁵
骷髅	ka³¹ʔaŋ³¹θia³⁵	稀饭	ʔup⁵⁵⁻³¹khʌt⁵⁵
	ka³¹ʔaŋ³¹khau⁵¹	热饭	ʔup⁵⁵⁻³¹θa³¹ʔʌm⁵¹
胎记	nmai³¹ȵɔm³¹ʃɣiŋ⁵¹①	冷饭	ʔup⁵⁵⁻³¹kiet³¹
	记号 娃娃 红	馊饭	ʔup⁵⁵ʔui⁵¹la³¹ʔam³¹
			饭 臭 馊
七 饮食		锅巴	ʔup⁵⁵kan⁵¹ka³¹ʔɔl³¹
粮食	ʔup⁵⁵ʔom³¹		饭 锅底
	饭 水	米粉	ʔa³¹lu⁵¹
食物	θa³¹khai³¹	米线	khau³¹num⁵¹（傣）
饭	ʔup⁵⁵	米干	khau³¹θɔi⁵⁵（傣）
早早饭	ʔup⁵⁵⁻³¹ɣɔi³¹	面条	miɛn³⁵thiau³¹（汉）
早饭	ʔup⁵⁵⁻³¹ȵal³¹	糯米粑粑	ʔup⁵⁵pa⁵⁵pa⁵⁵
			（昆+汉）
			ʔup⁵⁵nthe⁵¹
			ʔup⁵⁵tap³⁵lap³⁵

① 婴儿出生若死亡，在其臀部打上红色印记。后出生的婴儿若带有红色胎记，则是死亡婴儿转世。

叶儿粑　ʔup⁵⁵ɣaŋ³¹θɔ³¹①

油　phɣiŋ⁵¹

猪油　phɣiŋ⁵¹⁻³¹lek³¹

菜油　phɣiŋ⁵¹⁻³¹thuʔ⁵⁵

肉　nn̥eʔ⁵⁵

瘦肉　nn̥eʔ⁵⁵⁻³¹nɔl³¹

肥肉　nn̥eʔ⁵⁵⁻³¹phɣiŋ⁵¹
　　　（同"脂肪"）

干巴　nn̥eʔ⁵⁵⁻³¹khau⁵¹

剁生　ŋait³¹nn̥im⁵¹

烤肉　nn̥eʔ⁵⁵⁻³¹piŋ³¹

猪肉　nn̥eʔ⁵⁵⁻³¹lek³¹

猪板油　phɣiŋ⁵¹man³¹pan³¹

油渣　khiep⁵⁵⁻³¹man⁵¹

肉汤冻　ʔom³¹liŋ³¹

牛肉　nn̥eʔ⁵⁵⁻³¹thiak³¹

羊肉　nn̥eʔ⁵⁵⁻³¹pieʔ⁵⁵

狗肉　nn̥eʔ⁵⁵⁻³¹ʃɔʔ⁵⁵

鱼肉　nn̥eʔ⁵⁵ʔa³¹plau⁵¹

酸肉　nn̥eʔ⁵⁵⁻³¹θa³¹ʔau³¹

鸡肉　nn̥eʔ⁵⁵⁻³¹ʔiea³¹

鸡蛋　ntham³¹ʔiea³¹

蔬菜　thuʔ⁵⁵

野菜　thuʔ⁵⁵⁻³¹pɣiʔ⁵⁵

菜苗　khuɔn³¹thuʔ⁵⁵

蕨菜　thuʔ⁵⁵θa³¹nʌp⁵⁵

酸荞菜　thuʔ⁵⁵pa³¹θai⁵¹

苦凉菜　thuʔ⁵⁵phai³¹ʃaŋ⁵¹

① 甑子木花拌糯米，用芭蕉叶包好蒸吃。

鱼腥草　thuʔ⁵⁵khau⁵⁵tɔŋ³¹（昆+傣）

水香菜　thuʔ⁵⁵phak⁵⁵lən⁵¹（昆+傣）

臭菜　thuʔ⁵⁵⁻³¹θiaʔ⁵⁵

野酸松菜　thuʔ⁵⁵tʃa³¹luʔ⁵⁵

海船菜　tɔŋ³¹hlaŋ⁵¹

南瓜尖　thuʔ⁵⁵ka³¹tɤŋ⁵¹

豌豆尖　thuʔ⁵⁵tho³⁵nɔi³¹

葫芦瓜尖　thuʔ⁵⁵ʔa³¹khuai³¹

冬瓜尖　thuʔ⁵⁵θa³¹phia⁵¹

青菜　huʔ⁵⁵⁻³¹ʔim⁵¹

白菜　thuʔ⁵⁵⁻³¹ʔim⁵¹⁻³¹paiŋ³¹

莲白　thuʔ⁵⁵⁻³¹ʔim⁵¹⁻³¹phleʔ⁵⁵

韭菜　thuʔ⁵⁵phak⁵⁵pien³¹

萝卜　phak⁵⁵pʌk³³

白萝卜　phak⁵⁵pʌk³³ paiŋ³¹

胡萝卜　phak⁵⁵pʌk³³ʃɣiŋ⁵¹

茄子　ma³¹khɣ³¹

小芫荽　hɔm⁵¹⁻⁵⁵pɔm³¹tek⁵⁵

番茄　ma³¹khɣ⁵⁵man³³

芋头　ʔa³¹ʃuoʔ⁵⁵

魔芋　ʔa³¹tal⁵¹

洋芋　jɑŋ³¹ji³⁵（汉）

红苕　man³¹kiau⁵¹

苏子　la³¹ŋaʔ⁵⁵

瓜　nkhiel³¹

西瓜　phleʔ⁵⁵nkhiel³¹ʔom³¹

土瓜　man⁵⁵kuɔn³¹

佛手瓜　phleʔ⁵⁵ma³¹nɔi³⁵

南瓜　phleʔ⁵⁵ka³¹tɤŋ⁵¹

黄瓜　phleʔ⁵⁵nkhiel³¹ŋal³¹

丝瓜	phleʔ⁵⁵nmop³¹	橘子	phleʔ⁵⁵ma³¹tʃuk⁵⁵
冬瓜	phleʔ⁵⁵θa³¹phia⁵¹	柚子	phleʔ⁵⁵ma³¹kin³¹tʃaŋ³¹①
香瓜	phleʔ⁵⁵nkhiel³¹ʔa³¹pɔk³¹	椰子	phleʔ⁵⁵npau³¹
葫芦瓜	phleʔ⁵⁵ʔa³¹khuai³¹	木瓜	phleʔ⁵⁵koi³¹pau⁵¹
黄豆	ʔa³¹tʃum⁵¹	菠萝	phleʔ⁵⁵mak⁵⁵⁻³¹ka³¹nat³⁵
豌豆	tho³⁵nɔi³¹	菠萝蜜	phleʔ⁵⁵ma³¹mi³¹
蚕豆	tho³⁵pɯ⁵¹	香蕉	phleʔ⁵⁵ka³¹tɔk⁵⁵⁻³¹hɔm⁵¹
饭豆	ʔa³¹phai⁵¹	芭蕉	phleʔ⁵⁵ka³¹tɔk⁵⁵
四季豆	tho³⁵kham⁵¹	橄榄果	phleʔ⁵⁵nmai⁵¹
豇豆	phai³¹ləa⁵¹θaŋ³¹	杧果	phleʔ⁵⁵⁻³¹muŋ³³
刀豆	ʔa³¹tiep⁵⁵	小杧果	phleʔ⁵⁵⁻³¹phiel⁵¹
豆荚	vai³¹ʔa³¹tʃum⁵¹	野芒果	muŋ³³⁻³¹pɣiʔ⁵⁵
花生	tho³⁵nin⁵¹	龙眼	phleʔ⁵⁵⁻³¹pia³¹
花生米	ʃak⁵⁵tho³⁵nin⁵¹	酸菜	thuʔ⁵⁵θa³¹ʔau³¹
南瓜米	ʃak⁵⁵ka³¹tɣŋ⁵¹	腌菜	thuʔ⁵⁵nmau³¹
葵花籽	ʃak⁵⁵ta⁵⁵van⁵¹	豆腐	təu³⁵fu⁵¹（汉）
菌子	ʔa³¹thit⁵⁵	汤	ʔom³¹θuɔn³³thaŋ³³
毒菌子	ʔa³¹thit⁵⁵pa³¹kiʔ⁵⁵		ʔom³¹thuʔ⁵⁵（菜汤）
	菌子 鬼		ʔom³¹nn̥eʔ⁵⁵（肉汤）
蚂蚁谷堆菌	ʔa³¹thit⁵⁵pha³¹nʌm⁵¹	豆豉	ʔa³¹tʃum⁵¹nthe⁵¹
红菌	ʔa³¹thit⁵⁵⁻³¹lau³¹	酱油	ʔom³¹ʃa³¹kheiŋ³¹②
扫把菌	ʔa³¹thit⁵⁵ɣɔk³¹ʔɔk³¹		水 姜
马皮包菌	ʔa³¹thit⁵⁵⁻³¹mut³¹	酸醋	ʔom³¹θa³¹ʔau³¹
木耳	ʔa³¹jəa⁵¹	盐	pluʔ⁵⁵
桃子	phleʔ⁵⁵phəl³¹ta³¹	味精	wei³⁵tɕin³³（汉）
梨子	phleʔ⁵⁵⁻³¹ʔa³¹phut⁵⁵	香料	kɣŋ³³hɔm⁵¹⁻⁵⁵（傣）
李子	phleʔ⁵⁵mai³¹ɣim⁵¹	香茅草	laʔ⁵⁵nɲat³¹
苹果	phin³¹ko⁵¹（汉）	草果	ʔa³¹kɣek³¹
葡萄	phleʔ⁵⁵npuʔ⁵⁵		
野葡萄	phleʔ⁵⁵npuʔ⁵⁵pɣiʔ⁵⁵		

① 当地汉语叫"泡果"。
② "姜"与"酱"谐音。

八角	ma³¹ɣam⁵¹		烟油屎	ʔiŋ⁵¹θa³¹ʔia³¹
茴香	phak⁵⁵tʃi⁵¹（傣）		酒	ntɔl³¹
薄荷	hɔm⁵¹⁻⁵⁵non³⁵（傣）		苞谷酒	ntɔl³¹ka³¹nuŋ⁵¹
胡椒	phik³¹nɔi³¹（傣）		谷子酒	ntɔl³¹ʔup⁵⁵
花椒	hɔm⁵¹⁻⁵⁵piɔŋ³¹		啤酒	phi³¹tɕiu⁵¹（汉）
辣椒	plik⁵⁵		自来水	ʔom³¹ka³¹ŋaŋ⁵¹②

$\qquad$辣椒 plik⁵⁵ $\qquad$ 自来水 ʔom³¹ka³¹ŋaŋ⁵¹②

大辣子　plik⁵⁵nteiŋ³¹ $\qquad$ 水　铁

小辣子　plik⁵⁵⁻³¹tek⁵⁵ $\qquad$ ʔom³¹ʃui⁵¹kuan⁵¹（昆+汉）

小米辣　plik⁵⁵⁻³¹ʔa³¹ʃim⁵¹① $\qquad$ 水　水管

$\qquad$ 辣椒　　鸟 $\qquad$ 白开水　ʔom³¹la³¹

姜　ʃa³¹kheiŋ³¹ $\qquad$ 沸水　ʔom³¹put⁵⁵

蒜　ma³⁵ $\qquad$ 热水　ʔom³¹θa³¹ʔʌm³¹

葱　mo³⁵ $\qquad$ 冷水　ʔom³¹kiet³¹

藠头　mo³⁵θai⁵⁵ $\qquad$ 茶叶　ŋɣʔ⁵⁵

韭菜　phak⁵⁵piɛn³¹（傣） $\qquad$ 茶水　ʔom³¹ŋɣʔ⁵⁵

蒜薹　phak⁵⁵⁻³¹ʔa⁵¹（傣） $\qquad$ 果汁　ʔom³¹phleʔ⁵⁵

芝麻　ʔa³¹teiŋ⁵¹ $\qquad$ 笋干　ka³¹tʃɔʔ⁵⁵⁻³¹khau⁵¹

蘸水　la³¹mi³⁵（傣） $\qquad$ ka³¹tʃɔʔ⁵⁵pha³¹naʔ⁵⁵

烟　θa³¹ʔia³¹ $\qquad$ 酸笋　ka³¹tʃɔʔ⁵⁵θa³¹ʔau³¹

烟叶　laʔ⁵⁵θa³¹ʔia³¹ $\qquad$ 糖　khɣl³¹mieʔ⁵⁵

烟丝　θa³¹ʔia³¹θɔi³¹ $\qquad$ 白砂糖　khɣl³¹mieʔ⁵⁵⁻³¹paiŋ³¹

烟干　ntam³¹θa³¹ʔia³¹ $\qquad$ 红糖　khɣl³¹mieʔ⁵⁵⁻³¹ʃɣiŋ⁵¹

$\qquad$ 茎　　烟草 $\qquad$ 冰糖　khɣl³¹mieʔ⁵⁵⁻³¹kiau³¹

老草烟　mau³¹xuʔ⁵⁵ $\qquad$ 糖　　　玻璃

卷烟　mau³¹tsʅ³³jɛn³³（昆+汉） $\qquad$ 高粱糖　khɣl³¹mieʔ⁵⁵⁻³¹nθɔŋ³¹

大烟　ʔia⁵⁵fin³⁵ $\qquad$ 水果糖　khɣl³¹mieʔ⁵⁵⁻³¹ʔɔi³¹liu³¹

烟嘴　kan⁵¹⁻³¹mau³¹ $\qquad$ （昆+傣）

烟灰　pa³¹lu⁵¹⁻³¹mau³¹ $\qquad$ 瓜子　ta⁵⁵van³¹（傣）

---

① 鸟喜欢吃。　　　　　　　② 铁管引水。

南瓜子　　ʃak⁵⁵ka³¹tɤŋ⁵¹　　　内衣　　θa³¹lɔp³¹phlup⁵⁵

爆米花　　ŋkoʔ⁵⁵pa³¹tut⁵⁵　　　　　　　θa³¹lɔp³¹tɤŋ³¹nəi³¹

炒苞谷　　ka³¹nuŋ⁵¹ntak³¹　　　　胸罩　　θa³¹lɔp³¹tek⁵⁵

糠　　　　nkham³¹　　　　　　　　　　衣服　　小

猪草　　　thuʔ⁵⁵⁻³¹lek³¹　　　　　大衣　　θa³¹lɔp³¹miɛn³¹nteiŋ³¹

　　　　　菜　　猪　　　　　　　　　　衣服　　棉　　大

　　　　　　　　　　　　　　　　　　　（昆+汉）

八　服饰　　　　　　　　　　　毛衣　　θa³¹lɔp³¹θuk⁵⁵

布匹　　　nphɔ⁵¹　　　　　　　　　襄衣　　θa³¹lɔp³¹khɔi³⁵

布块　　　phiat³¹　　　　　　　　　手套　　khup⁵⁵⁻³¹thiʔ⁵⁵

棉布　　　nphɔ⁵¹pa³¹tai³¹　　　　　　　　袜子　　手

边角料　　nphɔ⁵¹⁻³¹pɑt⁵⁵nphɔ⁵¹⁻³¹piet⁵⁵　　袖套　　ʃup⁵⁵⁻³¹thiʔ⁵⁵

线　　　　pa³¹tai³¹nklua³¹　　　　裤子　　kɑn⁵¹

帽子　　　ʃup⁵⁵mok³⁵　　　　　　裤腿　　tʃeiŋ³¹kɑn⁵¹

草帽　　　ka³¹ɣeʔ⁵⁵ma³¹ɣeʔ⁵⁵　　裤裆　　taŋ³¹kɑn⁵¹

斗笠　　　ka³¹ɣeʔ⁵⁵lɑŋ³¹ʔom³¹　　裤兜　　thɑŋ⁵¹ʔa³¹pieʔ³¹kɑn⁵¹

　　　　　　　流　水　　　　　　裤带　　pa³¹ʃiʔ⁵⁵kɑn⁵¹

包头　　　phiat³¹kuk³¹　　　　　开裆裤　kɑn⁵¹pɔ³¹taŋ³¹

围脖　　　phiat³¹θa³¹viɛn³¹lul⁵¹　短裤　　kɑn⁵¹⁻³¹tot³¹

　　　　布块　围　　　脖子　　　内裤　　kɑn⁵¹⁻³¹kɑk⁵⁵

围裙　　　phiat³¹taʔ⁵⁵ka³¹tu⁵¹　　裙子　　ȵaʔ³³

　　　　布块　遮　肚子　　　　连衣裙　ȵaʔ³³θa³¹lɔp³¹

衣服　　　θa³¹lɔp³¹　　　　　　　鞋子　　khiep⁵⁵

衣领　　　nkhɔʔ⁵⁵θa³¹lɔp³¹　　　鞋帮　　phiat³¹khiep⁵⁵

衣兜　　　thɑŋ⁵¹ʔa³¹pieʔ³¹θa³¹lɔp³¹　鞋底　　pən³¹khiep⁵⁵

衣袖　　　thiʔ⁵⁵θa³¹lɔp³¹　　　　鞋跟　　ʔa³¹ləi³¹khiep⁵⁵

扣眼儿　　nthuʔ⁵⁵⁻³¹piau⁵¹　　　鞋尖　　nkhɔi³¹khiep⁵⁵

扣子　　　piau⁵¹　　　　　　　　鞋垫　　θep³¹khiep⁵⁵

衣服补丁　θa³¹lɔp³¹lop³¹　　　　鞋带　　pa³¹ʃiʔ⁵⁵⁻³¹khiep⁵⁵

外衣　　　θa³¹lɔp³¹tɤŋ³¹nɔk³³　　皮鞋　　khiep⁵⁵nkuʔ⁵⁵

布鞋	khiep⁵⁵⁻³¹phiat³¹	老挝	khuŋ⁵¹⁻³¹lau³¹
绣花鞋	khiep⁵⁵⁻³¹ɣaŋ³¹		mɤŋ⁵¹⁻³¹lau³¹（傣）
高跟鞋	khiep⁵⁵leŋ³¹ʔa³¹ləi³¹	泰国	khuŋ⁵¹⁻³¹thai³¹
凉鞋	khiep⁵⁵⁻³¹tʃau³¹		mɤŋ⁵¹⁻³¹thai³¹（傣）
拖鞋	khiep⁵⁵⁻³¹ȵɑk⁵⁵	缅甸	khuŋ⁵¹⁻³¹man⁵⁵
	khiep⁵⁵nniep³¹		mɤŋ⁵¹⁻³¹man⁵⁵（傣）
草鞋	khiep⁵⁵θau³¹khai³¹	曼三岛	mɔn³³θam⁵⁵tau³¹①
	（昆+汉）	景洪	tʃiŋ³¹ɣuŋ⁵¹
水鞋	khiep⁵⁵ʔa³¹jəa⁵¹	勐养	khuŋ⁵¹ka³¹jaŋ³¹
袜子	khup⁵⁵		mɤŋ⁵¹jaŋ⁵¹（傣）
长袜	khup⁵⁵⁻³¹lan³¹	普文	mɤŋ³¹hiŋ³¹（傣）
短袜	khup⁵⁵⁻³¹tot³¹	昆明	mɤŋ³¹ʃe⁵⁵（傣）
裹脚	vau³¹tʃeiŋ³¹	西双版纳	θip⁵⁵θɔŋ³³pan³¹na³¹
项圈	nnaŋ³¹	祖居寨子	na³¹kho³³li³¹②
项链	θɔi³¹	曼蚌汤寨	puŋ³⁵thaŋ³³
银项链	θɔi³¹nm̥ul⁵¹	纳回帕寨	na³¹phak³³
金项链	θɔi³¹θa³¹lea⁵¹	曼巴约寨	pa³⁵jok³⁵
耳环	tɔŋ³¹ʃok³¹	曼巴老寨	pa³⁵lau⁵¹
耳坠	θɔi³¹la³¹ʃok³¹	纳版寨	na³¹pan³¹）
耳钉	lan³¹la³¹ʃok³¹	路	tɤŋ³¹ɣuɔŋ³¹
银泡	nau⁵¹	公路	tɤŋ³¹ɣuɔŋ³¹lot³³
银牌	ntap³¹		路　　　车
手镯	tɔŋ³¹thiʔ⁵⁵	水泥路	tɤŋ³¹ɣuɔŋ³¹ʃui³¹ni³¹
戒指	tʃɔp³⁵mɤ⁵¹（傣）		（昆+汉）
手镯耳环	tɔŋ³¹thiʔ⁵⁵tɔŋ³¹ʃok³¹	柏油路	tɤŋ³¹ɣuɔŋ³¹laŋ⁵¹
			路　　　黑
九　人居、建筑		砂石路	tɤŋ³¹ɣuɔŋ³¹ʃa³¹moʔ⁵⁵
世界	θa³¹ɣep³³（古）	上坡路	tɤŋ³¹ɣuɔŋ³¹θa³¹vəi³¹
	nə⁵⁵lok³³（傣）		
	phien³⁵nin⁵¹（傣）		

---

① 在缅甸，据说有昆格人。
② 可能在今宁洱县同心乡。

下坡路	tɤŋ³¹ɣuɔŋ³¹ləm⁵¹ntʃəa⁵¹		圈　黑暗
大路	tɤŋ³¹ɣuɔŋ³¹ʔɑn⁵¹	学校	θɔ³¹ʃau³⁵（汉）
小路	tɤŋ³¹ɣuɔŋ³¹tek⁵⁵	公司	kuŋ³³θə³³（汉）
平路	tɤŋ³¹ɣuɔŋ³¹θa³¹mɤ⁵¹	寨子	ɣim⁵¹
	tɤŋ³¹ɣuɔŋ³¹tɤŋ³¹pak⁵⁵	家乡	ɣim⁵¹kaŋ³¹
弯路	tɤŋ³¹ɣuɔŋ³¹khɑk⁵⁵	家	kaŋ³¹
直路	tɤŋ³¹ɣuɔŋ³¹ɣu⁵¹	房子	kaŋ³¹
岔路口	nka⁵¹tɤŋ³¹ɣuɔŋ³¹	草房	kaŋ³¹nphlaŋ⁵¹
城市	khuŋ⁵¹⁻³¹ʔɑn⁵¹	瓦房	kaŋ³¹mɤŋ³¹
塔	vat³¹va³¹	砖房	kaŋ³¹tʃuan³⁵（昆+汉）
桥	ntɔŋ³¹	工棚	top³¹ma³¹
木桥	ntɔŋ³¹θeʔ⁵⁵	新房	kaŋ³¹tha³¹mieʔ⁵⁵
石桥	ntɔŋ³¹ʃa³¹moʔ⁵⁵	旧房	kaŋ³¹phɣim⁵¹
澜沧江大桥	ntɔŋ³¹ʔom³¹xuɔŋ³¹	屋顶	tʃɔk³¹kaŋ³¹
高楼	kaŋ³¹leŋ³¹	屋檐	tʃai³¹kha³¹kaŋ³¹
街	khlat³¹	楼上	kha³¹leŋ³¹
巷子	khlat³¹tek⁵⁵	楼下	ɣum³¹kaŋ³¹
场地	khuŋ³⁵	屋里	tɤŋ³¹nəi⁵¹⁻³¹kaŋ³¹
	təl³¹	屋外	tɤŋ³¹nɔk³³kaŋ³¹
篮球场	khuŋ³⁵mak³⁵lum⁵¹	地基	tək³¹kaŋ³¹
车站	khuŋ³⁵lot³³	柱	ntʃɣaŋ⁵¹
码头	təl³¹la³¹ʔɔŋ³¹ʔom³¹	梁	vʌk⁵⁵
	处　轮船	大梁	vʌk⁵⁵⁻³¹ʔɑn⁵¹
机场	khuŋ³⁵la³¹ʔɔŋ³¹phəa⁵¹	人字梁	θaŋ³¹
	场　飞机	檩子/桁	pie³⁵
医院	ɣuŋ³¹ja⁵⁵（傣）	椽子	tʃa³¹ʔuɔk⁵⁵
卫生所	ɣuŋ³¹ja⁵⁵tek⁵⁵（傣+昆）	楼板	pien³¹
监狱	kɔk³¹lau³¹kai⁵¹（昆+汉）	楼梯	ntua³¹
	圈　劳改	楼梯踏步	khuɔŋ³¹ntua³¹
	kɔk³¹θa³¹vek⁵⁵	梯子	ntua³¹tek⁵⁵

客厅	lɔk³¹lɔt³¹		猪圈	kɔk³¹lek³¹
露台	ʃa³¹lo³¹		鸡圈	kuk³¹ʔiea³¹（不用kɔk³¹）
大房间	nthuʔ⁵⁵⁻³¹kaŋ³¹		槽	ɣaŋ⁵¹
	洞　　房		猪槽	ɣaŋ⁵¹⁻³¹lek³¹
卧室	ntheiŋ³¹lɑk⁵⁵①		窝	nlɔŋ³¹
	墙　　倒		鸡窝¹	nlɔŋ³¹ʔiea³¹
	kaŋ³¹ʔiet³¹		鸡窝²	hap⁵⁵⁻³¹ʔiea³¹（小鸡用）
	房　　睡		狗窝	təl³¹ʔiet³¹ʃɔʔ⁵⁵
浴室	kaŋ³¹θum⁵¹			处　睡　狗
厕所	kaŋ³¹ʔiŋ⁵¹		坟	nmuit⁵⁵
仓库	tʃɑŋ⁵¹			
谷仓	tʃɑŋ⁵¹⁻³¹θak⁵⁵		**十　用品、器具**	
门	ka³¹ʔua⁵¹		东西	θaʔ⁵⁵θa³¹ʔe⁵¹
窗	ka³¹ʔua⁵¹⁻³¹tek⁵⁵		家具	θa³¹khuʔ³¹kaŋ³¹
	门　　　小		器具	kɤŋ³³⁻³¹tʃak⁵⁵kɤŋ³³⁻³¹jon⁵¹
玻璃窗	ka³¹ʔua⁵¹⁻³¹kiau³¹		桌子	kɣeʔ⁵⁵
	门　　　玻璃		饭桌	kɣeʔ⁵⁵⁻³¹ʔup⁵⁵
墙	ntheiŋ³¹		办公桌	kon³¹pan³⁵kuŋ³³
砖墙	ntheiŋ³¹tʃuan³⁵（昆+汉）			（昆+汉）
石灰	puɔ³¹		桌面	tɣŋ³¹pan³¹kɣeʔ⁵⁵
砖	tʃuan³⁵（汉）		桌腿	tʃeiŋ³¹kɣeʔ⁵⁵
水泥	ʃui³¹ni³¹（汉）		抹桌布	phiat³¹θut⁵⁵⁻³¹kɣeʔ⁵⁵
瓦	mɣŋ³¹			布块　擦　桌子
盖房草排	nphlaŋ⁵¹⁻³¹pɣai⁵¹		凳子	nkeiŋ³¹
玻璃	kiau³¹		木凳	nkeiŋ³¹θeʔ⁵⁵
漆	ʔom³¹ɣak³³		篾凳	nkeiŋ³¹thaiŋ³¹
圈	kɔk³¹			凳子　编织
牛圈	kɔk³¹thiak³¹		椅子	nkeiŋ³¹ʔa³¹ʔok⁵⁵
			碗柜	kɔk³¹van³¹（昆+汉）
			衣柜	kɔk³¹kan⁵¹θa³¹lɔp³¹

---

　　① 本义"人躺下来倚靠的墙"，转指"卧房"。

箱子	liem³¹（同"盒子"）	瓢	nmoi³¹
火塘	thuʔ³¹vaŋ³¹	桶	thuŋ⁵¹（汉）
锅庄石	pa³¹θuʔ⁵⁵	盆子	van³¹ma³¹la⁵¹（汉+昆）
火炕	nɣak⁵⁵	瓶子	kuɔŋ³¹
灶	tau³⁵θau³⁵	塞子	nθoʔ⁵⁵
火石	ʃa³¹moʔ⁵⁵ŋal³¹mak⁵⁵	瓶塞	nθoʔ⁵⁵⁻³¹kuɔŋ³¹
	石　　火　　砍	盖子	ntap⁵⁵
火柴	ŋal³¹mak⁵⁵	瓶盖	ntap⁵⁵⁻³¹kuɔŋ³¹
	火　　砍	杯子	van³¹tʃuŋ³³（汉）
打火机	ŋal³¹mak⁵⁵pa³¹ŋik⁵⁵	酒杯	van³¹tʃuŋ³³ntɔl³¹（汉+昆）
	ŋal³¹mak⁵⁵ta⁵¹ho⁵¹tʃi⁵⁵	水壶	ʔiŋ³⁵ʔom³¹la³¹
	（昆+汉）	暖水瓶	kuɔŋ³¹ʔom³¹put⁵⁵
柴	θeʔ⁵⁵⁻³¹θʌp⁵⁵	瓢子	pa³¹θɣuŋ³¹
生火柴	fɔi⁵¹	竹筒	nthɔŋ³¹
吹火筒	nthɔŋ³¹phut³¹ŋal⁵¹	筷子	thu³¹
	筒　　吹　　火	筷笼	nthɔŋ³¹thu³¹
火钳	nnop³¹	砧板	khɔ³¹n̠ʌʔ⁵⁵
火铲	nʃɣok³¹ŋal⁵¹	刷把	ɣok³¹ʔɔk³¹ka³¹ʔɔl³¹
铁锅	ka³¹ʔɔl³¹		扫帚　　锅
锣锅	ka³¹ʔɔl³¹tɔŋ³¹	丝瓜布	nmop³¹
	锅　　铜	舂对	ɣaŋ⁵¹
铝锅	ka³¹ʔɔl³¹xɣek³⁵	盐臼	ɣaŋ⁵¹⁻³¹pluʔ⁵⁵
电饭锅	ka³¹ʔɔl³¹tien³⁵（昆+汉）	臼杵	ntok³¹
锅铲	nʃɣok³¹ka³¹ʔɔl³¹	碓臼/脚碓	nphal⁵¹
锅盖	ntap⁵⁵ka³¹ʔɔl³¹	碓杵	nkhɣn⁵¹phal⁵¹
碗	van³¹（汉）	石磨	mɔ³⁵（汉）
盘子	van³¹phan³¹（汉）	磨眼	nthuʔ⁵⁵⁻³¹mɔ³⁵
罐	ka³¹taŋ⁵¹	磨拐子	thiʔ⁵⁵⁻³¹mɔ³⁵
坛子	tom⁵⁵ʔaŋ³⁵		手　　磨
勺子	ntʃak⁵⁵	刀	vait³¹

刀背　nkoʔ⁵⁵⁻³¹vait³¹

刀刃　ntaʔ³¹vait³¹

刀把　ʃa³¹tɔʔ⁵⁵⁻³¹vait³¹

刀鞘　nkaŋ³¹vait³¹

大砍刀　vait³¹khiɔ⁵¹

芟刀　vait³¹ʃɔ⁵¹⁻³¹nal⁵¹

镰刀　nkɑk⁵⁵

　　　nkɑk⁵⁵⁻³¹pien³¹

锯镰　nkɑk⁵⁵⁻³¹kheiŋ⁵¹

　　　镰刀　牙齿

砍刀　nkhuat³¹

剪刀　vait³¹θiem⁵¹

砖刀　vait³¹mak⁵⁵⁻³¹tʃuan³⁵

　　　（昆+汉）

锤　nthi⁵¹

大锤　nthi⁵¹nt[eiŋ]³¹

钉锤　nthi⁵¹tek⁵⁵

斧子　khuan⁵⁵mɔ³⁵

锉子　nʃɑk⁵⁵

钻花　nθan³¹

刨子　vait³¹thui³⁵θeʔ⁵⁵（昆+汉）

　　　刀　推　木

锯子　lɤ³³

拉锯　lɤ³³⁻³¹khu⁵¹

　　　锯子　拉

锯齿　kheiŋ⁵¹⁻³¹lɤ³³

墨斗　nnɑk⁵⁵ʔom³¹laŋ⁵¹

量尺　θeʔ⁵⁵nθiet³¹

卷尺　pa³¹ʃiʔ⁵⁵nθiet³¹

楔子　nlaʔ⁵⁵

钉子　kan³¹fa³¹

螺丝钉　nθe³¹

叉子　tan³¹

钩子　tan³¹vak⁵⁵

　　　叉子　钩

推剪　thuɔn³¹

剃刀　vait³¹nkhut⁵⁵

剃须刀　vait³¹kuat³¹θuk⁵⁵ntuiŋ⁵¹

织布机　thaiŋ³¹

染料　ʔom³¹laŋ⁵¹（黑色）

　　　ʔom³¹ʃɤiŋ⁵¹（红色）

针　pa³¹ɳeʔ⁵⁵

顶针　tʃɔp³⁵mɤ⁵¹（同"戒指"）

口袋　tʃan³¹xuʔ⁵⁵

麻袋　tʃan³¹ʔa³¹kɤi⁵¹

钱包　tʃan³¹nm̥ul⁵¹

统背　thaŋ⁵¹

大统背　thaŋ⁵¹⁻³¹ʔan⁵¹

半大统背　thaŋ⁵¹ja³¹

小统背　thaŋ⁵¹⁻³¹tek⁵⁵

窗帘　phiat³¹taʔ⁵⁵ka³¹ʔua⁵¹⁻³¹kiau³¹

　　　布　遮　玻璃窗

床　kun³¹təl³¹ʔiet³¹

　　　kun³¹ʔiet³¹

席子　phil³¹ʔa³¹ɤɔk³¹

床单　ŋɔk³¹tam⁵¹

垫絮　nɲiet³¹

被子　ŋɔk³¹khum⁵¹

　　　ŋɔk³¹xuʔ⁵⁵

被套　θa³¹klɔk⁵⁵⁻³¹ŋɔk³¹

棉絮	ŋɔk³¹miɛn³¹（昆+汉）	撮箕	fun⁵⁵tʃi³³
枕头	keiŋ³¹khiŋ⁵¹	簸箕	nphɣa⁵¹
枕巾	hlap³³keiŋ³¹khiŋ⁵¹	筲箕	tʃok³¹lo³¹
枕套	θa³¹klɔk⁵⁵keiŋ³¹khiŋ⁵¹	筛子	nxɣŋ³¹
蚊帐	θut⁵⁵	晒席	nphiel³¹
尿片	phiat³¹θep³¹kan⁵¹nȵɔm³¹	耙	tam⁵⁵ta⁵¹
襁褓	phiat³¹ka³¹nȵɔm³¹	锄头	ʃɣɣ³¹
	布块 包裹 娃娃	铲子	nʃɣok³¹
背巾	ŋɔk³¹mpɔʔ⁵⁵（背婴儿）	播种杆	kuɔŋ³¹ka³¹mɔl³¹
毛巾	phiat³¹θəi³¹ŋai³¹	鱼篓	ʔa³¹xɣaŋ³¹
	布块 洗 脸	鱼笭	tɔ³³thuŋ³¹ʔa³¹plau⁵¹
揩脚帕	phiat³¹θut⁵⁵⁻³¹tʃein³¹	拐笼	θai⁵¹⁻³¹thuŋ³¹ʔa³¹plau⁵¹
	布块 擦 脚	锁	ka³¹tʃeʔ³¹
手帕	phiat³¹pɔk³¹	钥匙	θeʔ⁵⁵ka³¹tʃeʔ³¹
煤油灯	ŋal³¹phaŋ⁵¹		木 锁
灯芯	θai³¹phaŋ⁵¹	门闩	θeʔ⁵⁵khiel³¹
煤油	ʔom³¹phɣiŋ⁵¹⁻³¹ʔui⁵¹		木 闩
	水 油 臭	烟锅	mau³¹khɑk⁵⁵
火把	ŋal³¹ɣaŋ³¹	烟嘴	kan⁵¹⁻³¹mau³¹
	火 花		屁股 草烟
蜡烛	tein³¹pa⁵⁵	烟袋	tʃan³¹mau³¹
蜂蜡	ȵoa³¹	水烟筒	mau³¹ʔom³¹
电	tiɛn³⁵（汉）	雨伞	tʃɔŋ³³
电灯	ŋal⁵¹⁻³¹tiɛn³⁵（昆+汉）	油纸伞	tʃɔŋ³³ka³¹nak³⁵
	火 电		伞 纸
扫把	ɣɔk³¹ʔɔk³¹	布伞	tʃɔŋ³³⁻³¹phiat³¹
竹扫把	ɣɔk³¹ʔɔk³¹ʔa³¹maŋ⁵¹		伞 布块
草扫把	ɣɔk³¹ʔɔk³¹ʔa³¹lai³¹	扇子	ɣak³¹vat⁵⁵
背篓	lɔʔ⁵⁵	扬谷扇	ɣak³¹vat⁵⁵⁻³¹ma³¹
箩筐	ʔa³¹muŋ⁵¹		扇子 地

	ɣak³¹vat⁵⁵⁻³¹θak⁵⁵	飞镖	tai⁵¹⁻³¹lɤŋ⁵¹
	扇子　　谷子		箭　扔
算盘	mak³⁵phan³¹	长矛	θeʔ⁵⁵nŋon³¹phek⁵⁵
算盘珠	ʃak⁵⁵mak³⁵phan³¹	枪	θa³¹nat³¹
	phleʔ⁵⁵mak³⁵phan³¹	子弹	ʃak⁵⁵θa³¹nat³¹
秤	phiok⁵⁵	火药	ke³¹
大板秤	phiok⁵⁵pu³¹ɣut⁵⁵	靶子	nm̩ai³¹
秤砣	ʃa³¹khla³¹phiok⁵⁵	鱼网	ʔa³¹ɣɤp⁵⁵（拖网）
	阴囊　　秤		mɔŋ³¹（拦网）
称星	ŋai³¹phiok⁵⁵	鱼竿	θau³¹miet⁵⁵
	眼睛　秤	鱼线	pa³¹ʃiʔ⁵⁵⁻³¹miet⁵⁵
秤盘	phiok⁵⁵⁻³¹phaŋ³¹		绳子　　钓
马鞍	ʔan³⁵ma³¹ɣaŋ⁵¹（汉+昆）	浮子	aŋ⁵¹thəi³¹
马镫子	təl³¹tʃap⁵⁵tʃein³¹		胶　浮
马嚼子	ka³¹ŋaŋ⁵¹ntuiŋ⁵¹ma³¹ɣaŋ⁵¹	坠子	tʃən³¹
	铁　　嘴　马	鱼钩	pa³¹ȵeʔ⁵⁵miet⁵⁵
马蹄铁	kip³⁵ma³¹		针　　钓
缰绳	pa³¹ʃiʔ⁵⁵ma³¹ɣaŋ⁵¹	鱼饵	ȵɤ³⁵ʔa³¹plau⁵¹
犁	thai⁵¹	飞机	la³¹ʔɔŋ³¹phəa⁵¹
耙犁	thai⁵¹thek³⁵		运载工具 飞
轭/枷档	ʔek³⁵（汉）	船	la³¹ʔɔŋ³¹ʔom³¹
夯	θeʔ⁵⁵θɤŋ³¹thɤŋ⁵¹		运载工具 水
扁担	θeʔ⁵⁵nlam⁵¹	木船	la³¹ʔɔŋ³¹ʔom³¹θeʔ⁵⁵
	木　挑	轮船	la³¹ʔɔŋ³¹ʔom³¹tien³⁵（昆+汉）
弓	kɑŋ⁵¹		船　　　　电
弹弓	kɑŋ⁵¹⁻³¹jaŋ⁵¹	竹排	pie³³
	弓　胶	桨	θeʔ⁵⁵ʃa³¹vat³¹la³¹ʔɔŋ³¹ʔom³¹
弩	ʔak³¹		木　划　船
箭	tai⁵¹⁻³¹kɑŋ⁵¹	自行车	kuŋ³³ken⁵¹（傣）
	tai⁵¹⁻³¹ʔak³¹	汽车	lot³³lɑŋ⁵¹

	车　黑	镜子	viεn⁵⁵
客车	lot³³⁻³¹paiŋ³¹	梳子	nn̩at³¹
	车　白	箆子	nn̩at³¹n̩et⁵⁵
小车	lot³³⁻³¹tek⁵⁵	头绳	jaŋ⁵¹pʌk⁵⁵⁻³¹θuk⁵⁵
火车	la³¹tha³¹		胶　捆　头发
摩托车	mo³¹tho³¹（汉）		pa³¹ʃiʔ⁵⁵pʌk⁵⁵⁻³¹θuk⁵⁵
拖拉机	səu³¹fu³¹（汉）		绳子　捆　头发
	手扶	压发	nniep³¹θuk⁵⁵
犁田机	səu³¹fu³¹thai⁵¹⁻³¹khuŋ⁵¹	耳挖子	θeʔ⁵⁵kuat⁵⁵ʔiŋ⁵¹la³¹ʃok³¹
	拖拉机　犁　　田		木　掏　耳屎
耙田机	səu³¹fu³¹theʔ³⁵khuŋ⁵¹	牙刷	θeʔ⁵⁵θi³¹khein⁵¹
	拖拉机　耙　田		木　刷　牙齿
车胎	tʃein³¹lot³³	洗衣液	ʔom³¹θɤŋ³¹thu⁵¹
钟	na³¹li³⁵		水　　洗
座钟	na³¹li³⁵ntein³¹	肥皂	fei³¹tsau³⁵（汉）
	钟表　大	香皂	nam³¹ku³¹（傣）
手表	na³¹li³⁵		ʃɑŋ³³tsau³⁵（汉）
表带	pa³¹ʃiʔ⁵⁵na³¹li³⁵	皂角果	phleʔ⁵⁵ʃak³¹khlə a⁵¹①
水管	nthɔŋ³¹ʔom³¹ka³¹ŋaŋ⁵¹	搓衣板	pien³¹θɤŋ³¹thu⁵¹
	筒　　水　　铁	捶衣棒	θeʔ⁵⁵nphɔ⁵¹
	nthɔŋ³¹ʔom³¹jaŋ⁵¹	香水	ʔom³¹nam³¹tʃan⁵¹
	筒　　水　　胶	口红	ʔom³¹ʃɤin⁵¹ntuiŋ⁵¹
盒子	liem³¹（同"箱子"）		水　红　嘴
纸盒	liem³¹ka³¹nak³⁵	粉	ʔom³¹ʃa³¹phul³¹
棍子	θeʔ⁵⁵nn̩on³¹	齿漆	nʌm³¹θɑ⁵¹
竹竿	ntam³¹θɤɣŋ⁵¹	蚊香	θa³¹muʔ⁵⁵（自制）
箆子	khiok⁵⁵		ven³¹ʃɑŋ³³（汉）
绳子	pa³¹ʃiʔ⁵⁵	电话	tiεn³⁵khua³⁵（汉）
绳结	θɤŋ³¹khon³¹pa³¹ʃiʔ⁵⁵		
铁丝	pa³¹ʃiʔ⁵⁵ka³¹ŋaŋ⁵¹		

---

① 用来洗衣服。

铃铛	la³¹miŋ³⁵		vien⁵⁵⁻³¹ta⁵⁵（傣）
竹铃铛	lɑk⁵⁵pɑk⁵⁵	印章	jin³⁵（汉）
锣	jam⁵¹	印泥	ʔom³¹jin³⁵（昆+汉）
鼓	θa³¹thuŋ⁵¹	钱	nm̥ul⁵¹
镲	ʃup³¹ʃɛn³⁵	半开	nm̥ul⁵¹⁻³¹lein³¹
笛子	pi³¹	一块银元	nm̥ul⁵¹⁻³¹man⁵⁵
二胡	tiŋ³⁵	铜钱	phai³¹liep⁵⁵
哨子	mak³⁵fit³⁵	钞票	nm̥ul⁵¹⁻³¹ka³¹nak³⁵
牛角号	thut³¹		钱　　　纸
口琴	pi³¹ka³¹la⁵¹	肥料	fuən³⁵（汉）
球	mak³⁵lum⁵¹	老鼠药	θa³¹ʔia³¹ʔa³¹θek³¹
陀螺	phai³¹vɑi⁵¹	毒药	ʔia³¹mau³¹
秋千	kak³¹pa³¹ʃiʔ⁵⁵	棺材	nŋɔ⁵¹
跷跷板	ʔit³⁵ʔɔŋ³¹		
高跷	tʃein³¹tʃoa³¹		

十一　文化、艺术、意识

扑克	phai³¹（汉）	智慧	ʔom³¹hiŋ⁵¹
书	pɑp³³		水　聪明
纸	ka³¹nak³⁵	文化知识	ʔom³¹ʃa³¹ʔel³¹
笔	pi³¹（汉）		水　知道
铅笔	ʃɛn³¹pi³¹（汉）		ʔom³¹hiŋ⁵¹ʔom³¹ʃa³¹ʔel³¹
墨水	ʔom³¹pi³¹（昆+汉）		水　聪明 水　知道
橡皮擦	nθut⁵⁵ʃɛn³¹pi³¹（昆+汉）	歌	hui⁵¹
	擦　铅笔	昆格歌	hui⁵¹⁻³¹xuʔ⁵⁵
卷笔刀	vait³¹tʃuan³⁵ʃɛn³¹pi³¹	舞蹈	fuɔn³¹jein³⁵
	刀　转　铅笔	相片	ɣop³³ʔiʔ⁵⁵
	（昆+汉）	话	pap⁵⁵/mɔn³¹
书包	thaŋ³¹pɑp³³	字	pɔk³¹
胶水	ʔom³¹ȵʌk⁵⁵	语言	mɔn³¹
糨糊	ʔom³¹thak⁵⁵	汉语	mɔn³¹ʔa³¹hɔʔ⁵⁵
眼镜	vien⁵⁵⁻³¹ʃa³¹ŋai³¹	昆格语	mɔn³¹xuʔ⁵⁵

傣语	$mɔn^{31}ʃɛm^{51}$	路　吃	
鬼神	$pa^{31}kiʔ^{55}$	安居	$tɤŋ^{31}ɣuɔŋ^{31}ʔiet^{31}$
魂	$khlaʔ^{55}$	路　　睡	
饭魂	$khlaʔ^{55-31}ʔup^{55}$	生计	$tɤŋ^{31}ɣuɔŋ^{31}ʔot^{31}$
送魂	$thun^{51-31}khlaʔ^{55}$	路　　在	
龙	$piɔŋ^{31}$		$tɤŋ^{31}ɣuɔŋ^{31}ʔot^{31}tɤŋ^{31}ɣuɔŋ^{31}khai^{31}$
香	ten^{31}	路　在　路　吃	
庙	$miau^{35}$（汉）		$tɤŋ^{31}ɣuɔŋ^{31}ʔot^{31}tɤŋ^{31}ɣuɔŋ^{31}ʔiet^{31}$

上天诸神

$pa^{31}kiʔ^{55}ʔot^{31}ka^{31}thɔ^{55}khai^{31}kha^{31}leŋ^{31}$①

鬼神　在高处　吃　高处　　　　路　在　路　睡

官	nai^{31}	吃的用的	$θa^{31}khai^{31}θa^{31}nʌm^{31}$
手相	$pɔk^{31}thiʔ^{55}$（同"掌纹"）	食　　用	
	$lai^{31}mɣ^{31}$（傣）	灾难	$θa^{31}khat^{35}$
面相	$ʔɔ^{51}ŋai^{31}$（同"面容"）	火灾	$ŋal^{51-31}kat^{55}ɣim^{51}$
	$θai^{55}na^{31}θai^{55}ta^{55}$（傣）	火　烧　寨子	
吉日	$nŋiʔ^{55}jɔŋ^{31}$		$ŋal^{51-31}kat^{55}pɣiʔ^{55}$
过年	$khai^{31}nɛn^{31}$（昆+汉）	火　烧　山林	
	吃　　年	洪灾	$ʔom^{31}hlup^{35}ʔom^{31}man^{51}$
龙恩节	$luŋ^{31}ŋaŋ^{51}$②（昆）	旱灾	$liŋ^{31}khen^{35}$
龙列节	$luŋ^{31}lek^{55}$（傣）	事情	vek^{31}/kan^{55}
房撒统	$fuɔn^{31}θa^{31}thuŋ^{51}$③	要事	$kan^{55-51}ʔan^{51}$
贵拉夫	$kuit^{55}laʔ^{55-31}fə^{31}$④	小事	$kan^{55-51}tek^{55}$
上新房	$θa^{31}kaŋ^{31}tha^{31}mieʔ^{55}$	琐事	$kan^{55-51}tek^{55}kan^{55-51}ɣiŋ^{31}$
年龄	$ʔa^{31}joʔ^{33}$	家务	$vek^{31}kaŋ^{31}$
食	$tɤŋ^{31}ɣuɔŋ^{31}khai^{31}$	错误	$θɔ^{35}$（汉）
		大错	$θɔ^{35}ʔan^{51}$（汉+昆）
		小错	$θɔ^{35}tek^{55}$（汉+昆）
			$θɔ^{35}tek^{55}θɔ^{35}ɣiŋ^{31}$（汉+昆）

---

① 指"在天上吃住的鬼神"。
② 龙恩节与龙列节都指打铁节。
③ 指击鼓仪式。
④ 一种已消失的仪式。

道理　$təl^{31}ɣɤʔ^{55}$

　　　处　是

　　　$θa^{31}ɣɤʔ^{55}$

好处	təl³¹jɔŋ³¹	头晕	pok³¹ŋai³¹
用处	təl³¹nʌm⁵¹	耳鸣	jam³¹ʃok³¹
害处	təl³¹ɣai³¹		哭 耳
精气神	pa³¹θem³¹	牙痛	ʃuʔ⁵⁵⁻³¹kheiŋ⁵¹
胆量	pa³¹θem³¹	咳嗽	kho⁵¹
力气	ka³¹kat³¹	大脖子病	pa³¹lɔk³¹lul⁵¹
月经	ŋai³¹nkhia³¹	肚子疼	ʃuʔ⁵⁵ka³¹tu⁵¹
记号	nmai³¹	拉肚子	ʃuʔ⁵⁵ka³¹tu⁵¹hlɔ³⁵
脚印	θɣŋ³¹kho⁵¹	肾结石	ʃuʔ⁵⁵ʔom³¹num³¹that⁵⁵
影子	khuɔn³¹ʔa³¹phloi³¹	心脏病	ʃuʔ⁵⁵ʃak⁵⁵⁻³¹nɔt³¹
人影	khuɔn³¹ʔa³¹phloi³¹ʔiʔ⁵⁵	肝炎	ʃuʔ⁵⁵ka³¹thɔm³¹
树影	khuɔn³¹ʔa³¹phloi³¹θeʔ⁵⁵	肺炎	ʃuʔ⁵⁵θɣŋ³¹phup⁵⁵
树荫	npɔm³¹θeʔ⁵⁵	气喘	tho⁵¹⁻⁵⁵pa³¹θem³¹ʃuʔ⁵⁵
颜色	phiu⁵⁵		呼吸 气 疼
红旗	thi³³ʃɣiŋ⁵¹	气管炎	ʃuʔ⁵⁵θa³¹ʔɔiŋ³¹θɣuŋ³¹
梦	ka³¹meʔ⁵⁵		疼 干 气管
生意	ka³¹khai⁵⁵	膀胱炎	ʃuʔ⁵⁵ʃa³¹num⁵¹
面积	la³¹vaŋ³¹	麻风	khai³¹ɣɣn³¹
空间	təl³¹ʔot³¹	水痘	puŋ³¹ɣaŋ³¹
	处 在	天花	puŋ⁵¹⁻³¹ɣaŋ³¹
种类	tʃaʔ³¹	抽风	lat³¹lum⁵¹
		风湿	lum³¹klɣt⁵⁵lum³¹naŋ³¹
		水肿病	khlu³¹
十二 病患、医疗		便秘	pa³¹kham³¹ʔiŋ⁵¹
疼病	ʃuʔ⁵⁵khat⁵⁵		不 软烂 屎
小病	khat⁵⁵⁻³¹tek⁵⁵	打摆子	khat⁵⁵ʔa³¹plɔ⁵¹
重病	khat⁵⁵⁻³¹ŋak⁵⁵	月经不调	ŋai³¹nkhia³¹pa³¹jɔŋ³¹
性病	ma³¹leiŋ⁵¹		月经 不 好
头疼	ʃuʔ⁵⁵⁻³¹khiŋ⁵¹	不消化	ka³¹tu⁵¹pa³¹laik³¹
感冒	puŋ³¹ʔa³¹phɔ⁵¹		肚子 不 化
发烧	khat⁵⁵θa³¹klal³¹		

呕吐　khɤl³¹ŋɔk⁵⁵θel³¹

贫血　nnam³¹pa³¹khap⁵⁵
　　　血　不　够

高血压　nnam³¹phɑŋ⁵¹
　　　血　多

骨折　phʌt⁵⁵ka³¹ʔaŋ³¹
　　　断　骨头

脱臼　plai³¹ka³¹ʔaŋ³¹
　　　错位 骨头

手扭伤　θɤŋ³¹n̩uʔ⁵⁵⁻³¹thiʔ⁵⁵
脚崴伤　θɤŋ³¹n̩uʔ⁵⁵⁻³¹tʃeiŋ³¹
晕车　mau³¹lot³³
伤疤　tak³¹
疮　ʔat⁵⁵
肿　pha³¹ʔat⁵⁵
脓　ʔom³¹lum⁵¹

痔疮　ʔat⁵⁵kan⁵¹
　　　疮　屁股

粉刺　puɔt³¹ʔɔ⁵¹
　　　痘　脸

癣　tak³¹phot³¹①
　　　疤痕马鹿

痱子　θɤŋ³¹tua⁵¹nn̩ɔm³¹
跰/茧　tɤʔ⁵⁵
手跰子　tɤʔ⁵⁵phəl³¹tak³¹thiʔ⁵⁵
脚跰子　tɤʔ⁵⁵phəl³¹tak³¹tʃeiŋ³¹
痣　khliʔ⁵⁵
斑　pɤa³¹

麻子　ʔiŋ⁵¹ʔa³¹ɣɔi³¹
　　　屎 苍蝇

脚气　ʔui⁵¹⁻³¹puk⁵⁵tʃeiŋ³¹
　　　臭　烂　脚

痒　ŋaʔ⁵⁵
瘫痪　hot⁵⁵heu³⁵

偏瘫　hot⁵⁵heu³⁵ma³¹lak⁵⁵
　　　瘫痪　一　边

药　θa³¹ʔia³¹
草药　θa³¹ʔia³¹nal⁵¹
药粉　θa³¹ʔia³¹muk³³
药片　θa³¹ʔia³¹ʃak⁵⁵
药水　ʔom³¹θa³¹ʔia³¹

避孕药　θa³¹ʔia³¹khɤn⁵¹
　　　药　妇女

雪花膏　ʔom³¹hɔm⁵¹⁻⁵⁵
　　　水　香
　　　ʔom³¹pa³¹tat⁵⁵
　　　水　裂缝

风油精　θa³¹ʔia³¹ʃuʔ⁵⁵⁻³¹khiŋ⁵¹ʔui⁵¹
　　　药　痛　头　臭

注射针　pa³¹n̩eʔ⁵⁵（同"针"）

针灸针　pa³¹n̩eʔ⁵⁵⁻³¹liŋ³¹
　　　针　干

输液针　ʔom³¹pa³¹n̩eʔ⁵⁵⁻³¹ʔɑn⁵¹
　　　水　针　大

火罐　npuʔ⁵⁵
手术　vʌit⁵⁵pɔ³¹

打针　ʃet⁵⁵pa³¹n̩eʔ⁵⁵
　　　刺　针

---

① 俗称"马鹿癣"。

输液	thuk³³ʔom³¹pa³¹n̩e̯ʔ⁵⁵⁻³¹ʔɑn⁵¹	十七	ma³¹kit⁵⁵nthil⁵¹
吊	输液针	十八	ma³¹kit⁵⁵ma³¹pha³¹thaʔ⁵⁵
		十九	ma³¹kit⁵⁵ma³¹ŋom³¹

十三　数量、度量衡

一	ʔa³¹mo³¹	二十	ka³¹ʔa³¹kit⁵⁵
	nvŋ³³（傣）	二十一	ka³¹ʔa³¹kit⁵⁵ʔa³¹mo³¹
二	ka³¹ʔa³¹	三十	ka³¹ʔɔi³¹kit⁵⁵
	θɔŋ³³（傣）	四十	ʔa³¹phon³¹kit⁵⁵
三	ka³¹ʔɔi³¹	五十	pa³¹θan³⁵kit⁵⁵
	θam³³（傣）	六十	nthɔl³¹kit⁵⁵
四	ʔa³¹phon³¹	七十	nthil⁵¹kit⁵⁵
	θi³⁵（傣）	八十	ma³¹pha³¹thaʔ⁵⁵kit⁵⁵
五	pa³¹θan³⁵	九十	ma³¹ŋom³¹kit⁵⁵
	haʔ³¹（傣）	一百	ma³¹pa³¹ʃiʔ⁵⁵
六	nthɔl³¹	零	pai⁵⁵
	xuok⁵⁵（傣）	一百零一	ma³¹pa³¹ʃiʔ⁵⁵pai⁵⁵ʔa³¹mo³¹
七	nthil⁵¹	千	nʃvŋ⁵¹
	tʃet⁵⁵（傣）	三千零五十	
八	ma³¹pha³¹thaʔ⁵⁵		ka³¹ʔɔi³¹nʃvŋ⁵¹pai⁵⁵pa³¹θan³⁵kit⁵⁵
	piet³⁵（傣）	第一	tal³¹ʔa³¹mo³¹
九	ma³¹ŋom³¹	第二	tal³¹ka³¹ʔa³¹
	kau³¹（傣）	第三	tal³¹ka³¹ʔɔi³¹
十	ma³¹kit⁵⁵	（四）倍	（ʔa³¹phon³¹）nthiʔ⁵⁵
	θip⁵⁵（傣）	（三）成	（ka³¹ʔa³¹）nthiʔ⁵⁵
十一	ma³¹kit⁵⁵ʔa³¹mo³¹	多数	tvŋ³¹phɑŋ⁵¹
十二	ma³¹kit⁵⁵ka³¹ʔa³¹	少数	tvŋ³¹kot³¹
十三	ma³¹kit⁵⁵ka³¹ʔɔi³¹	一半	ma³¹ khvŋ³³
十四	ma³¹kit⁵⁵ʔa³¹phon³¹	一些	pa³¹klak⁵⁵
十五	ma³¹kit⁵⁵pa³¹θan³⁵	其他	pa³¹klak⁵⁵
十六	ma³¹kit⁵⁵nthɔl³¹	所有	tvŋ³¹pʌk⁵⁵
			tvŋ³¹nu⁵¹

最少	kot³¹tʌk³¹
最多	phɑŋ⁵¹tʌk³¹
一点	npiet⁵⁵
一庹	ma³¹ thap⁵⁵

十四　人称、指代、疑问

我	ʔɔʔ⁵⁵
我的（钱）	(nm̥ul⁵¹⁻³¹) ʔɔʔ⁵⁵
	钱　　　我
咱俩	ʔai⁵¹（包括式）
我俩	jau⁵¹（排除式))
咱们	ʔeʔ⁵⁵（包括式）
我们	ʔieʔ⁵⁵（排除式）
你	meʔ⁵⁵
你俩	phau⁵¹
你们	phieʔ⁵⁵
他	ʔɤn⁵¹
他俩	kau⁵¹
他们	keʔ⁵⁵
别人	ʔiʔ⁵⁵（同"人"）
这	ʔa³¹ʔe⁵¹
那	ʔa³¹haʔ⁵⁵
这里	nneʔ⁵¹
那里	nn̥aʔ⁵⁵
谁	ʔa³¹mɔʔ³¹
	ʔa³¹mɔʔ⁵⁵（无论谁）
什么	θa³¹mɔʔ³¹
	θa³¹mɔʔ⁵⁵（无论什么）
哪里	təl³¹mɔʔ³¹
	təl³¹mɔʔ⁵⁵（无论哪里）

何时	jam⁵¹⁻³¹mɔʔ³¹
	jam⁵¹⁻³¹mɔʔ⁵⁵（无论何时）
怎么	tʃi⁵⁵tʃɤ³¹mɔʔ³¹
多少	pəl³¹mɔʔ³¹
为什么	ɣɤʔ⁵⁵tʃɤ³¹mɔʔ³¹
多久	men⁵¹mɔk³¹mɔʔ³¹

十五　性状

红	ʃɣiŋ⁵¹
浅红	ʃɣiŋ⁵¹phə³⁵lə³⁵
黄	θɣuŋ³¹
浅黄	θɣuŋ³¹phə³⁵lə³⁵
红黄	ʃɣiŋ⁵¹⁻³¹θɣuŋ³¹
黑	laŋ⁵¹
白	paiŋ³¹
蓝	hlən³¹
浅蓝	hlən³¹phə³⁵lə³⁵
绿	tʃa³¹ŋal³¹
紫	laŋ⁵¹⁻³¹loʔ⁵⁵
灰	ʃa³¹phul³¹
花色	kan³⁵
大	ʔɑn⁵¹
	nteiŋ³¹
小	tek⁵⁵
多	phɑŋ⁵¹
少	kot¹¹
高	leŋ³¹
矮	tiɛn³¹
长	lan³¹
短	tot³¹

厚	θət⁵⁵	凸	phum⁵¹（同"鼓"）
薄	liea³¹	凹凸不平	ʔɤk⁵⁵lʌk⁵⁵ʔak⁵⁵lak⁵⁵
粗	ʔɑn⁵¹（同"大"）	坑坑洼洼	phum⁵⁵phum⁵⁵phie⁵⁵phie⁵⁵
	nteiŋ³¹	深	nkuʔ³³
细	liep³³	浅	ka³¹tiel³¹
	tek⁵⁵（同"小"）	软	mɑk⁵⁵
碎	nkhai⁵¹	软绵绵	mɑk⁵⁵pliek³¹
轻	ka³¹θeŋ³¹	硬	khau⁵¹
重	ntʃɛn⁵¹	硬邦邦	khau⁵¹ka³¹liŋ⁵⁵
宽	vau⁵¹	（木头）泡	θa³¹ʔu⁵¹
窄	khɔp³¹	脆	θa³¹ʔɔt³¹
远	nŋai³¹	脆生	θa³¹ʔɔt³¹θa³¹ʔu⁵¹
近	nteʔ⁵⁵	正	tɤŋ³¹thuɔʔ⁵⁵
方	lem⁵⁵	反	tɤŋ³¹θa³¹plak³¹
圆	ʔmal⁵¹	紧	ɤit⁵⁵
扁	thep³³	松	nthua³¹
满	nok³¹	密	ɲet⁵⁵
鼓	phum⁵¹	密密麻麻	ɲet⁵⁵main³¹miŋ⁵⁵leʔ⁵⁵
空	θa³¹ʔuŋ³¹	稀疏	tʃiau³¹
瘪	thep³³（同"扁"）	糯/黏	ɲʌk⁵⁵
平	θa³¹mɤ⁵¹	新	tha³¹mieʔ⁵⁵
滑	khliet³¹	旧	phɤim⁵¹
滑溜溜	khliet³¹la³¹miet⁵⁵	半新旧	m̥ʌŋ⁵¹
平滑	θa³¹mɤ⁵¹khliet³¹	破烂	phʌt⁵⁵
皱	nput³¹		phʌt⁵⁵lu⁵¹
陡	ka³¹ʔaŋ³¹		phʌt⁵⁵jat⁵⁵
陡峭	ka³¹ʔaŋ³¹xɤŋ³³	破破烂烂	phʌt⁵⁵lu⁵¹phʌt⁵⁵jat⁵⁵
直	ɤu⁵¹		phʌt⁵⁵jat⁵⁵phʌt⁵⁵lu⁵¹
弯	khɑk⁵⁵	腐烂	puk⁵⁵laik³¹
凹	θa³¹klu⁵¹	腐　化	

酸	θa³¹ʔau³¹	脏	nlʌm⁵¹nliem³¹
甜	nÌŠaŋ³¹		θa³¹plaʔ⁵⁵θa³¹pləa⁵¹
甜蜜蜜	nÌŠaŋ³¹ʔiu³¹leʔ⁵⁵	整洁	khiem³¹thɔ³¹
苦	ʃaŋ⁵¹	杂乱	phiŋ³¹liŋ⁵¹phaŋ³¹laŋ³¹
涩口	ʃik⁵⁵	牢固	pʌm⁵¹
辣	phɣiʔ⁵⁵ (plik⁵⁵)	亮	pat³¹
	辣　　辣椒	亮晶晶	pat³¹θai⁵¹
麻	pa³¹θai⁵¹	暗	θa³¹vek⁵⁵
咸	lo⁵¹⁻³¹ (pluʔ⁵⁵)	够	khap⁵⁵
	咸　　盐	尖	phek⁵⁵
（口感）粉	muk³³	锐	lʌp⁵⁵
香	hɔm⁵¹	尖锐/锋利	phek⁵⁵lʌp⁵⁵
臭	ʔui⁵¹	干	θa³¹ʔɔiŋ³¹
烂臭	ʔui⁵¹puk⁵⁵	湿	mek⁵⁵
	臭　　腐	忙	kaŋ³³
馊	ʔui⁵¹la³¹ʔam³¹	闲	tha³¹jat³³
	臭　　馊	早	tʃau³¹
臭熏熏	ʔui⁵¹puk⁵⁵⁻³¹ʃaŋ⁵¹leʔ⁵⁵	晚	puɔ³¹/hla³¹
（吃）撑/胀	kɑŋ⁵¹ (ka³¹tu⁵¹)	迟	lɣʔ⁵⁵
	撑　　肚子	久	men⁵¹
饱	khap⁵⁵（同"够"）	好	jɔŋ³¹
饿	ʃum⁵¹ɣaiŋ³¹ (ʔup⁵⁵)	对	miɛn³³
	饿　　饭	错	θɔ³⁵（汉）
渴	θa³¹ʔɔiŋ³¹ (lul⁵¹)	（颜色）淡	phə³⁵lə³⁵
	干　　脖子	（盐）淡	θɣŋ³¹tʃaŋ⁵¹
快	vai⁵¹		（同"清澈"）
慢	nan³¹	（食物）软烂	kham⁵¹
清澈	θɣŋ³¹tʃaŋ⁵¹	（粥）稀	θɣŋ³¹tʃaŋ⁵¹
混浊	nŋua³¹		（同"清澈"）
干净	mot⁵⁵θai⁵¹	（粥）稠	lʌk³¹thəʌk⁵⁵

（饭）生	nɲim⁵¹	（土）疏松	θɤŋ³¹khɔit³¹
（饭）熟	ʃin⁵¹	（土）板结	khau⁵¹（同"硬"）
（果实）熟	ntum⁵¹		ȵʌk⁵⁵（同"黏"）
（果实）生	nŋɑk⁵⁵	蔫	ʃa³¹vɔt³¹
嫩	mɑk⁵⁵	困难	jak³³
白嫩	paiŋ³¹mɑk⁵⁵	容易	ja³¹
冷	kiet³¹	聪明	hiŋ⁵¹
	khat⁵⁵ka³¹viɛm⁵¹	愚蠢	ȵʌm⁵¹
热	θa³¹ʔʌm⁵¹/θa³¹klal³¹	勤快	xet⁵⁵
烫	kat⁵⁵	懒惰	kɤan³¹
年老	θa³¹than⁵¹	小气	ŋek⁵⁵
年轻	mɑk⁵⁵（同"软"/"嫩"）	多嘴多舌	phaŋ⁵¹ntuiŋ⁵¹
年少	tek⁵⁵（同"小"）	多　嘴	
漂亮/俊	nnam⁵¹	（山）秃	tak³¹
胖	khləiŋ⁵¹	（头）秃	pliŋ⁵¹
胖墩墩	khləiŋ⁵¹⁻³¹muʔ⁵⁵tuʔ⁵⁵leʔ⁵⁵	（头发）癞	tʃiau³¹（同"稀疏"）
	khləiŋ⁵¹ʔa³¹ʔuit³¹leʔ⁵⁵	裸	thəl³¹məl³¹
瘦	kɔm³¹	合适	miɛn³³（同"对"）
强壮	xɤk⁵⁵ŋa⁵¹	便宜	thuɔʔ⁵⁵
瘦弱	kɔi³¹	贵	ŋɔt³¹
贫穷	phʌt⁵⁵ɤai³¹	好吃	jɔŋ³¹khai³¹
富裕	ȵet³¹	好听	jɔŋ³¹nɲaŋ⁵¹
	ka³¹maŋ³¹	好看	jɔŋ³¹lɔm³¹
	ka³¹maŋ³¹khoi³¹	好闻	jɔŋ³¹hut³¹
	富　有	好玩	jɔŋ³¹ʔiau³⁵
醉	nmɔŋ³¹	好喝	jɔŋ³¹theiŋ⁵¹
高兴	mieʔ⁵⁵mon³³		
难过	ŋuŋ³¹	**十六　动作、行为**	
累	mɔi³³	挨	nteʔ⁵⁵（同"近"）
疯癫	mo⁵¹	爱	kuʔ⁵⁵

按	n̠un⁵¹	编（辫子）	phan⁵¹
按摩	n̠un⁵¹ tɔit³¹	编（箩筐）	thain³¹
	按　捏	变成	phiɛn³¹ ɣɤʔ⁵⁵
凹陷	hlum⁵¹ khle⁵¹		变　是
	下陷　掉落	变化	phiɛn³¹ phol³¹
熬	tɑm⁵¹		变　开去
拔（草）	ɣuit⁵⁵	病	ʃuʔ⁵⁵khat⁵⁵
把（尿）	phap³¹ num⁵¹	播（种）	khle⁵¹
	抱　撒尿	簸	kum⁵¹
耙	thek³⁵	补（衣）	lop³¹
搬（家）	n̠ai³¹	擦（桌子）	θut⁵⁵
拌	klau⁵⁵	擦（火柴）	ʃa³¹kik⁵⁵
绊（石头）	ʃɤŋ³¹khok³¹	擦（药）	phɔk³¹
帮	tʃɔt³¹	猜	tai³¹
绑	pʌk⁵⁵	采（茶叶）	pen³¹
包	ka³¹/ʃa³¹kloit³¹	踩	tɔn³¹
剥（花生）	pha⁵¹	藏	pa³¹θɔk³¹
保护	lek³⁵tam⁵¹	插	θat⁵⁵
保密	ʔam⁵¹	插（秧）	pa³¹ʃʌm⁵¹⁻³¹ (khuŋ⁵¹)
报复	tɑp⁵⁵		栽　　田
抱	phap³¹	拆（房子）	ɣet³³
爆炸	pa³¹tat⁵⁵	搀扶	juŋ³¹
背（柴）	pʌt³³	缠绕	θa³¹viɛn³¹
背（娃娃）	pɔʔ³³	尝试	ʔem³¹
逼	tʃam⁵¹	尝（吃）	khai³¹ ʔem³¹
比赛	ʔiŋ³⁵ (poʔ⁵⁵te³¹)		吃　尝试
	助	唱	xui⁵¹
闭（嘴）	kap⁵⁵	吵架	lot³¹ poʔ⁵⁵te³¹
闭（眼睛）	jep⁵⁵		争吵　助
避开	tɤŋ³¹ʔeŋ³¹		ʔut⁵⁵ ta³¹ poʔ⁵⁵te³¹

	骂 介 相互	串山	ʔiau³⁵ (pɣiʔ⁵⁵)
炒	ntak³¹		玩 森林
扯	ɣɤt⁵⁵	串（姑娘）	ʔiau³⁵ (phən³¹phiaʔ⁵⁵)
沉	lup⁵⁵		玩 姑娘
称重	tɤŋ⁵¹	吹（乐器）	phuŋ⁵¹
撑（船）	ʃa³¹vat³¹	吹（灰）	phut³¹
成长	ʔɑn⁵¹（同"大"）	（风）吹	phut³¹
成熟	ntum⁵¹（同"熟"）	吹嘘	pap⁵⁵⁻³¹leŋ³¹khiŋ³¹nkuʔ³³
乘（凉）	pɤŋ⁵¹ (npɔm³¹)		说 高 挖 深
	躲 荫	刺	ʃet⁵⁵
盛（饭）	tʃak⁵⁵	凑（钱）	juŋ⁵¹
吃	khai³¹	催促	ʃu³¹
吃奶	puʔ⁵⁵	搓（绳子）	lai³¹lea⁵¹
舂（辣子）	tok³¹	搓洗	ɲil⁵¹ θɤŋ³¹thu⁵¹
舂（米）	thu³¹		搓 洗
充（气）	ʃam⁵¹	（用指尖）撮	ntʃun⁵¹
抽（水）	nmut³¹	撮（垃圾）	ʃɣok³¹
出	li⁵¹	锉	ʃak⁵⁵
出去	li⁵¹ phol³¹	（关节）错位	plai³¹
出来	li⁵¹ tɤŋ³¹ʔe⁵¹	（头）耷拉	nkum³¹
	出 这里	搭（棚）	pliŋ³¹（同"制作"）
出现	li⁵¹	搭（车）	lup⁵⁵（同"进入"）
锄（草/地）	mak⁵⁵（同"砍"）	答应	jet⁵⁵
揣	ʃam⁵¹	打	phɔ⁵¹
穿（衣）	θuʔ⁵⁵		tat³¹（打耳光）
穿（裤/裙）	tʌk⁵⁵		tʌp⁵⁵（用拳头打）
穿（鞋/袜）	ʃup⁵⁵	打耳光	tat³¹ʔɔ⁵¹tat³¹nɣeiŋ³¹
穿（针）	tʃat³¹		打 脸 打 鬓角
（声音）传	khɣl³¹ vaŋ³¹	打斗	phɔ⁵¹ (poʔ⁵⁵te³¹)
喘	tho⁵¹		打 相互

（牛）打架　tut⁵⁵ (poʔ⁵⁵te³¹)
　　　　顶　　相互

（狗）打架　kak⁵⁵ (poʔ⁵⁵te³¹)
　　　　咬　　相互

（鸡）打架　ko⁵¹ (poʔ⁵⁵te³¹)
　　　　啄　　相互

打赢　　phɔ⁵¹ pie³¹

打输　　phɔ⁵¹ kan³¹

打摆子　khat⁵⁵ ʔa³¹plɔ⁵¹

打赌　　ta³¹ (poʔ⁵⁵te³¹)
　　　　赌　　助

打盹儿　nɰ̊u⁵¹

打嗝　　ka³¹ʔʋk⁵⁵

打哈欠　nɰ̊ap³¹

打呼噜　θʋŋ³¹təa⁵¹

打喷嚏　nmat³³

打滚　　lai³¹lʌt³³

打扰　　ɣep³³

打雷　　kha³¹nʌm³¹ (puŋ⁵¹)
　　　　打雷　　　天

打闪电　pa³¹lek³¹ (puŋ⁵¹)
　　　　闪电　　　天

打蔫儿　ʃa³¹vɔt³¹

打（气）　ʃam⁵¹/tɔʔ⁵⁵
　　　　装　加

打（枪）　phəiŋ⁵¹

打（铁）　tham⁵¹

打猎　　ʔiau³⁵ pɣiʔ⁵⁵
　　　　（同"串山"）

打（柴）　kʌt³³

打扮　　ʔiɔŋ³¹

打（电话）　ta⁵¹（汉）

打（鼓）　fuɔn³¹

打（伞）　pup³¹

代替　　taŋ³³

带（钱）　nmaʔ⁵⁵

带（孩子）　leʔ³³（同"拿"）

戴　　　ʃup⁵⁵

戴（手表）　thʌm⁵¹

戴（耳坠）　thuk³³（同"吊"）

戴（耳钉）　ʃam⁵¹（同"装"）

戴（眼镜）　vak⁵⁵

戴（花）　khom³¹

当（家）　kam³¹

当（官）　ɣɣʔ⁵⁵（同"是"）

挡（路）　taʔ⁵⁵

倒下　　lɑk⁵⁵

倒（牙）　θa³¹ŋiŋ³¹

到达　　ɣuɔt³⁵

倒（垃圾）　thɑk⁵⁵ lɣŋ⁵¹
　　　　倒　　　丢

（脚）蹬　ntʌt⁵⁵（同"踢"）

蹬（自行车）　phai³¹

等　　　khlɔk³¹

澄清
　　　pʌk³³taŋ⁵¹ van⁵⁵ θɣŋ³¹tʃaŋ⁵¹
　　　澄　　助　　清澈

瞪（眼）　ʃɣŋ³¹lein³¹

滴　　　θɣŋ³¹tʃɔt³¹ khle⁵¹
　　　　滴　　　掉落

地震	khɤʔ⁵⁵ ka³¹theʔ⁵⁵	动	khɤʔ⁵⁵
	动　地	抖	pha³¹khɤa⁵¹
掂（重）	tup³⁵ ʔem³¹	逗	ŋau³¹
	掂　试	堵（窟窿）	pit⁵⁵
颠倒	θa³¹pɤɤŋ⁵¹	赌	ta³¹
点（头）	ŋak⁵⁵	渡（河）	taŋ³¹
点（火）	thɔk³¹	端（盘子）	thuŋ³¹ ʔiuŋ³¹
点（灯）	thuŋ⁵¹	（绳）断	phʌt⁵⁵
点（烟）	klap³¹	（树）断	phʌk⁵⁵
点（名）	tʃi³¹	堆（柴）	puɔʔ⁵⁵
踮（脚）	thɔl³¹ɲɔl³¹	堆（草）	nthom³¹
垫	θep³¹	蹲	ʔot³¹ tʃon³¹
叼	pam⁵¹	炖	tɑm⁵¹（同"熬"）
凋谢	ŋam⁵¹	躲闪	tɤŋ³¹ʔeŋ³¹
吊	thuk³³	躲藏	pa³¹θɔk³¹（同"藏"）
钓	miet⁵⁵	剁（肉）	ŋait³¹
掉落	khle⁵¹	跺（脚）	ntən⁵¹
掉（丢失）	xai⁵¹	恶心	ʔok³¹nok³¹
跌倒	lɑk⁵⁵	耳鸣	jam³¹ʃok³¹
叠（被子）	ma³¹liep⁵⁵		哭　耳
叮咬	kak⁵⁵	耳语	pha³¹θek³¹ (poʔ⁵⁵te³¹)
叮蜇	θuit⁵⁵		助
（牛）顶	tut⁵⁵	发霉	ʔaŋ⁵¹
（头）顶	pup³¹	发气	fuŋ³¹ la³¹lui⁵¹
钉（钉子）	khʌm⁵¹	发炎	ma³¹ɤau³³
钉（纽扣）	ʃam⁵¹（同"装"）	罚款	piait³¹
订婚	tiŋ³⁵ khek³⁵	翻	θa³¹plak³¹
	jiŋ³⁵ khek³⁵	翻晒	θa³¹plak³¹ lam³¹
丢（扔掉）	lɤŋ⁵¹	翻找	θa³¹plak³¹ pan⁵¹
懂	ʃa³¹ʔel³¹	反刍	pa³¹klai³¹ ɤuɔiŋ³¹

咀嚼	苦肠		玩	街

返回	ʔi³¹	感冒	puŋ³¹ ʔa³¹phɔ⁵¹
纺	θəa⁵¹	告诉	lai³⁵ va⁵¹
妨碍	ɣep³³	说　给	
放	plɔi³¹	割（胶）	kɔ⁵¹
放（牛）	ɣoʔ⁵⁵（同"养"）	割（草）	ɣet³¹
放（盐）	ʃam⁵¹（同"装"）	给	va⁵¹
放屁	θʌm⁵¹	跟随	tʃɔm³¹
飞	phəa⁵¹	哽噎	tʌt³¹ (lul⁵¹)
	phəa⁵¹⁻³¹ leŋ³¹	噎　脖子	
	（"高飞"）	哽咽	θa³¹nʌk⁵⁵⁻³¹ jam³¹
	phəa⁵¹⁻³¹ tiɛn³¹	哽　哭	
	（"低飞"）	（猪）拱	tua³¹
沸腾	put⁵⁵	钩	vak⁵⁵
分（东西）	nmiŋ³¹	箍	θa³¹viɛn³¹
粉刷	phɔk³¹	鼓（嘴）	pu³¹lu³¹
缝	klua³¹	鼓（掌）	phɔ⁵¹（同"打"）
孵	ʔɑm⁵¹	刮（胡须）	khut⁵⁵
敷（药）	kɔp³¹	刮（痧）	kuat³¹ (θa³⁵)
服（药）	khai³¹（同"吃"）	刮风下雨	ʃa³¹leʔ⁵⁵ θoʔ⁵⁵
浮	thəi³¹	雨　风	
俯冲	ʃa³¹pluŋ⁵¹ khle⁵¹	挂	thuk³³（同"吊"）
	俯冲　掉落	关（门）	nʃaŋ⁵¹
腐烂	puk⁵⁵ laik³¹	关（灯）	phiet⁵⁵
	烂　化	关（牛）	pa³¹kɣaŋ⁵¹
盖	kɑp⁵⁵	关（监狱）	pa³¹kɣaŋ⁵¹
盖（被子）	khum⁵¹	灌溉	ʃam³¹ (ʔom³¹)
盖（房子）	pliŋ³¹（同"制作"）	装　水	
赶（马）	vaʔ⁵⁵	跪	khip³¹ (kuŋ³¹)
赶（集）	ʔiau³⁵ (khlat³¹)	跪　膝盖	

滚	khɣl³¹məl⁵¹	后　　　走	
裹（烟）	nphau⁵¹	呼吸	tho⁵¹
裹（腿）	θa³¹viɛn³¹	糊抹	phɔk³¹
过年	khai³¹ȵɛn³¹	划拳	khua³¹tɕhɛn³¹（汉）
	吃　　年	滑跤	plat³³ lɑk⁵⁵
过（桥）	ɣɔ⁵¹	滑　倒	
过（河）	taŋ³¹	滑坡	θɣuk⁵⁵
（经）过	taŋ³¹	（油）化	laik³¹
害羞	kan³¹	画	pɔt³¹
鼾睡	ʔiet³¹tʃum³³	怀疑	hʌm⁵¹
含	pum⁵¹	怀孕	ma³¹ʔiaŋ³¹
含苞	muit⁵⁵	还（钱）	viet³¹
喊	ŋiŋ³¹	换（衣）	phiɛn³¹
夯	θɣŋ³¹thɣŋ⁵¹	唤（牛）	ŋiŋ³¹（同"喊"）
薅（田）	mak⁵⁵(nal⁵¹⁻³¹khuŋ⁵¹)	回来/回去	ʔi³¹
	砍　田草	回（头）	khɣi³¹ʔuai³¹
号（地）	nmai³¹（同"记号"）	回忆	nthem³¹（同"想"）
号（脉）	phep³¹（同"摸"）	（水）回落	hlan³⁵ khle⁵¹ tek⁵⁵
耗（油）	plɣŋ³¹		回　掉落　小
耗（时）	tho³³	回响	khɣl³¹vaŋ³¹ vʌt⁵⁵
喝（水/酒）	theiŋ⁵¹		传　　倒回
喝（汤）	khep³¹	回潮	la³¹ʔɣt⁵⁵
（天）黑	θa³¹vek⁵⁵	毁坏	tʃiʔ⁵⁵ lu³¹
恨	la³¹lui⁵¹		做　坏
烘烤	pɣak⁵⁵	会	tʃaŋ³³
哄骗	tʃuʔ⁵⁵	昏厥	pil⁵¹ tɣŋ³¹ʔiʔ⁵⁵
吼	ma³¹ɣet³¹	混合	klau⁵⁵ lup⁵⁵ ma³¹ti³³
后悔	mai³¹ tɣŋ³¹kan⁵¹		搅　进　一起
	悔　后	活着	ʔim⁵¹ ʔot³¹
后退	tɣŋ³¹kan⁵¹ ɣɣ³¹		活　在

活埋	tha³¹phuŋ⁵¹ ʔim⁵¹	监视	puɔŋ³¹muŋ³¹
	埋　　　活	煎	ntak³¹
活捉	ȵap³¹ ʔim⁵¹	捡	ʃip⁵⁵
	拿捏 活	捡起来	ʃip⁵⁵ θa³¹
积攒	ʔun⁵¹（同"留"）		捡　上
嫉妒	khiel⁵¹	捡到	ʃip⁵⁵ pen³¹
挤（紧挨）	tit⁵⁵ (ta³¹ poʔ⁵⁵te³¹)		捡　得
	挤 介 相互	减少	kot³¹（同"少"）
挤（牙膏）	phiet³¹	剪	kʌt⁵⁵
计算	tʃat⁵⁵	讲（故事）	lai³⁵
	tʃat⁵⁵ θuan³⁵（昆+汉）	讲道理	lai³⁵ θa³¹ɣɤʔ⁵⁵
	数　　算		说　是处
记	tʃɤ³⁵	讲话	pap⁵⁵⁻³¹ lai³⁵
记住	tʃɤ³⁵ pen³¹	（温度）降	kot³¹（同"少"）
	记　得	（飞机）降	khle⁵¹（同"掉落"）
记得	tʃɤ³⁵ ʔot³¹	交（公粮）	ʃam⁵¹（同"装"）
	记　在	交界	mua³¹（同"地界"）
系	pʌk⁵⁵	（路）交汇	ɣop³¹ (poʔ⁵⁵te³¹)
继续做	tʃiʔ⁵⁵ tɔʔ⁵⁵		交汇　助
	做　添	交换	θau⁵¹⁻³¹ (poʔ⁵⁵te³¹)
寄（信）	thun³¹（同"送"）		交换　　助
（病）加重	ntʃɛn⁵¹ phol³¹		phiɛn³¹ (poʔ⁵⁵te³¹)
	重　开去		换　　助
	n̥ak⁵⁵ phol³¹	交谈	lai³⁵ (poʔ⁵⁵te³¹)
（腋下）夹	kiem⁵¹		说　助
（火钳）夹	nnop³¹	交配	xɤn³⁵ (poʔ⁵⁵te³¹)
（螃蟹）夹	nniep³¹		交配　助
夹（菜）	pot³¹	（人）交媾	hiet³¹ (poʔ⁵⁵te³¹)
假装	xɣaŋ³¹		性交　助
	假装		tʃiʔ⁵⁵ (poʔ⁵⁵te³¹)

	干　助
浇（水）	lok^{31}
浇灭	lok^{31} jet^{55}
教	θɔn^{51}
嚼	pam^{31}
搅拌	klau^{55}
（公鸡）叫	khɔk^{31}
（母鸡）叫	ka^{31}tat^{35}
（狗）叫	khual^{31}
（猫/虎）叫	jam^{31}（同“哭”）
（马）叫	ŋiŋ^{31}（同“喊”）
（水牛）叫	ŋɑi^{31}
（黄牛）叫	npɑ^{51}
（猪）叫	xɣak^{31}（同“呻吟”）
（象）叫	klil^{31}/ŋia^{51}
（树）结果	phleʔ^{55}
结巴	pap$^{55-31}$ klɤt^{55}
	说　结巴
接（线）	tha^{31}thut^{55}
接（人）	ɣap^{33}
接（种）	ʃam^{31} (ɣaŋ^{31})
	装　花
揭开（盖子）	pho^{51}
节约	θɤŋ^{31}liŋ^{31}
结婚	khai^{31} khek^{35}
解开	khea^{51}
解毒	ke^{31} ʔʌm^{51}
借进	ɣam^{51}
借出	va^{51} ɣam^{51}
	给　借

进	lup^{55}
进进出出	lup^{55}lup^{55}li^{51}li^{51}
惊吓	tut^{55}ʃa^{31}lɑn^{51}
揪（耳朵）	jen^{31}
揪（痧）	ʔɤa^{51}
救	leʔ^{33}（同“拿”）
居住	ʔot^{31}（同“在”）
举	ȵɔ^{31}
举起来	ȵɔ^{31} θa^{31}
	举　上
锯	ɣɤt^{55}（同“扯”）
卷（衣袖）	tha^{31}phɑn^{51}
噘（嘴）	ʧok^{33}muit^{31}
开（门）	ʃa^{31}ta^{51}
（花）开	phʌi^{51}
开（枪）	phəiŋ^{51}
开（车）	phat^{33}
开始做	taŋ^{31}ʧup^{33} ʧiʔ^{55}
	开始　做
开会	puɔm^{31}
揩	θut^{55}
看（家）	khlɔk^{31}（同“等”）
看	muŋ^{31}
看见	lɔm^{31}
砍	mak^{55}
扛	lam^{51}
烤（火）	khau^{31}
烤（干巴）	pɣak^{55}
烤（酒）	kuit^{55}（同“烧”）
	pa^{31}θɣuŋ^{31}

（倚）靠	ʃa³¹nek³¹	拉（二胡）	θe³¹
靠（山）	juŋ³⁵	落下	tʌit⁵⁵
靠近	nteʔ⁵⁵	来	lat⁵⁵
瞌睡	ʃʌm³¹ ʔiet³¹	拦	taʔ⁵⁵
	想　　睡	浪费	ʃom³¹ʃam³¹
咳嗽	khɔ⁵¹	（水里）捞	tʃoʔ⁵⁵
刻	kuat⁵⁵ pliŋ³¹	烙（毛）	θa³¹vel³¹
	刻　　制做	勒	pʌk⁵⁵ θa³¹kuɔt³¹
嗑（瓜子）	kak⁵⁵（同"咬"）		捆　　勒
啃（骨头）	kuɔn³¹	垒	xuɔn³¹
恐吓	hlɔk³⁵	累	mɔi³³
抠（耳屎）	kuat⁵⁵	冷落	ka³¹tʃoʔ⁵⁵
抠（泥鳅）	kuat⁵⁵	离婚	ɣaŋ³¹ (poʔ⁵⁵te³¹)
抠（头垢）	kit⁵⁵		离婚　助
抠（痒）	kit⁵⁵	犁	thai⁵¹
叩头作揖	nkum³¹ nthɔk³¹	炼（油）	ntak³¹（同"炒"）
	叩　　头	（灯）亮	pat³¹
	ȵɔ³¹ thiʔ⁵⁵	（天）亮	(pɣiʔ⁵⁵) pat³¹①
	举　　手		山林　亮
	xuɔ³¹ kha³¹na⁵¹	踉跄	ʃa³¹veŋ³¹
	求　　保佑	撩（头发）	tɑp³³
扣（纽扣）	ʃam⁵¹（同"装"）	咧嘴	nɣiŋ⁵¹
哭	jam³¹	裂口	pa³¹tat⁵⁵
垮	θɣuk⁵⁵	淋（雨）	ɣɑp⁵⁵
跨	pak³¹ʔak³¹	领（路）	ʔua³¹ ɣɣ³¹
跨过	pak³¹ʔak³¹ taŋ³¹		领　　走
亏（钱）	ʃom³¹		pʌt³³ ɣɣ³¹
捆	pʌk⁵⁵		背　　走
拉	khu⁵¹		
拉屎	ʔiŋ⁵¹		

① 不说puŋ⁵¹ pat³¹。

领头做	pʌt³³ tʃiʔ⁵⁵	蒙（耳朵）	tɔp³¹
	背　做	（做）梦	ka³¹meʔ⁵⁵
领养	ʃip⁵⁵ ɣoʔ⁵⁵	梦见	ka³¹meʔ⁵⁵ lɔm³¹
	捡　养	（雾）弥漫	ʃup⁵⁵
留（种）	ʔun⁵¹	迷（路）	faŋ⁵¹ (tɤŋ³¹ɣuɔŋ³¹)
流	lɑŋ³¹	面对	ŋai³¹tɤŋ³¹ (poʔ⁵⁵te³¹)
流（口水）	li⁵¹（同"出"）		面对　　相互
流屎	ʔiŋ⁵¹⁻³¹ kɑn⁵¹	瞄（枪）	tʃam³¹
	拉屎　裤子	瞄准	tʃam³¹ yu⁵¹
流尿	num⁵¹⁻³¹ kɑn⁵¹		瞄　直
	撒尿　裤子	（熄）灭	jet⁵⁵
漏（雨）	ɣɔicʸ³¹	（浇）灭	lok³¹ van⁵¹⁻⁵⁵ jet⁵⁵
（数）漏	hluŋ⁵¹		浇　助　灭
抡（锤）	ŋɔ³¹（同"举"）	（扑）灭	phiet⁵⁵ van⁵¹⁻⁵⁵ jet⁵⁵
轮到	ɣuɔt³⁵（同"到达"）		关　助　灭
落	khle⁵¹	（吹）灭	phut³¹ van⁵¹ jet⁵⁵
（腿）麻	pa³¹θai⁵¹		吹　助　灭
麻烦	phlal³¹	抿（嘴）笑	mun³¹ nȵat³¹
骂	ʔut⁵⁵	摸	phep³¹
埋	tha³¹phun⁵¹	摸到	phep³¹ tʃap⁵⁵
买	θa³¹ˈvai⁵¹		phep³¹ puŋ³¹
卖	phʌt³³		phep³¹ pen³¹
满	nok³¹	摸黑走	nmiea⁵¹ ɣɤ³¹
满出来	nok³¹ pie⁵¹ phol³¹	模仿	ɣen⁵¹（同"学"）
	满　溢　开去	摩擦	lut³³lit⁵⁵
霉烂	ʔaŋ⁵¹ puk⁵⁵	磨	pat³¹（同"亮"）
	生霉 腐烂	磨（牙齿）	kien³¹
闷水	nam³⁵ ʔom³¹	抹	phɔk³¹
	闷　水	磨（米）	mɔ³⁵
蒙（眼睛）	taʔ⁵⁵/tɔp³¹	拿	leʔ³³

耐（旱）	kham³⁵	排队	ʔot³¹ van⁵¹ ɣɤʔ⁵⁵⁻³¹ thiea³¹
			在　　助　　是　　队
挠（痒）	kit⁵⁵	派	tiŋ³⁵/tʃam⁵¹
（肥肉）腻	hɑ³¹hia⁵¹	攀比	jiŋ³⁵ (poʔ⁵⁵te³¹)
撵（鸡）	xap³⁵		比　　相互
念（经）	nmo̥³¹		（同"比赛"）
酿（蜜）	ɣuŋ³¹	（蛇）盘	khaŋ³¹vaŋ⁵¹
尿床	num⁵¹⁻³¹ kun³¹	盘（头发）	tho⁵¹
	撒尿　　床	蹒跚	fuk³³ ɣɤ³¹
尿裤子	num⁵¹⁻³¹ kɑn⁵¹	跑	tʃop³¹
	撒尿　　裤子	泡	tʃe³¹
捏	tit³¹	泡（酸菜）	nmau³¹
拧（衣服）	piet³¹	泡（米）	tham³¹
拧（螺钉）	phai³¹ lup⁵⁵	陪伴	ple⁵¹
	拧转　进	赔	viet³¹（同"还"）
	phai³¹ li⁵¹	喷	phut³⁵
	拧转　出	膨胀	kɑŋ⁵¹
凝固	khot³¹	捧	tom³¹ɣom³¹
呕吐	θel³¹	碰见	puŋ³¹
趴	ʃɤŋ³¹khup⁵⁵	（车）碰撞	thu⁵⁵ (poʔ⁵⁵te³¹)
（母鸡）趴窝	ʔɑm⁵¹ nlɔŋ³¹		碰　　相互
	孵　　窝	（人）碰撞	ka³¹tam³¹ (ta³¹ poʔ⁵⁵te³¹)
扒（饭）	ʃa³¹kviet⁵⁵		紧挨　　介 相互
（鸡）扒土	ɣat³¹ pan⁵¹ khai³¹	（头）碰	thʌt⁵⁵
	扒　找　吃	披（衣）	kɑp⁵⁵
（人）爬	miea³¹	（射击）偏离	phiek³⁵
（蛇）爬行	ɣɤ³¹（同"走"）	骗	tʃuʔ⁵⁵
爬（树）	θa³¹（同"上"）	剽（牛）	thaŋ⁵¹
耙	khɤl³¹ta⁵¹	飘	khɤʔ⁵⁵（同"动"）
怕	lat³¹	撇（沫子）	θa³¹viŋ⁵¹
拍打	phɔ⁵¹（同"打"）		

泼	thɑk⁵⁵（同"倒"）	敲（门）	phɔ⁵¹（同 "打"）
破烂	phʌt⁵⁵	撬（石头）	kau³¹
破裂	pa³¹tat⁵⁵（裂缝）	切（菜）	θɔi⁵¹
	nka⁵¹（裂纹）	亲（娃娃）	puit⁵⁵
破（柴）	pu⁵¹	亲嘴	puit⁵⁵ (pɔʔ⁵⁵te³¹)
破（篾子）	pa⁵¹		亲　　相互
（狗）扑	xuɔm³¹ ɣɤp³³ kak⁵⁵	倾斜	tɤŋ³¹ʔeŋ³¹
	追　　扑　咬	求	xuɔ³¹
铺（床单）	tam⁵¹	去	ɣɤ³¹（水平向）
漆	phɔk³¹（同 "抹"）		（同"走"）
骑	pak⁵⁵		li⁵¹（高低向）
起（钉子）	tho⁵¹		（同"下"）
起床	ɣɣi⁵¹		θa³¹（低高向）
砌	kɔ³⁵		（同"上"）
掐	ʃek⁵⁵	取（名）	pa³¹ʃʌm⁵¹（同"栽"）
卡（脖子）	ʃek⁵⁵	蜷缩	khɑl³¹vɑl⁵¹
牵（手）	ɲap³¹	劝	ham³¹
牵（牛）	khu⁵¹（同拉）	瘸	the⁵¹/ka³¹ʃeʔ³³
牵起来	tʃek⁵⁵ van⁵¹ tʃəa⁵¹	燃	kɣa⁵¹
	牵　助　站	（吹）燃	phut³¹ van⁵¹ kɣa⁵¹
潜泳	θum⁵¹ nam³⁵ ʔom³¹		吹　助　燃
	游泳 潜　水	（点）燃	thuŋ⁵¹⁻³¹ van⁵¹ kɣa⁵¹
欠	ʔot³¹ ɣam⁵¹		点　助　燃
	在　借		thɔk³¹ van⁵¹ kɣa⁵¹
枪毙	phiem⁵¹		点　助　燃
抢	ŋɔm³¹	染	tʃut⁵⁵
呛（饭）	θɣŋ³¹ ma³¹lak⁵⁵	让（路）	ʃɤŋ³¹ve⁵¹
呛（辣子）	mut⁵⁵	让开	jaɲ³⁵ phol³¹
跷（二郎腿）	θa³¹vak⁵⁵	让步	phol³¹
劁（母猪）	θiau³⁵	绕（道）	vea³¹

惹（狗）	ȵau³¹（同"逗"）	骗（雄性动物）	pi⁵¹/tɔn⁵¹
热（冷饭）	nnʌm⁵¹	骗（雌性动物）	θiau³⁵（同"劁"）
忍（憋住）	kɤt⁵⁵	商量	jɔŋ³¹ lai³⁵ (poʔ⁵⁵te³¹)
忍住	kɤt⁵⁵ pen³¹		好　说　助
忍不住	kɤt⁵⁵ pa³¹ pen³¹	上	θa³¹
认识	ʃa³¹ʔel³¹	上上下下	θa³¹θa³¹li⁵¹li⁵¹
扔	lɤŋ⁵¹		li⁵¹li⁵¹θa³¹θa³¹
揉	ȵil⁵¹	上（瘾）	tʃap⁵⁵⁻³¹ (khɤn⁵¹)
揉捏	ȵil⁵¹ tɔit³¹		tʃap⁵⁵⁻³¹ (jin⁵¹)
揉揉捏捏	ȵil⁵¹ȵil⁵¹tɔit³¹tɔit³¹	烧	kuit⁵⁵
蠕动	ka³¹vek⁵⁵	烧（开水）	tɑm⁵¹（同"熬"）
撒（网）	ɣɤp⁵⁵	赊（钱）	ɣam⁵¹ ʔun⁵¹
撒谎	tʃuʔ⁵⁵（同"欺骗"）		借　留
	ʔop³¹（说大话）	折秤	khle⁵¹
撒尿	num⁵¹	射（箭）	phəiŋ⁵¹（同"打枪"）
洒	lok³¹（同"浇"）	渗	tʃʌm³¹ lup⁵⁵
撒（种）	ʔuan³⁵		渗　进
撒（饭）	pəa⁵¹	伸（手）	jɑi⁵¹
塞（洞）	pit⁵⁵	伸（舌头）	liel⁵¹
（鞋带）散	θɤŋ³¹lut⁵⁵	伸腰	phəl³¹ȵat³¹
扫	ʔɔk³¹		phəl³¹ȵat³¹phəl³¹tek⁵⁵
杀（人）	phiem⁵¹（同"枪毙"）	伸腰打哈欠	phəl³¹ȵat³¹ nȵap³¹
杀（猪）	thaŋ⁵¹	呻吟	xɣak³¹（同"猪叫"）
筛（米）	xɤŋ³¹	升（旗）	ȵɔ³¹ van⁵⁵ leŋ³¹
晒（衣服）	lam³¹		举　助　高
晒（太阳）	lam³¹ (ɣɑŋ⁵¹)	（袅袅）升起	tʃən³¹ tʃən³¹ θa³¹
（太阳）晒	thap³¹		袅绕 袅绕 上
扇	vat⁵⁵	生病	ʃuʔ⁵⁵khat⁵⁵
（光）闪	pat³¹ jet⁵⁵	生疮	ʔat⁵⁵
	亮　熄	生霉	ʔaŋ⁵¹

生（锈）	tʃap⁵⁵	刷（墙）	phɔk³¹
生（虫）	tʃap⁵⁵	摔倒	lɑk⁵⁵
生（火）	phut³¹（同"吹"）	闩	khiel⁵¹
生（孩子）	khoi³¹（同"有"）	拴	pʌk⁵⁵
生气	la³¹lui⁵¹	睡	ʔiet³¹
生长	ʔɑn⁵¹（同"大"）	睡着	ʔiet³¹ pil⁵¹
省（钱）	θɤŋ³¹liŋ³¹		睡　忘记
省吃俭用	θɤŋ³¹liŋ³¹khai³¹	说	lai³⁵
	θɤŋ³¹liŋ³¹nʌm⁵¹		pap⁵⁵
胜/赢	pie³¹		pap⁵⁵ lai³⁵
（饭）剩下	hlɤ⁵¹ ʔot³¹	说明	lai³⁵ khiem³¹
	剩　在		说　清楚
施（肥）	ʃam⁵¹（同"装"）	撕	ʃet³¹
使劲	pha³¹khat⁵⁵	死	jam⁵¹
是	ɣɤʔ⁵⁵	松开	plɔi³¹
收（衣服）	khɔ⁵⁵	耸（肩）	θa³¹kɣɤt⁵⁵
收缩	hot⁵⁵	送给	thun⁵¹⁻³¹ va⁵¹
守（家）	khlɔk³¹（同"等"）	唆使	tʃam⁵¹（同"派"）
梳	n̥at³¹	缩回	hot⁵⁵ vʌt⁵⁵
疏通	ɣait³¹ θɣuŋ⁵¹	缩短	hot⁵⁵ tot³¹
	疏　　通	缩小	hot⁵⁵ tek⁵⁵
疏散（菜秧）		锁	ʃaŋ⁵¹（同"关"）
	ɣuit⁵⁵ nmiŋ³¹ van⁵¹ tʃiau³¹	（眉头）锁	tam³¹vet³¹
	拔　分　助　稀疏	塌方	θɣuk⁵⁵（同"垮"）
输	kan³¹	（走路）踏空	
数	tʃat⁵⁵		khle⁵¹ ɣuɔm³¹ɣuɔk³³
	θuan³⁵（汉）	抬	xɣam⁵¹
	tʃat⁵⁵ θuan³⁵	抬得起	xɣam⁵¹ pie³¹
竖起来	vi⁵¹ taŋ⁵¹		抬　胜
刷（牙）	θəi³¹（同"洗"）	抬不起	xɣam⁵¹ pa³¹ pie³¹

贪杯	phuŋ³¹ ntɔl³¹	填（沟）	thum⁵¹
	贪　酒	腆（肚子）	kɑŋ⁵¹（同"膨胀"）
瘫痪	hot⁵⁵ heu³⁵	舔	khliŋ⁵¹
谈话	pap⁵⁵ lai³⁵ poʔ⁵⁵te³¹	挑	lam⁵¹
	说　谈　助	调解	xɣaŋ³¹
（球）弹	phat⁵⁵ θa³¹	调戏	nuk³³ kviɛn³¹
	跳　上	挑（刺）	pi⁵¹
（指尖）弹	ntʌt⁵⁵（同"踢"）	挑拨	khɔi⁵¹
弹（棉花）	phat⁵⁵（同"跳"）	跳	phat⁵⁵
弹（弹弓）	phəiŋ⁵¹（同"射"）	（心）跳	ka³¹phʌt³³
躺	ʃa³¹lɤt³¹	（眼皮）跳	khɣʔ⁵⁵（同"动"）
	ʃa³¹lɤt³¹ θɤŋ³¹khup⁵⁵	跳舞	fuɔn³¹jein³⁵
	躺　俯	贴	tap³¹
	ʃa³¹lɤt³¹ tvŋ³¹phɣek³¹	听/听见	n̥aŋ⁵¹
	躺　侧向	（雨）停	ʔɤt³¹
烫（手）	kat⁵⁵	（车）停	ka³¹naŋ³¹
逃	tʃop³¹（同"跑"）	（走路）停	ka³¹naŋ³¹
淘（菜）	ʃaʔ⁵⁵	（做事）停	ʃən⁵¹
讨饭	xuɔ³¹ khai³¹	（水管）通	θɣuŋ⁵¹
	求　吃	（路）通	lɔt³³
套（牛）	phlup⁵⁵	通（风）	lɔt³³
剔（骨头）	θɑn⁵¹	通往	ɣuɔt³⁵（同"到达"）
剔（牙）	ʃut³³	通奸	n̥au³¹ (phən⁵¹⁻³¹ʔiʔ⁵⁵)
剔（指甲）	kuat⁵⁵		玩　老婆　人
踢	ntʌt⁵⁵		n̥au³¹ (khuiŋ⁵¹⁻³¹ʔiʔ⁵⁵)
提	n̥ɔ³¹（同"举"）		玩　男人　人
剃	kʌt⁵⁵（同"剪"）	同意	nʌm⁵¹（同"要"）
剃（胡须）	kuat³¹	（刀）捅	ʃet⁵⁵（同"刺"）
	khut⁵⁵	（肘）捅	thu⁵¹
添加	tɔʔ⁵⁵	偷	ma³¹ɣaʔ⁵⁵

偷听	ma³¹ɣaʔ⁵⁵ nn̊aŋ⁵¹		θa³¹vek⁵⁵（天黑）
	（故意）	往返	kʌm³¹ɣɤ³¹kʌm³¹ʔi³¹
	nɔm³¹ nn̊aŋ⁵¹（无意）		和　去　和　回
偷看	ma³¹ɣaʔ⁵⁵ muŋ³¹	忘记	pil⁵¹
偷嘴	ma³¹ɣaʔ⁵⁵ khai³¹	望	miek³¹
吐	piek⁵⁵	偎依	mip³¹
推	ʃu³¹	煨	tam⁵¹（同"熬"）
推倒	ʃu³¹ lak⁵⁵	围	kviet³⁵
蜕（皮）	θa³¹plo⁵¹	喂	va⁵¹（同"给"）
褪（色）	phʌt³⁵	喂奶	va⁵¹ puʔ⁵⁵
吞	pum⁵¹ nplet³¹		给　哺乳
	含　　吞	喂（鸡）	kuɔi³¹
（手）托	thuŋ³¹ʔiuŋ³¹（同"端"）	文（身）	θak⁵⁵
拖	khu⁵¹	闻	hut³¹
脱（衣）	phuit⁵⁵	闻到	hut³¹nn̊aŋ⁵¹
（头发）脱落	θɤŋ³¹ɣuit⁵⁵		闻　听
（马）驮	nta³¹	问	θa³¹vaŋ³¹
（背）驼	khɑl⁵¹	握（拳）	ɣit⁵⁵（同"紧"）
拓宽	kheiŋ³¹ van⁵⁵ vau⁵¹	握（笔/手）	ȵap³¹
	挖　　助　　宽	诬蔑	tuɔn³¹kha³¹mat³⁵
挖（土）	kok⁵⁵	捂（嘴）	tɔp³¹
挖（红薯）	kheiŋ³¹	误会	hluŋ⁵¹ θɔ³⁵
崴（脚）	θɤŋ³¹ȵuʔ⁵⁵	吸（气）	tho⁵¹
弯（腰）	nkum³¹	吸（水）	pum⁵¹（同"含"）
完	kɣl⁵¹	吸（烟）	thɔt³¹
玩耍	ʔiau³⁵	吸（大烟）	khai³¹（同"吃"）
玩（球/牌）	ȵau³¹（同"逗"）	吸吮	nθɣut³¹ theiŋ⁵¹
挽（手）	vak⁵⁵		吮吸　喝
（天）晚	puɔ³¹ (pɣiʔ⁵⁵)	洗（碗）	nnai³¹
	晚　山林	洗（衣）	θɤŋ³¹thu⁵¹

— 220 —

洗（手）	ʃaʔ⁵⁵	消失	xai⁵¹
洗（脚）	ʃaʔ⁵⁵	（肿）消	thep⁵⁵ xai⁵¹
洗（头）	ʃaʔ⁵⁵		瘊　消
洗（脸）	θəi³¹	笑	nn̩at³¹
洗澡	ʃaʔ⁵⁵⁻³¹ θum⁵¹	笑（死人）	n̩at³¹jam⁵¹n̩at³¹lak⁵⁵①
喜欢	kuʔ⁵⁵		笑　死　笑　倒
下（去）	li⁵¹	歇/休息	ʃən⁵¹
下（坡）	ləm⁵¹	写字	pɔk³¹
下（雨）	lat⁵⁵（同"来"）	写信	pliŋ³¹ pɔk³¹
下（雪）khle⁵¹（同"掉落"）			制作　字
下（露水）	θa³¹（同"上"）	醒	nŋai⁵¹
下（种）	pa³¹ʃʌm⁵¹	擤（鼻涕）	θəa⁵¹
下（旱谷）	ka³¹mɔl³¹	修（摩托）	xɣaŋ³¹
下（崽）	khoi³¹（同"有"）	修（路）	xɣaŋ³¹（补路）
下蛋	ntham⁵¹		kheiŋ³¹（建路）
衔	pam⁵¹（同"叼"）		（同"挖"）
（地）陷	θa³¹klat⁵⁵ hlum⁵¹	修（桥）	kai³⁵（建桥）
	沉　　陷	修（房）	pliŋ³¹（建房）
相爱	kuʔ⁵⁵ (poʔ⁵⁵te³¹)	羞	kan³¹
	喜欢　相互	朽	puk⁵⁵ laik³¹
相信	nn̩aŋ⁵¹（同"听"）		（同"腐烂"）
（雷）响	khat⁵⁵	蓄（胡须）	vaŋ³¹
想（问题）	nthem⁵¹	蓄（水）	tɣŋ³¹
想（念）	nthem⁵¹	蓄（种）	ʔun⁵¹（同"留"）
想（去）	ʃʌm³¹	（人）旋转	taŋ³¹vaŋ⁵¹
像	tʃap⁵⁵	（陀螺）旋转	vai⁵¹ nthɣŋ⁵¹
削	ʃuot³¹	选	lʌk³³
消毒	ke³¹ ʔʌm⁵¹		
	（同"解毒"）	① 指"很好笑"。	
消化	laik³¹（同"化"）		

学	ɣen⁵¹		游泳	lɔi³¹ ʔom³¹
学习	ɣen⁵¹⁻³¹ pɔk³¹			游　水
	学　　　字		有	khoi³¹
熏	pɣak⁵⁵		冤枉	vak⁵⁵
压	ɲun⁵¹（同"按"）		约会	pan⁵¹ (poʔ⁵⁵te³¹)
轧（棉花）	xit⁵⁵			找　相互
淹没	man⁵¹		晕倒	pɔk³¹ŋai³¹ lak⁵⁵
淹（死）	thom³¹			θa³¹vek³¹ ŋai³¹ lak⁵⁵
腌（菜）	nmau³¹			黑　　眼　倒
扬（谷）	vat⁵⁵（同"扇"）		允许	va⁵¹（同"给"）
养（猪）	ɣoʔ⁵⁵		晕（车）	mau³¹
痒	ŋaʔ⁵⁵		熨（衣服）	khip⁵⁵
摇（头）	ŋʌi⁵¹⁻³¹ŋʌi⁵¹①		呷（嘴）	npɣak⁵⁵
摇（尾巴）	phai³¹phət⁵⁵		砸	phɔ⁵¹（同"打"）
（树）摇动	khɣʔ⁵⁵（同"动"）		栽	pa³¹ʃʌm⁵¹
	khɣʔ⁵⁵ɣɣ³¹khɣʔ⁵⁵ʔi³¹		在（家）	ʔot³¹
	动　去　动　回		载	ʔot³¹②
咬	kak⁵⁵		凿（孔）	ʃɑk⁵⁵
舀（水）	pʌk³³		增加	tɔʔ⁵⁵
要（东西）	nʌm⁵¹		揸开（手指）jea³¹	
要（愿意）	ʃʌm³¹		（油）炸	ntak³¹（同"炒"）
溢	nok³¹ pie⁵¹		（炸药）炸	pa³¹tat⁵⁵（同"裂缝"）
	满　溢		（炸药）炸(石头)	
引（出来）	tʃuʔ⁵⁵（同"骗"）			kuit⁵⁵（同"烧"）
拥抱	phap³¹ poʔ⁵⁵te³¹		榨（油）	khip⁵⁵（同"熨"）
	抱　相互		（眼）眨	ka³¹liep⁵⁵
用	nʌm⁵¹（同"要"）			ka³¹liep⁵⁵ka³¹liep⁵⁵③
（鱼）游	pa³¹khɣiŋ³¹		摘（菜）	pen³¹（同"得到"）

---

① 常用重叠式。

② 同"在"，汉语谐音用法。
③ 常用重叠式。

摘（花）	ʃek³³	（伞）遮	pɤŋ⁵¹
摘（果）	khia³¹	遮挡	taʔ⁵⁵
择（菜）	pa³¹θa⁵¹	争抢	ŋɔm³¹
粘	thak⁵⁵	睁开（眼）	phlak³¹
摵（水）	thul⁵¹	蒸（红薯）	pa³¹θuŋ³¹
占（空间）	pie³¹（同"胜"）	挣（钱）	pan⁵¹（同"找"）
（抢）占	ŋɔm³¹（同"抢"）	知道	ʃa³¹ʔel³¹
站立	tʃʃa⁵¹	织（布）	thaiŋ³¹
站起来	θik³¹ tʃʃa⁵¹	指	ʃɤŋ³¹kul⁵¹
蘸	thul⁵¹（同"摵"）	制作	pliŋ³¹
张（嘴）	ʔaŋ³¹	治（病）	ʔia³¹
张开（手臂）	jea³¹	（脚）肿	pha³¹ʔat⁵⁵
涨（洪水）	tʃa³¹lun⁵¹	（衣服）皱	nput³¹
掌稳	ȵap³¹ pʌm⁵¹	（脸）皱	nput³¹pɤiŋ³¹
	抓 牢	煮	ko³¹
（肚子）胀	kɑŋ⁵¹	住	ʔot³¹（同"在"）
着（火）	kat⁵⁵	（虫）蛀	khai³¹（同"吃"）
着凉	khat⁵⁵ ka³¹viem⁵¹	（猫）抓	ɤe⁵¹
	病 冷	（鹰）抓（鸡）	ʃip⁵⁵（同"捡"）
找（零钱）	pu⁵¹（汉）	抓（沙）	hop³¹
找	pan⁵¹	抓住	ȵap³¹
找（到）	pan⁵¹ puŋ³¹	转（身）	khɤi³¹ʔuai³¹
	找 遇到		khɤi³¹ʔuai³¹ ʔa³¹veʔ⁵⁵
召集	ŋiŋ³¹ lat⁵⁵		（向左转）
	叫 来		khɤi³¹ʔuai³¹ ʔa³¹θiam⁵¹
（太阳）照	thɔŋ³¹		（向右转）
（电筒）照	khle³¹		khɤi³¹ʔuai³¹ tɤŋ³¹kan⁵¹
照（鳝鱼）	khle³¹		（向后转）
照顾	lek⁵⁵po⁵¹	转动	vai⁵¹
（蜂）蜇	θuit⁵⁵	装	ʃam⁵¹

装得下	ʃam⁵¹⁻³¹ kɣl⁵¹（多少）	捉（螃蟹）	hɑp⁵⁵
	装　　完	（啄木鸟）啄	ʃɑk⁵⁵（同"凿"）
	ʃam⁵¹⁻³¹ lup⁵⁵（大小）	（鸡）啄（米）	ko⁵¹ khai³¹
	装　　进		啄　吃
装死	thui³⁵ te³¹ jam⁵¹	（狗）龇（牙）	ɣiŋ⁵¹
	装　助　死	走	ɣɤ³¹
装病	thui³⁵ te³¹ ʃuʔ⁵⁵khat⁵⁵	钻（孔）	khlaŋ⁵¹
	装　助　疼病	（喝）醉	nmɔŋ³¹
追	xuɔm³¹	坐	ʔot³¹ theʔ⁵⁵
追上	xuɔm³¹ khʌt⁵⁵	做（事）	tʃiʔ⁵⁵
追不上	xuɔm³¹ pa³¹ khʌt⁵⁵		

参考文献

陈国庆：《克蔑语研究》，民族出版社 2005 年版。

戴庆厦主编：《勐腊县克木语及其使用现状》，商务印书馆 2012 年版。

戴庆厦：《语言竞争与语言和谐》，《语言教学与研究》2006 年第 2 期。

戴庆厦主编：《中国少数民族语言研究 60 年》，中央民族大学出版社 2009 年版。

黄伯荣、廖序东主编：《现代汉语》，高等教育出版社 2007 年版。

蒋光友、时建：《昆格人语言使用现状调查》，《西华师范大学学报》（哲学社会科学版）2013 年第 1 期。

李道勇：《中国的孟-高棉语族概略》，《云南民族学院学报》1984 年第 3 期。

李道勇：《我国南亚语系诸语言特征初探》，《中央民族学院学报》1985 年第 4 期。

李锦芳：《户语概况》，《民族语文》2004 年第 5 期。

刘刚：《云南空格人调查》，《民族研究》2003 年第 2 期。

罗常培、王钧：《普通语音学纲要》，商务印书馆 2004 年版。

王国祥：《布朗族文学简史》，云南民族出版社 1995 年版。

王远新：《加强人口较少民族语言的调查及弱势和濒危语言的保护》，《新疆师范大学学报》（哲学社会科学版）2008 年第 1 期。

颜其香、周植志：《中国孟高棉语族语言与南亚语系》，社会科学文献出版社 2012 年版。

《中国少数民族语言简志丛书》（修订本·卷肆），民族出版社 2009 年版。

《布朗族简史》修订本编写组：《布朗族简史》，民族出版社 2008 年版。

Svantesson, J. O., *Tonogenetic Mechanism in Northern Mon-Khmer. Phonetica* (46), 1989.

Svantesson, J. O., *Hu——a language with unorthodox tonogenesis* in *Austroasiatic Languages, Essays in honour of H. L. Shorto*. Jeremy H.C.S. Davidson (Eds.), School of Oriental and African Studies, University of London, 1991.

Sidwell, P., *The Austroasiatic Central Riverine Hypothesis*. Keynote Address, SEALS, XIX, 2009.

Diffloth, G., *The Contribution of Linguistic Palaeontology and Austro-Asiatic* in *The Peopling of East Asia: Putting Together Archaeology, Linguistics and Genetics*. Laurent Sagart, Roger Blench and Alicia Sanchez-Mazas (Eds.), London: Routledge Curzon, 2005.